本书由西安外国语大学学术著作出版基金资助出版

文本与理解：
阐释学视野下的电视受众接受分析研究

Text and understanding: Reception research of the Hermeneutics Perspective of the TV audience

李 鹏◎著

中国社会科学出版社

图书在版编目（CIP）数据

文本与理解：阐释学视野下的电视受众接受分析研究/李鹏著.

—北京：中国社会科学出版社，2016.12

ISBN 978 - 7 - 5161 - 8920 - 7

I.①文… II.①李… III.①电视—受众—研究 IV.①G223

中国版本图书馆 CIP 数据核字（2016）第 224435 号

出 版 人	赵剑英	
责任编辑	顾世宝	
责任校对	张 慧	
责任印制	戴 宽	

出 版	中国社会科学出版社	
社 址	北京鼓楼西大街甲 158 号	
邮 编	100720	
网 址	http：//www.csspw.cn	
发 行 部	010 - 84083685	
门 市 部	010 - 84029450	
经 销	新华书店及其他书店	

印 刷	北京明恒达印务有限公司	
装 订	廊坊市广阳区广增装订厂	
版 次	2016 年 12 月第 1 版	
印 次	2016 年 12 月第 1 次印刷	

开 本	710×1000 1/16	
印 张	16.5	
插 页	2	
字 数	253 千字	
定 价	56.00 元	

凡购买中国社会科学出版社图书，如有质量问题请与本社营销中心联系调换
电话：010 - 84083683

目　录

序

2013 年 3 月，我承担的部级重大课题"当代中国广播电视学"进入初步统稿阶段，正进入博士生学习阶段第四学期的李鹏同学承担了这一带有"学术训练"性质的任务。三个月后，李鹏从网上发来了他的第一次统稿，结果大大出乎我的预料。虽然还未完全达到完稿要求，但他对课题的驾驭能力，对基本框架的把握，对主题观点思想的理解，扎实的文字功底，学术的规范性等，都超过了博士生二年级水平。于是我对李鹏的学术发展充满信心，充满期待！三年时间，李鹏在职读博，不仅超过学校发表学术论文数量的要求，还较高质量地完成了博士学位论文。作为导师，我了解他读博士期间的酸甜苦辣，了解他近年来学术上的进步，了解他博士论文选题的个中原因。当他准备将其博士论文《阐释学视野下电视文本接受研究》出版时，我应该为这部著作的出版写点东西。

无论传播技术对于大众媒介传播模式造成变革的程度如何，信息传播的本质目的仍然是以满足主体性需要为最终归宿。而正是基于对这一本质目的理解的殊异，作为大众传播学的重要研究领域，受众研究一直以来处于一种多维学术范式交织的场域之中，而受众自身在研究中的"处境"也随着范式的调整而变化不定。

从研究范式看，根据荷兰传播学者丹尼斯·麦奎尔的观点，受众研究大致可以分为"基于受众测量的结构性研究""注重媒介效果和媒介使用的行为性研究"以及"关注传播行为社会文化经验意义的文化研究和接受分析"等三种类别。结构性研究范式源于大众传播媒介资本的社会控制需要，往往采取科学主义观念，从结构性研究方法出发，对受众态度、观念和行为等结构性变量进行数据统计测量，并依据测量结果来探寻大众传媒社会系统与个体媒介接触之间的变量关系，以此为媒介资本的社会控制提供策略上的支持。因此,结构性范式往往将受众抽象化为相互独立的"原子个体",以寻求统计学意义上的行动规律,受众成为商业性或者制度性的控制目标。

行为性研究范式则关注媒介的传播效果与媒介使用两个层面,即"社会心理学路径"和"媒介使用与满足路径"。早期的行为性研究侧重于媒介效果审视,基于心理实验方法,对大众传播中的影响因素(信息内容、传播通路、接收条件等)进行操作,以求获得对提升传播效果、减少信息干扰等规律的把握。因此受众往往被视为媒介信息接受的固化主体,完全处于大众媒介的信息控制和冲击之下,对于来自媒介的信息刺激毫无抵抗力,成为"媒介信息枪弹"的靶子。而"使用与满足路径"则对上述模式进行了批评,认为受众具有媒介认知和使用的积极能力,可以依据自身需求实施媒介接触或进行媒介消费,因而受众的媒介选择动机、性质与程度是其考察的重点,而探寻媒介满足的社会因由是这一路径的价值目标。

与行为性研究具有类似理论意蕴的是以法兰克福学派为代表,强调揭示媒介权力压制本质的批判性研究,这一研究与上述"枪弹论"类似,认为受众是大众文化工业的压制性产物,大众媒介资本的强权性正是以完成对社会整体控制为目标的,大众文化工业是以剥夺受众的主体性而存在的。因此批判性研究也同样将受众视为失去意识形态抵抗力的群体,受众任由大众文化工业管控和摆弄。这些理论观点对于人们认识受众的主体性具有重要价值。

文化研究和接受分析范式最突出的特点则在于受众研究方法和策略上的多维度性,研究侧重于对受众媒介使用的考察,希望从媒介使用行为中探究受众与特定社会文化环境的互动机制,认为受众的媒介使用行为是赋予文化产品和文化经验以意义的过程,因而在社会文化语境中考察媒介使用的行为意义是文化研究的核心诉求。而作为文化研究的重要分支,接受分析一直以来都基于受众的"解码"过程考察,强调媒介文本多义性解读和文本意义角力机制,认为受众对于媒介文本意义中所蕴含的主导意识形态意义具有抵抗或颠覆力量,带有一定的"批判"理论色彩,因而意识形态理论在接受分析研究中占有重要地位。

从上述对研究范式脉络的简要梳理中可以看出,传统的传播学受众研究从研究性质上仍大都属于经验研究，也就是将电视受众作为客观对象，研究的主要逻辑出发点在于受众媒介使用的意义阐发和文本接受过程中的权力分配机制，注重从具体问题层面实现研究的概念化目的。而从概念自身理论视角出发，对受众及其接受行为进行哲学意蕴的研究和分析则较为鲜见。因此作为"元理论"的哲学理念对于受众研究领域的影响主要体现在隐性的研究价值取向与方法论范式选择等研究观念层面。

正是基于这样的认识，李鹏选择"阐释学视野下电视文本的接受研究"作为博士论文的选题，希望能从新的学术视角来观察审视受众。

李鹏的博士论文分七章，约25万字。论文从哲学阐释学的基本理论脉络出发，比较全面地阐述了受众这一传播学主体概念在哲学层面的价值意蕴。在此基础上，对阐释和电视受众主体性进行了说明，提出了电视文本理解的"前见"机制以及意义理解的效果历史，并论述了电视文本意义阐释的规定性。作者对这一问题关注已久，占有的资料较为丰富，文章研究思路清晰，提纲构建合理，既有理论深度，也不乏创新之处，是一篇具有学术前沿性特点的博士论文。

将哲学思辨研究方法引入社会科学研究一直以来都是学术界努力尝试的方向之一，但由于缺乏实践基础往往导致研究落入"宏大叙事"的窠臼，成为仅仅从理论层面出发的书斋式研究，难以对具体实践问题进行关照。美国社会学家米尔斯曾经提出，宏大理论的基本起因是开始思考的层次太一般化，以致它的实践者们无法合乎逻辑地回落到观察上来。作为宏大理论家，他们从来没有从更高的一般性回落在他们所处的历史的、结构性的情境存在的问题。李鹏在研究中注意到了这一点，解决的方法如前所述，是将相对具体的文本理论与宏大的阐释学理论相结合。第一，在梳理和分析阐释学历史和文本理论历史的基础上试图将阐释学理论切入电视文本意义阐释过程研究之中。第二，从哲学思辨的角度对电视文本意义阐释行为进行解读，重点分析电视文本意义理解的客观要素、理解"前见"问题、受众主体性重塑以及电视文本理解约束性等理解行为实践问题，以增强研究的经验性效果。

作为西方哲学理论的重要组成部分，隶属于欧陆哲学的"哲学阐释学"对当代人文社会科学研究影响深远，这种基于理解行为的本体论思潮消解了西方传统二元对立的哲学理念，从而为把握主体的存在性问题提供了新的视角和方法论基础。本书将隶属于欧陆哲学的德国"哲学阐释学"理念引入"受众研究",是传播学理论研究一种比较新颖的学术思维路径。通过将传统电视受众经验研究与抽象化思辨理论进行对接,将具体的、经验性的"受众"抽象化为一种理论化的、哲学性的主体概念,从而能够从更为"一般化"的层面对电视受众的媒介文本及意义接受行为进行审视,为我们展现了一种西方欧陆哲学视野下的"受众接受行为"的传播图景。这是一种新的学术理论探索,而这种探索最重要的学术价值在于对科学主义观念的拒斥,以及从范式层面对行政研究和心理研究的一种反拨,从而使得阐释学理论与受众接受分析实现了"原初的理论融合",这也正是这本著作的立意点和突破点所在,也使得研究呈现出比较鲜明的原创性特色。

这本著作所体现出的理论价值和应用意义显而易见,从哲学理论视角审视受众及其接受行为,使我们对受众的理解和认知打开了新的视域和切入点。李鹏正值学术的旺盛期,完全有理由相信,他的学术道路将越走越宽广!

欧阳宏生

2016 年 12 月

绪　论

　　阐释学（又译诠释学、解释学）是西方哲学、宗教学、历史学、语言学、文学等理论中针对文本意义建构、理解行为、文本解释以及阐释发生条件等问题的哲学流派，包括哲学理论，本体论、认识论、方法论和技术技巧规则。阐释学起源于古希腊的哲学思想，经由弗里德里希·施莱尔马赫、威廉·狄尔泰、马丁·海德格尔、汉斯·格奥尔戈·伽达默尔、保罗·利科等人的不断发展，已经形成了完备的哲学体系，20 世纪中叶开始对西方哲学、历史学、宗教学、文学等人文社会学科的研究产生重大影响，被视为与“实证主义”并立的主流学术研究范式。

　　电视受众是传播学受众“接受分析”研究的重要对象，也是该类研究的肇始目标。“接受分析”研究将电视视为具有意义和价值的“媒介文本”，通过考察电视受众对文本意义的认知、解读过程来分析受众的理解行为，其与实证主义量化研究、法兰克福批判研究共同构成了当前传播学受众研究的主体。

　　以“文本理解”为核心的阐释学理论与强调“媒介文本”意义理解的传播学受众“接受分析”具有本质上的学术逻辑贯通性。但一直以来，前者对于后者的影响主要体现在隐性的方法论层面，而利用具体阐释学理论对电视受众接受行为实施的研究鲜见。因此，为充实和丰富受众接受分析理论，本研究将从阐释学理论属性出发，利用阐释学相关理论对电视受众的接受行为予以审视和分析解读，以期从新的理论视角来探究电视受众的认识及理解行为过程。

一 选题缘起与意义

自戴维·莫利的《全国新闻的受众》肇始，隶属于接受分析的电视受众接受研究一直以来都是传播学关注的热点，并且研究深度和广度都在不断扩展，取得了较为丰富的研究成果。但是这一研究方向在当今学术界却面临尴尬地位，从学术发展的自身动力而言，制约其向纵深发展的核心因素在于欠缺新的学术研究理论和资源的引入与补充。

（一）选题缘起

最初的电视受众研究基本都采取行政主义范式，相关研究深受西方理性主义和启蒙精神影响，特别是市场经济和商业主义对研究的影响作用日益加大，凸显决策意义、市场价值成为研究的主要学术价值取向。行政主义主导下的电视受众研究陷入了两个层面的理论危机：其一，由于过分强调研究的实用主义价值属性，一味凸显研究的决策意义和市场价值，相关研究依附于现有政治与经济体制，忽略了理论的创新性特征，导致研究始终成为现存体制的附属，难以取得批判性的理论更迭和创新优势。其二，行政主义研究过于强化在研究方法上的形式主义，往往采纳传统的认识论基础，即从二元对立的逻各斯主义出发，将研究对象与研究者、客观世界与主观认知进行对立，试图在主客观分离的基础上对受众行为进行分析，这充分表现出研究中的工具理性主义特征。这种形式主义的研究路径使得受众研究进入了一种单一和狭隘的理论认知困境，拒绝新的理论资源的介入，从而陷入了理论停滞的困境。因此对于受众研究来说，要想重构研究理论框架和视野，取得进一步的突破，就必须打破传统研究中盛行的行政主义研究价值取向，破解商业主义对于研究的控制，抛弃并扭转理性主义所造成的研究中的工具理性范式，消解研究中出现的科学主义和理性主义迷信与崇拜，进一步加强理解与阐释的人文主义传统。

（二）课题研究选题意义

从电视受众研究的现状来看，无论是西方研究者还是国内研究者，面临的最大问题在于缺乏对受众行为意涵的认知分析。迄今为止，电视受众研究虽然已经逐步向以思辨为主要特征的西方哲学思维方式和理论话语靠拢，并开始尝试研究探索，但相关研究的意义和价值仍未得到哲学理论上的充分论辩和讨论，思辨性研究思维和方式仍然在相当程度上被盛行的科学主义所拒斥，难以获得应有的学术认同，而以西方哲学理论作为研究工具的原创性研究尚未得以充分展开，相关研究成果也较为缺乏。

这种理论缺位与电视受众研究在认知层面的传统观念相互联系。从历史角度看，电视受众研究一直以来就被视为服务于政治经济体制的"专项问题化研究"，研究出发点、理论资源、立场与研究方法都是试图追寻和分析电视受众与社会制度的协调和适应性关系，着重于受众在客观环境中与社会经济、政治、文化等因素的互动性经验行为分析，并由此来探讨对于社会的政治干预，从而在更为宏大、广泛的基础上对现有社会民主化与政治化进行扩充和发展，以推动社会整体性发展进程。这种经验性研究的目的不是从理论层面将受众视为独立意义的社会行为发生主体，对受众存在的文化模式和社会观念进行创新和突破，而是强化研究的政治性功能，在理论与经验研究的支持下进行社会制度发展的政治干预，以便在更大程度上实现社会管理和控制目标。这种强化理论研究与实践功能结合的研究范式将电视受众研究与强调主体社会行为意义、价值立场甚至意识形态的人文主义研究相区隔，是与满足和适应体制化教学研究和社会整体性控制管理思考相适应的。

强调受众行为社会文化属性的传播学接受分析则突破了上述行政主义的局限，本书将遵循接受分析研究从"文本分析"切入的传统路径，通过引入阐释学理论资源，对电视文本接受相关的观念、附着物、前提条件等进行以哲学为主、兼顾社会学的语境化、体系化分析，致力于发掘电视文本在受众接受过程中潜在的哲学问题及其意义，以辨析阐明受众对于电视文本理解与接受行为的形成机制和基本行为特征。

从研究方法看，以阐释学作为理论工具，从文本理论出发的电视受众接受分析研究并非是纯粹唯文本论的"文本本质主义"，反而正如阐释学所强调的，文本与其理解者是一种共生关系，双方共同构建了平等的话语沟通平台，以抛弃传统认识论的主客体分离关系，突破本质主义观念对媒介文本复杂内涵的遮蔽，最终实现在一种理解基础上完成的电视文本整体意义阐释。电视文本及其生产、存在、传播的整体环境和要素都不再被视为相互孤立的单子化个体，也并非是一种静态的、不变的、封闭的系统,而是呈现出明显的"此在"性的"在场",即受众进行文本理解和接受是一种面向未来的主体性存在行为,受众对于电视文本的理解和接受需要"站在在场状态的关涉中,这种站法是这样的,即由于他能获知那些在场中显现的东西,所以他把在场接受为赠礼,假如人不是从在场状态而来的赠礼的永恒的接受者,在赠礼中获得的对象达不到人,那么在这种赠礼缺失时,存在就不仅是依然遮蔽着,也不仅是依然锁闭着,而是人被排斥在有存在的范围之外了"①。面对电视文本和其意义发生现象的受众,需要通过一种"同情的理解"方式来审视电视文本,不断"打开"电视文本接受实践中所"涌现"出的无限现象和文本意义,描述并审视电视文本的意义机理和接受机制,在受众与电视文本的共生关系中进行交互体验与话语交流。因此,借助于阐释学理论资源的电视受众接受分析研究能够突破传统认识论的窠臼,重新对电视文本进行多角度、全方位、多层次的切入,形成理论上的批评间性,实现多元理论对话与参与格局,敞亮曾被遮蔽的领域。

另外,电视受众的效果研究观点,将媒介视为文本,把文本携带的"意义"看作受众对于媒介传播内容信息的一种理解性阐释行为。对媒介文本的意义阐释就成为受众在接触到媒介传播内容后,从主观上对于文本信息是否接受,是否做出反应性行为,是否确定采取相应的社会行动,以及是否将其内化为自我价值观念,重构价值体系的前提和条件。因此将媒介视为文本,并将文本生产、接受、传播过程看作媒介传播"意义"的过程,就必然将文本的阐释视为意义的接受过程,电视受众接受分析也就具备了引入阐释学理论的可能,即对传播过程中的阐释机制进行研究。为达到上述目的,就有必要将阐释学方法引入电视受众接受分析研究。

本书的研究逻辑基础在于将受众视为电视文本的积极接受者与理解者,并试图对其接受行为进行分析和探讨,将受众对于电视文本的接受行为经验和实践视为一种生存的本体论存在,从而理解作为主体的受众的本真存在。同时,本书试图分析,电视文本的意义生产与扩散,对于受众意味着什么?电视文本及其意义是否与受众的日常生活存在互动机

---

① [德] 马丁·海德格尔:《林中路》,孙周兴译,上海译文出版社 1997 年版,第 71 页。

制？受众对于电视文本的理解何以可能？关于阐释学这些基本的理论问题，胡塞尔、海德格尔、伽达默尔和保罗·利科等现象学家、阐释学家是本研究的先驱和对话者，因为他们突出了"在世之在"的主体性自我维度与语言先验性维度，并强调了其对于电视文本接受的决定性意义，而以经验研究范式介入受众行为的实证主义研究模式则几乎未与这些理论进行过学术对话。本书借助于阐释学理论的敏感性，试图将哲学阐释学的思辨研究范式引入电视文本接受与理解研究，对电视受众的文本理解行为进行哲学阐释学层面的讨论与分析，以期开辟和展现新的研究指向和理论视角。

二　研究现状

传统的电视受众研究分为两条不同的路径，一是纯粹经验主义倡导的实证研究，这一研究路径主要是从科学主义出发，将自然科学研究思维和研究范式引入受众研究中，经验研究取得了丰硕的成果；二是以经验分析为主的定性研究，主要是法兰克福学派的批判研究与伯明翰学派的文化研究。这两种研究路径各自获得了相对独立的学术地位，但究其本质仍然都属于经验研究，缺乏对启示性理论的重视与应用。

（一）课题的研究现状

首先需要考察经验研究下的受众理论研究进路。基于实证主义的电视受众量化研究明显秉承着科学主义观念，要求社会科学按照科学主义精神，将经验证据作为研究的基本依据，同时要求削弱经典的宏观理论对于研究的影响。所以这种研究在认真分析和对待局部事实的同时也难以把握这些事实所依存的启示性原则。需要指出的是，这些启示性原则是以先验的方式存在的，是超越经验实践而独立存在的，并以预设的方式影响研究。所以实证主义的受众研究采取的社会科学方式要想获得突破，一方面要基于经验分析，但同时必须考虑到超越经验事实的启示性原则，并将其纳入研究方法的实践应用之中，为研究提供有效的思辨观念维度。

以知识社会学方式看，电视受众研究就是"在这样的处于经验论与先验论，实证论与唯理论之间的对立张力之中，因为它还有其内在的属于认得第二级深层意义结构；电视受众毕竟不只属于物理意义上的物，而且还是由意义—动机引发的行动所构成的现象，即社会的物，亦即由观念构成的实在"①。

以经验分析为主的受众实证主义研究的主要传统，是对于受众社会行为的研究，并基于行动与媒介的互动机制。商业报刊时期，大众新闻媒介归主要金融资本所有，因此必须反映和维护产权所有者的基本利益需求。大众传播媒介的经济支撑来源于广告投入，报纸的内容分布、广播电视的播出机制都受制于广告投入。而广告的目的则是通过媒介吸引大量受众的关注而提升商品购买量，媒介成为广告商的追逐目标，其关注点集中于受众群体的大小。经济利益的争夺反映在受众群体数量的多少上，"多数法则"成为大众媒介的核心竞争规则。研究的目的是获得报刊的覆盖范围（以及广播收听率、电视收视率）等数据。这些数据对于媒介获得广告是非常必要的。这些媒介的现实发展就是受众结构性研究的社会因素，这些研究的主要关注点在于受众的数量多寡、身份背景、年龄大小、性别分布、经济状况、教育水平等因素，具体包括受众的群体结构与社会结构的互动机制、受众的不同类别、受众的层级化与动态性变革等，这些研究在基础方法上都是采取样本分析、统计分析、市场调查等量化统计学策略。

此类研究试图通过分析和探求媒介及媒介传播信息与受众的意见、反应、心理活动、观念价值、决策趋势等行为的互动性，来找到传播效果最大化的方式和途径，以求对现存的传播体制和机制进行调整和变革，从而服务于整体社会的稳定和发展。这种研究范式也即所谓的"效果研究"，是以传播效果最大化为基本目标的，主要使用了实验法等策略，如美国学者卡尔·霍夫兰的劝服研究等。行为研究的理论基础肇始于"靶子论"。在第一次世界大战后，研究者普遍对于战争时期的媒介宣传的力量感到吃惊，特别是舆论动员和宣传的效果，苏联政府通过报纸和广播等媒体发动社会力量来进行政治斗争和武装斗争，并取得了相当成功的结果，使得人们对于大众传播媒介的社会功能产生了全新认识。同时由于社会性的电影等媒介迅速普及和传播，媒介对于社会的影

————————————

① 苏国勋：《见证中国社会学重建 30 年——苏国勋研究员访谈录》，《读书》2010 年第 12 期。

响和控制超出了以往任何时代对其的评估，出于对媒介力量的绝对信服和膜拜，产生了所谓受众是媒体靶子的观点，也即"子弹论"学说。子弹论的受众对于媒介的宣传和影响毫无抵抗力，任由媒介对其进行宰制，受众行为完全取决于媒介对其的宣传，只要接触到了媒介内容，受众就会自动地进行接收和采纳，并完全依据媒介宣传内容去调整自己的社会行动并诉诸社会实践。这其实就是将作为主体的受众视为动物性群体，其行动实践来源于媒介信息驱动，其理论基础就是心理学的应激心理范式，即将人的行动归结于社会外界的信息刺激，认为人与动物毫无区别。传播效果是对特定刺激的特定反应，受众反应仅仅取决于刺激信息内容。以此应激心理范式为始初，后来的受众研究又逐步发展出多样化的行动研究成果，包括20世纪四五十年代的"单体差异论""社会族群论""社会属性联系论"等。但从研究本质看，这些后续理论仍然是对应激反应论的进一步深化和调适，受众的主体性仍然没有得到很好的恢复，始终处于被动型的场域之中，包括后来的"意义协调理论"等，都未能摆脱这一理论窠臼。从受众研究的整体历史脉络来看，行动研究的基本目的都是协助传媒组织和实际控制机构对受众进行占有和监测，研究者对于受众的生活意义和生命经验毫无兴趣，虽然近来该类研究也开始提出"受众本位"思想，但其本质目标还是使受众接纳媒介的传递内容，没有彻底改变传播的真实范式和格局。

受众传播效果研究一开始，就分离出若干不同体系和路径，比如法兰克福批判学派就视受众为大众文化工业的牺牲品，这种观念就是利用宏大理论来阐明消极受众观的典型代表，与量化研究的观念如出一辙。而真正开始认真对待受众的主体能动性的则是源自文化研究的伯明翰学派，其对于受众积极性的提升和关注使得受众研究开始走向方法论的多元化。这方面研究突出的有斯图亚特·霍尔的解码译码理论以及约翰·费斯克的"积极受众论"等。应该说，文化研究不断对媒介文化现象的介入和分析，大大扩充了对受众积极性的认知。丹尼斯·麦奎尔的《受众分析》一书将受众的性质区分为结构性受众、行为性受众和社会文化性受众，并采取媒介生存环境分析的方法对这三种类别受众在不同时代的存在特征进行了描述，这实质上是要求学术研究必须关注受众，采取合理的态度来研究受众。另外还有研究将受众特征视为由结构体系、介入范围、影响因子、互动机制以及群体属性等元素构成，使得受众被放置在一定的历史文化背景中进行分析，如通过性别、种族、阶级、年龄、信仰、收入、地区等要素来对受众进行描述，以社会关系属性的角度对其进行分析透视，以求得对受众的客观评介和审视。

综上所述，受众研究一直以来在进行着理论上的不懈探索，但仍然发展得较为缓慢，主要表现：一是研究方法的种类稀少，在实践上难以满足多元化的受众发展实际需要，大量的研究侧重于实证主义的量化方法，未能摆脱局部性和碎片化的研究视野，缺乏理论介入；二是研究成果多属于低水平、重复的研究，缺乏必要的学术创新价值和意义；三是研究的议程和涉及层面较为狭窄，缺乏广度和深度。

（二）相关研究文献综述

自 20 世纪 70 年代以来，文化研究之下的接受分析开始将电视受众作为受众研究的重要领域和切入点，将受众研究作为一种社会理论，赋予其批判和矫正的功能，为该领域研究发展作出了重要和引领性贡献。金惠敏将以戴维·莫利、约翰·费斯克等人为代表的积极受众观念视为英国文化研究最杰出的代表性成果，并认为其已经成为电视受众研究的重要理论资源。应该说积极电视受众的突出，革新了受众研究的基本范式，有力地推动了这一学术领域的发展。

戴维·莫利的理论研究具有典型的学术理论资源融合特性。按照莫利的观点，电视受众的积极性解读应当是源自西方马克思主义阿尔都塞话语理论体系，但他同时指出，不能简单地将电视受众的审核完全依附于话语理论，否则受众的积极理解就无法具有确定性理论基石。莫利的策略是采取话语理论体系为研究切入点，但积极探寻话语体系之中蕴含的不同路径和脉络，以期找出更为广阔的理论空间。他进行了如下努力：第一，将意识形态话语分析方法进行了社会性关联，因此可以从社会存在的角度发挥话语理论影响；第二，将阿尔都塞的话语召唤与佩舍提出的交互式话语观点进行融合，使得话语召唤成为一种交互式的运作机制，这就使得传统意识形态决定论话语体系变得灵活，从而突破了僵硬的决定论色彩。

另外，约翰·费斯克也对积极受众发现的意义进行了充分讨论。他在 1985 年出版的《传播研究导论》中认为，电视新受众的发现与研究，标志着受众研究路径从"过程学派"向"符号学派"的转变。过程学派即实证主义经验研究，其强调对传播效果的分析和关注，特别注重对传播主体的考察。符号学派也即文化研究学派，其将电视媒介视为具有意义载体的文本，要求研究关注文本的意义生产、意义传递、意义交换以及意义抵抗等文本接受的过程特征。文化研究的电视受众接受分析研究突破了绝对主义的正确与谬误的截然分割，认为电视文本的意义可以是多元化的，并不存在错误的解读，而是存在着对于电视文本的不同认知和理解。因此从本质上说，受众实质上是电视文本意义的阐释主体，或者说是意义的解读者，而意义阐释是受众主体对于文本积极的接触和响应，是一种充满能动的理解行为。1990 年丹麦哥本哈根大学的詹森和瑞典隆德大学的罗森格伦将当代的大众传播的受众研究划分为五类，分别是效果研究，受众的媒介使用和满足研究，基于文学传统的文学批评，坚持西方马克思主义理论的文化研究，受众媒介内容接受分析，而他们二人将"接受分析"视为对受众进行整体审视和充分研究的首选方法。这种观念同费斯克所说的"符号学派"如出一辙，即将受众视为电视文本意义符码的接受者与解读者。受众作为能动主体和文本意义生产者，有能力主动地从文本中解读意义，文本意义是文本与受众互动的结果。1994 年，英国学者麦奎尔在《大众传播理论》一书中提出，在受众研究领域包括结构性研究、行为性研究以及社会—文化研究，后者主要由批判理论、文学批评、文化研究以及受众接受分析构成，其学术重心在于采取权力与意识形态批判的方式，探讨媒介所有制结构与社会性权力分布和调配，试图从意识形态角度来分析媒介的操纵性与控制性，因而具有明显的西方马克思主义理论传统和意蕴。对于受众研究而言，接受分析则在上述基础上对受众的主体性和能动性进行了丰富，而不是仅仅依赖于意识形态的强制性，因此有力地扩展了受众研究的学术疆域和范围。

文化研究的范式对受众的探讨最为集中和有效，对于这种批评方法，伯明翰学派给予了高度的关注和肯定，并将之大量应用于电视受众接受分析之中。文化研究是在批判反思理论的基础上对其进行进一步的反拨与重构，经过数十年发展，已经成为电视受众研究的重要理论资源。文化研究理论肇始于斯图亚特·霍尔的编码与译码理论，其在

1973年提出了关于文本意义解读的理论框架,即文本的编码与译码是以三种不同的结构存在的。第一种是主控式解码,即文本意义主体是文本作者或是主体所要传达的意义,而这种意义主体会对接受者的意义解码进行影响,接受者受制于文本作者的意欲表达,译码必须在文本的主控性意义之内进行;第二种是协商式解码,即文本的意义并非是绝对的统治者,一个文本意义的解读是文本主体和阐释主体双方进行相互协调和协商的过程,任何一方都不能对文本的意义进行排他性的解读和阐释;第三种是对抗式解码,即文本意义阐释主体对文本作者意义和意图采取对抗和排斥态度,拒绝接受文本自身含义,这是对文本原始意图的拒斥和消解。莫利在1980出版了著名的电视受众接受分析研究著作——《全国新闻的受众》,通过研究,莫利对霍尔的三种编码和译码理论进行了充分的验证性探讨,肯定了霍尔的理论假设。在这本书中,莫利对不同时期的《全国新闻》节目进行了充分的经验研究后发现,性质不同的受众群体对于节目的接受程度是非常不同和形态各异的,而这些异质因素充分体现了电视受众在文本意义话语体系与意识形态机制中的不同场域和角色地位。

文化研究工作最有力量之处在于它试图把受众理解(译码)的问题与若干决定水平联系起来。文化研究寻求话语过程、文本过程和社会过程的直接联系,从而把受众和权力问题重新放在有根据的阐释实践中心位置。

英国伯明翰大学的当代文化研究中心(CCCS)所进行的媒介分析和研究,应当隶属于权力形态和意识形态意义的社会研究,特别是关于民主社会的权力分配体系和结构问题的研究。所以对于文化研究来说,受众研究的实际意义在于将文本的意义编码与解码纳入社会学框架之中进行审视,而这一框架的基本立足点在于权力问题。在这种范式下进行的研究往往会导致以下的缺失:首先,研究主要将视点集中于新闻与媒介性事件展示层面,其分析重点是社会权力分布以及权力秩序展示语言符码体系,这使得研究视野比较狭窄;其次,研究将受众作为阐释主体进行了简单化类别区分,仅仅通过种族、性别、职业等物理性因素进行族群判定,将受众误以为是比较单纯的意义行为活动主体,导致无法进一步深入观察受众复杂的意义接受与阐释行为机制,而对于媒介权力的分配研究也只能简单遵循较为单一的强弱关系标准，往往导致研究结论简单化、机械化，具有典型的绝对主义和本质主义特征。

随着理论的不断发展，文化研究范式已经逐步深化和变革，其中突出的表现在于开始摈弃编码和译码范式中的权力分析简单化取向，特别是对于阶级属性、意识形态属性的绝对性抽象判断，而后者往往会使得研究出现理论的简陋化倾向，使得意义丰富的研究变得缺乏理论生机。促进这一转变的根本力量在于现在的受众接受研究开始倾向于进行话语考察或者说是文本分析，这包括对电视文本意义发生的内在驱动力、电视文本被消费的时空场域、电视受众的身份认同与文本理解的互动机制、亚文化与电视文本接受等研究领域不断出现，使得单纯的意识形态即权力分析被替换，从而确立了新的问题域和研究方向。其中代表性的研究有荷兰的伊恩·昂针对电视节目《达拉斯》的分析，其对这一节目忠实受众的来信进行深度解读，大大促进了电视节目的文本研究。而费斯克则利用文本间性等理论对电视文本意义解读过程进行了充分研究，提出了电视文本多义性发生的符号学动因，并提升了受众的主体能动性在电视文本接受中的作用和地位。另外，莫利采取民族志方法进行的《全国新闻》受众研究更是为编码—译码模式提供了实践的事实支撑。他从电视文本接受的物理场域入手，将家庭单位视为电视文本的译码话语环境，通过语言叙述与阐释对受众意义接受方式进行描述，从而能够通过电视文本接受行为与家庭实际生活状态关联来审视受众行为，为电视文本接受过程分析提供了经验性的研究证明。

文化研究的电视受众接受分析最关注的事实性因素是信息，其后是受众与其生存的社会制度，这与批判反思研究重视社会整体制度的重要作用不同，也不同于文学批评集中于对文本的讨论而忽略受众自身的看法。这一研究试图将电视受众与电视文本意义放置在对等的互动层面，其关注的核心问题在于理解电视文本的意义接受和阐释过程，从而突出了受众的主体自我意识，声称受众在接受中具有以往未能发现的主动性，改变传统批判研究和实证研究中受众的完全被动性。以麦奎尔对受众的社会文化性分析来看，第一，其将受众视为建构性的整体，能够从媒介提供的文本意义中获得需求满足；第二，受众对于媒介使用和意义展示的过程与形式关注度较高；第三，异质性的受众群体相互之间形成了区别性的意义阐释，通过自身不同生命经历、话语体系来建构彼此的媒介文本意义阐释框架；第四，受众具有典型的意义阐释主动性，能够根据自身需要进行意义阐释调整，并且不同受众相互难以等同，其在文本意义接受时的主动性也不尽相同。研究往往注重受众对于电视文本意义的解读，强调要进入受众话语意义体系中，与受众形成相同共生机制，以获取受众经验的真实感受，所以一般采取民族志的研究方法。

因此文化研究的电视受众研究范式超越了实证研究和批判研究的受众观念，从媒介与文本对于意义解读的控制性转向了受众对于意义解读的主动性，所以这是民主性在电视受众接受行为中的体现，但其局限性在于仍然未能将受众的理解行为视为一种独立存在，受众的理解行为仍然依附于其所赖以存在的社会结构性因素，理解行为仍然只是主客体之间的中介物，而并非受众自身的本质属性。

三 研究思路和方法

将阐释学理论引入电视受众接受分析研究，其主要目的是基于转换研究视角的需要，突破行政研究、批判研究以及传统的接受分析研究的局限性，以期获得对受众媒介文本接受行为新的认识。经验主义的实证研究往往关注对受众电视文本理解行为的局部性、个体性分析，而缺乏从整体性层面进行解读和审视的研究实践，而阐释学自身的思辨性就决定了研究的核心问题在于将电视高度抽象化为文本，从理解行为的自身独立属性出发来解析电视受众接受行为。

(一) 研究问题的提出

阐释学是西方思辨哲学研究的重要理论派别，其已经在人文社会科学领域产生了极为广泛的指导意义，属于人文社会科学研究的元理论之一。由于隶属于文化研究的受众接受分析与现代西方思辨哲学有着密切的学术渊源，近年来阐释学理论开始被逐步引入受众研究。但在引入过程中比较突出的问题就是研究者往往对于这一理论缺乏整体把握，在使用时呈现出明显的零散化、局部化特征，其进入实际研究的主要层面仅限于研究方法和研究理念的影响之上，而鲜有从阐释学基本理论要旨出发，利用其原始理论资源对电视文本接受和理解进行学术考察。例如，已有的研究对于阐释学的利用多集中于改变了民族志研究的受众与研究者的关系，以及变革了研究的效果判断标准等问题领域。这使得阐释学理论未能与受众接受分析进行"原初的理论融合"，造成了研究的理论空白。同时，已有的受众接受研究路径多是从文学批评和文化批评借用理论资源，特别是文学批评的文本理论，被广泛引用到受众接受研究当中，没有充分注意到阐释学理论对于文本接受的影响，因此研究呈现出明显的文学理论研究倾向，缺乏对阐释学理论的整体性应用。

（二）研究问题的指向与界定

针对现有研究状况，本研究拟在传统文本理论研究路径基础上，将阐释学理论引入电视受众接受分析之中，试图从阐释学基本理论视角出发，依据哲学视野对于电视受众文本理解行为进行全面审视和观察，也即通过对阐释学相关理论的梳理和分析，使用其理论框架及理论成果对接受分析研究进行完善与拓展。但有别于传统接受分析研究的是：传统研究往往局限于仅关注受众理解的社会结构性因素分析，而且具有明显的文学性研究的理论取向，对于文本意义理解与解读的哲学意蕴鲜有涉及，这就使得研究视角往往较为单一。本书借鉴阐释学的基础理论，并使之与传统接受分析理论进行融合，在此基础上试图构建起电视受众文本意义阐释行为研究的哲学视野框架，以思辨研究方法对电视文本意义阐释进行学术上的关照与考察。

需要指出的是，将思辨研究方法引入社会科学研究一直以来都是学术界努力的方向之一，但由于缺乏实践基础往往导致研究落入"宏大叙事"的窠臼，成为仅仅从理论层面出发进行探讨的书斋式研究，难以对具体实践问题进行关注和指导，美国社会学家怀特·米尔斯曾经提出："宏大理论的基本起因是开始思考的层次太一般化，以致它的实践者们无法合乎逻辑地回落到观察上来。作为宏大理论家，他们从来没有从更高的一般性回落在他们所处的历史的、结构性的情境存在的问题。"① 也有研究人员指出："所以，这种语言游戏化的思辨研究有助于理解的不多，更多的是主观感悟、臆断下的指令、命令，违背了思辨逻辑的学

①　[美]怀特·米尔斯：《社会学的想象力》，陈强等译，三联书店2001年版，第35页。

术生成性、自律性规范。"① 本书也注意到了这一点，解决的方法如前所述，即将相对具体的文本理论与宏大的阐释学理论相结合，以弥补这一研究方法论上的不足。因此，本书研究的主要问题在于：第一，在梳理和分析阐释学历史和文本理论历史基础上如何将阐释学理论切入到电视文本意义阐释过程研究之中；第二，从哲学思辨的角度对电视文本意义阐释行为进行解读，重点分析电视文本意义理解的客观要素、理解的"前见"问题、受众的主体性重塑以及电视文本理解的约束性等理解行为实践问题，以增强研究的经验性效果。

（三）研究方法的讨论

电视受众接受研究一直以来在实际研究中具有方法多元化的特征。传统经验研究始终依靠逻辑实证主义研究方法，而法兰克福学派介入后，开始逐步引入了哲学批判的研究方法，实证方法与批判方法处于经验主义研究方法谱系中的两端，并成为难以共融的方法论模式，而阐释学方法的介入为此类研究提供了新的研究视角。

1. 经验主义研究范式的回溯

作为一种跨越多重学科领域的社会科学，电视受众接受研究自诞生之日起就在研究方法层面显示出极强的多元化特征。"早在 1957 年春季号的《新闻学季刊》上，传播学的奠基人威尔伯·施拉姆就曾发表文章，指出新闻学向传播学发展的四个趋势：由无定量处理转向定量处理；由人文方法转向行为科学方法；由著名人物的研究转向过程和结构；对新闻出版和新闻出版体制以世界性的关注视角进行研究。这四个趋势，特别是前两个趋势的强化，使由新闻学转化而来的传播学具有明显的实证科学性质。"②

对于文化研究的受众研究而言，将报纸、书刊、广播电视、网络等现代传播媒介视为媒介文本，从而能够利用西方 20 世纪文化批评的文本理论资源对其文本生产、意义理解、传播方式等因素进行分析讨论，

---

① 于忠海：《思辨的危机与思想的贫乏——方法论视野中的教育研究现状透视》，《教育学术月刊》2008 年第 10 期。

② 屠忠俊：《必须重视解释学方法在传播学研究中的运用》，《当代传播》1999 年第 5 期。

这是文化研究接受分析经验主义研究研究一贯的基本路径和逻辑出发点，其可取之处在于能够迅速有效地利用现有文本理论基础及研究意识，在电视受众接受研究中建构起自身理论体系和话语系统，从而呈现出"理论批评化"的研究气象。这种从文本中直接搜寻理论所要求的分析回应的方法，使得不是文本理论服务于文本，而是文本依附于理论。正如诺思罗普·弗莱所说："在诗的方面存在着完全可以理解的知识和结构，这种诗不是诗本身，也不是诗的经验，而是诗学，以达到对'文本的认知结构'而非'文本'的理解，这种传统的文本研究路径导致的后果之一就是可能会使得理论研究和实践呈现出内在关系上的隔离与断裂。"①

电视受众接受分析研究理论性质的重要表征就是强调受众、电视文本、文本意义、文本环境等要素之间的"对话性"。从这个角度出发，电视文本的生产、接受、扩散等过程都将被视为各种社会关系相互制约和影响的结果，因而就取消了文本中心主义所主张的文本自足性，受众对于电视文本的阐述成为一种对文本及其意义的自我置入和把握，不同的电视受众在介入文本过程中往往与自身的理解框架、意识形态、身份背景密切关联，因而会诞生出各种符合接受者身份意识的多元化文本阐释，生产出完全不同于标准化的新的文本意义网络。对于电视受众接受分析研究来说，由于研究者受到了后现代主义思潮的广泛影响，电视文本的接受过程被看作受众通过文本叙事来重构自我身份认同，形色迥异、文化背景悬殊的受众纷纷从不同的通道进入文本阐释。电视文本接受在各种后现代理论导向下逐渐与种族、性别、阶级、权力、民族等政治话语相互关联，并通过具体文本研究建构自己的理论体系。生态女权主义理论、后殖民主义、女性主义理论等，都是通过这一方式介入电视受众接受分析研究之中。因此以平等、对话、协商的身份意识置入理论话语批评，不但可以敞亮电视文本的独特品质，而且可以在充满差异性、多样性的语境下，激活整个理论知识生产。

从电视受众接受分析研究知识生产的内在机制来看，文本研究不是单纯的媒介文本评论，而是一种理论知识创新的必要方式。20世纪以

---

① [英]诺思罗普·弗莱：《批评的剖析》，陈慧等译，百花文艺出版社1998年版，第68页。

来，文化研究领域，特别是关于媒介批评的多次理论创新都与文本密切相关。媒介文本叙事、话语分析的研究人员在研究中强调受众是以自身独特生命体验、生活感悟与媒介文本展开话语交流，不但在对媒介文本的历时性体验中体味到其所负载的传统道德和真理，而且在对文本的共时性体验中发现新的价值意蕴，"完全陶醉在一部诗作的印象之中是好的而且是必要的……也许只有在特殊情况下才通过内省证实一个人的感觉，把感觉提高到思想的水平……并完成它。但是，从所有那些特殊的东西中抽象出来，以至于在徘徊中掌握普遍的东西，也同样是必要的"①。因此，通过文本研究而创新的理论知识，不再是普适性的概念化知识，而是一种具体化、个性化的知识。这就突破了概念化知识的本质主义，将文本分析理论从一种静态的"存在""本质"思维转向了知识和理论的动态性"生成"过程之中；同时，概念化知识只关注媒介文本及其意义现象背后的"同一性"，而创新性观点则注重知识和理论的"生成机制"和"差异化特征"，理论应当探求各种电视文本事件、现象背后的价值驱动和意识形态动机。在具体媒介文本研究中生成的理论知识，是从具体媒介现象出发的，可以保证和支撑研究所获成果的动态性和连续性，确保理论能够始终处于多样态、变化性的电视文本面前，而这样产生的理论不但是具体化的，还是反思性和批判性的。

针对传统文本研究在电视受众接受研究中对理论知识生产的困境，强化电视文本研究重新成为接受分析的重要学术命题，是当前此类研究的重要方向之一。因此通过对电视文本进行系统化、本质化研究，凸显电视文本才是接受分析研究的基础和前提，要求一切研究活动都回到具体的电视文本的社会存在和发展环境，将研究视野重新定位于电视文本。

2. 思辨研究方法介入的必要性与可能性

从阐释学观点来看，电视文本是以"文本意"方式将自身价值观念传递给受众的，这与实证主义研究认为媒介传递的是"信息"的观点是不同的。主流受众研究往往将"信息"视为根本的传播内容，克

---

① ［德］瓦尔特·本雅明：《本雅明文选》，陈勇国等译，中国社会科学出版社1999年版，第22页。

劳德·艾尔伍德·香农的信息论奠定了这一研究范式的基本逻辑基础，即通过"信息"概念为传播行为中的主要组成部分提供了单一的、易于理解的明确说明。这些主要组成部分是：信源、讯息、信道、接受器。因此，对于传播行为的研究可以确定出信源变量（如可信度）、讯息变量（如使用恐惧呼吁）、信道变量（如大众媒体与人际信道）和接受者变量（如受众个体的可说服性）。研究中的因变量对效果进行测度，诸如接受者一方的认识变化、态度变化（说服），投票赞成某个候选人，或购买一种新产品的明显的行为变化。信息论对于传播内容的处理和裁决方法是不断地拓展和放大"信息"的内涵及外延。常规采取的方式是将信息从功能层面分为语法信息、语义信息、语用信息等三个层次，通过对语义信息、语用信息的探讨来试图阐明传播内容意义及其对受众的作用效果。另外，通过类别化信息的方式来拓展信息意义涵盖范围也是常用方式，通过构建诸如"文化信息""道德信息""价值信息""生命信息"等定语性限制，将信息根据研究意图进行认为的类别化区分，以便在某一价值领域内部对信息传播和扩散过程与社会、文化背景关系进行讨论。这种信息本位的处理，在实际操作上遭遇到很大困难。香农可以通过设计的计算公式精确地计算信息量，将其作为现代信息技术的基础观念，从而帮助认识和构建通信的理论构架，但对于以意义为核心的传播却难以通过量化方法来统计和计算其内容中的语义信息量、语用信息量；另外，统计价值信息量一度使用过普通叠加法、局部新闻与表意符码分布、强弱计算、层次划分、可用信息量识别等方法，但仍然属于定性研究的简单应用。香农和沃伦·韦弗 1949 年提出的传播过程的图解模式，以及德福勒、奥斯古德与施拉姆等多位后续研究学者对于人类传播模式的重新构架，虽然有助于对人们认识、说明传播过程进行量化的分析和认知，但却始终难以从本质角度出发对受众进行把握和判断，其核心原因就是因为建立在信息论基础上的量化研究难以对传播内容意义获取进行探究，无法确定地对传播的内容进行直面语义、语用的分析，难以获得直指阐释意义的研究结论。这种信息论方法的研究范式虽然对信息的意义问题对于传播学研究的重要作用有所意识，但受限于"信息本位"的研究视角，其并未突出或者强调对于文本意义的阐释的问题，也没有涉及在研究方法层面引入新的范式的问题。

　　文本主义的理论基础是将文本接受看作意义传播过程。"语言哲学家奥格登和理查兹在《意义的意义》一书中对意义的概念进行了分析,其相关的定义如:意义是在词典中附加于一个词的其他词;一种本质;被任何东西唤起的情感;通过一种被选择的关系实际地与一个符号相关联的东西;任何东西意指的东西;一个阐释者指称(或相信自己在指称,或相信使用者在指称)的东西,等等。根据奥格登和理查兹的观点,意义的概念是一个复杂的内涵体,很难用确定性的定义对其进行描述。而莫里斯则提出,由于可能因为使用会产生理解上的错位与误读,应当最好避免使用意义一词。"[①]

　　如果从效果研究观点出发,可以将媒介视为文本,并将这一文本携带的"意义"看作受众对于媒介传播内容信息的一种理解性阐释行为。对媒介文本的意义阐释是受众在接触到媒介传播内容后,从主观上对于文本信息是否接受,是否做出反应性行为,是否确定采取相应社会行动,以及是否将其内化为自我价值观念,重构价值体系的前提和条件。因此,将媒介视为文本,并将文本生产、接受、传播的过程看作媒介传播"意义"的过程,就必然将文本阐释视为意义的接受过程,电视受众接受就具备了新的理论视角,即对传播过程中的阐释机制进行研究,因此有必要把阐释学方法引入电视受众接受研究。

　　阐释学源出希腊文,原义是对阿波罗神庙内神谕的释读解说。阐释学经历了基本的历史发展逻辑,首先是对《圣经》等经典文本阐释的技艺,其次是发展成为语文学方法论,海德格尔将其扩充为关于理解语言的科学,伽达默尔则将其演化成为哲学阐释学,成为一种人文科学的方法论基础。电视受众接受分析研究对于阐释学理论的引入是基于其"关于理解语言的科学""人文科学的方法论基础"特征的。

　　实证主义研究代表了科学主义的观念,而批判反思研究则隶属于人文研究的范畴,电视受众接受研究引入的阐释学方法也同属于这一范畴。阐释学方法作为一种人文学科方法与社会科学方法有一定的相似之处,例如强调研究的系统系与整体性、理论的框架解释、研究中的逻辑

---

　　① 屠忠俊:《必须重视解释学方法在传播学研究中的运用》,《当代传播》1999年第5期。

合理性等。实证方法一贯重视研究立场的客观中立，力求以研究的现象证据，特别是统计学意义上的量化分析证据来判断理论假设和前提的可证实性或可证伪性；批判反思方法则希望彰显作为社会主体的人的批判理念和意识，采纳"否定辩证法"的自我精神工具对于不合理的社会现实进行批驳和重构；阐释学方法则另辟蹊径，在承认客观的文本及其意义的存在的基础上，又倡导积极发挥主体主观意识及其能动性，对文本及其意义进行阐发和探幽。另外实证方法的眼光关注于局部和细节的分析和审查，批判反思则将视角集中于历史与社会整体，从更为宏大的视野进行社会探视，而阐释学方法则既关注文本的整体意义分析，又兼顾部分的意义解读，即伽达默尔所谓的阐释学循环的范式，从整体出发彰显局部又从局部构建整体，这就使得思辨研究方法具有了介入经验研究的可能性。

实证主义研究方法侧重于从社会现存管理和维护角度出发来寻求传播合理性存在，而批判反思的方法则试图找到现存历史与社会的不合理与不公平现象并予以抨击，阐释学的方法则采取了一种比较适中的综合性方法，古典主义阐释学趋向于阐释是主客体分离的，是主体占有和统治客体的过程，而现代阐释学则力求寻找主体间性之间的合理性与协商性的共生，即在整体类别上阐释学的方法有着多重的分类，既含有肯定性的可能，又兼有否定性的存在。另外，实证主义的方法在实践时往往将结论寄托于统计学观察的结果，主张绝对的客观主义精神，力求避免研究者的主观因素对研究的干涉与影响。而批判反思的方法则是从主观主义出发，根据研究者个人的理解和观念对研究现象进行分析判断，以求寻得批判的意义。阐释学方法则一方面重视符号及文本原初意义和文本意图，同时也强调文本阐释主体的主观意识，将文本阐释视为主体存在的方式与意义。因此对于电视文本意义接受来说，阐释学方法及其理论介入使得受众理解行为分析进入了全新的学术讨论空间，为这一领域的研究提供了新的视角和方法论基础，因而成为与实证主义研究、批判反思研究并立的研究方法，所以必须得到应有的重视与应用。

从研究方法的基础性质看，以阐释学作为理论工具，从文本理论出发的电视受众接受分析研究并非是一种唯文本论的"文本本质主义"，反而正如阐释学所强调的，文本与其理解者是一种共生的关系，文本的接受双方共同构建了平等的话语沟通平台,抛弃了传统认识论的主客体分离关系,从而突破了本质主义观念对媒介文本复杂内涵的遮蔽,最终实现在一种理解基础上完成的电视文本整体意义性阐释。电视文本及其生产、存在、传播的整体环境和要素都不再被视为相互孤立的单子化个体,也并非是一种静态的、不变的、封闭化的系统,而是呈现出明显的"此在"性的"在场",即受众对于文本的理解和接受是一种面向未来的主体性存在行为,受众对于电视文本的理解和接受需要"站在在场状态的关涉中,这种站法是这样的,即由于他能获知那在让在场中显现的东西,所以他把在场、有接受为赠礼,假如人不是从有在场状态而来的赠礼的永恒的接受者,在赠礼中获得的对象达不到人,那么在这种赠礼缺失时,存在就不仅是依然遮蔽着,也不仅是依然锁闭着,而是人被排斥在有存在的范围之外了"①。面对电视文本及其意义发生现象的受众,需要通过一种"同情的理解"的方式来审视电视文本,不断"打开"电视文本接受实践中所"涌现"出的无限现象和文本意义,描述并审视电视文本的意义机理和接受机制,在自身与电视文本的共生关系中进行交互体验与话语交流。因此,借助于阐释学理论资源的电视受众接受分析研究能够从突破传统认识论窠臼,重新对电视文本进行多角度、全方位、多层次切入,使不同理论形成研究中的批评间性,实现多元理论对话与参与格局,敞亮曾被遮蔽的领域。

---

① 〔德〕马丁·海德格尔:《林中路》,孙周兴译,上海译文出版社1997年版,第71页。

第 一 章

文本阐释的理论脉络

梳理分析阐释学关于文本意义理解观念的流变是进行文本阐释研究的基础性工作。文本意义阐释研究的核心在于对阐释学理论的历史性把握，阐释学的理论发展史分为以下几个阶段：施莱尔马赫将原属于宗教和法律等经典文本的解读技艺的文本阐释学提升至哲学领域，确立了阐释学哲学意蕴的始基；狄尔泰从精神科学的研究层面讨论了阐释学关于"精神构建"的问题；海德格尔通过分析，将文本理解行为确立为阐释主体的存在论基石；伽达默尔在前人基础上将阐释学理论进行体系化，创立了哲学阐释学，为文本意义阐释和理解研究提供了全新的理论资源。

第一节 文本阐释革命

使阐释学从文本理解的技术和方法局限中摆脱出来而真正走向哲学领域的，是德国阐释学者施莱尔马赫。其开创的古典主义阐释学是现代阐释学的前身和基础，随着理论的发展，古典主义阐释学已经被现代阐释学超越，但施莱尔马赫的主要理论思想却对阐释学的发展具有重要意义，并在文本意义阐释和理解研究中影响深远。

一 "阐释"的词源学解读

古希腊神话传说是阐释学的历史来源基础，在希腊神话里，赫尔墨斯（Hermes）是希腊奥林匹斯神庙中的十二主神之一，其罗马姓名被称为墨丘利（Mercury），即太阳系八大行星中的水星。赫尔墨斯是主神宙斯与迈亚的儿子，出生在阿耳卡狄亚山中的一个山洞里，因此，其最早被视为阿耳卡狄亚的神，属于充满力量的自然之神。宙斯对奥林匹斯进行统一后，赫尔墨斯成为畜牧之神，同时由于他脚上穿着一双带有飞翼的魔鞋，手中持有一根法杖，能够自由穿梭于神界与俗世之间，因此宙斯任命他为信使，传达自己的旨意，并为神界和俗世进行信息的传递和反馈。赫尔墨斯同时被看作旅行者和路人的保护神，很多道路和主要通道上立有他的神像和石柱；赫尔墨斯因为聪明伶俐，机智狡猾，也被视为商业之神和辩论之神，是欺骗之术的创造者。希腊神话认为他创造了尺、数、字母和七弦琴，同时又是希腊各种竞技比赛的庇护神。

阐释学 hermeneutics 一词的词根 hermes 就来自赫尔墨斯的名字，即指称"来自神的消息"，其基本的意义是解释、阐释，是指利用一种物质或者事物来解释和说明另外的物质和事物，通过在解释中概念、定义的使用，形成对解释对象意义的理解，以达到理解客观对象的目的。阐释学最早被视为"释义学"，在远古社会，人们就开始借助于各种符号和文本对自然和社会现象中的占卜、神话传说、寓言故事等进行意义的理解和解读。古希腊时期，亚里士多德的学说已经开始涉及语言中的"修辞术"等问题，对文本和语言的意义理解和解释进行讨论，并有意识地利用修辞等技巧对希腊神话中不明的神谕进行解读和转换，以期向人们传递神的意旨，可以说，在古希腊时期阐释已经被视为一种理解的学问。在 18 世纪以前，关于对文本意义内容进行确定性和规范化理解、解释的研究一般被称作"释义学"，其主要目的是强调研究的实践性，具体表现为研究者对文本解释和理解规则的汇集。欧洲中世纪时期，经院哲学家和神学家开始对宗教理论经典《圣经》的教义进行细致的阐释，如 A. 奥古斯丁、卡西昂等经院哲学家通过对《圣经》教义进行新的阐释，将以往形成的对阐释问题局部的、零散的、非系统化的研究进行了整合梳理，使之成为完备的学科门类，由此形成了一门专业性的学科——宗教阐释学，其主要目的在于教育和指导宗教人员对《圣经》教义进行规范的解读和阐释，以实现对宗教经典文本意义同一性的认定。16 世纪时期，出于宗教改革的目的，著名的宗教改革家马丁·路德也对如何进行《圣经》文本及其教义的理解和注释问题提出了看法和要求，这些做法有助于促进阐释学的发展。同时，在宗教学、文学、修辞术、论辩术等传统人文学科领域的研究也在不同层面涉及了阐释学的问题。但总的来看，中世纪的这种宗教阐释学从本质上说仍然属于一种如何正确理解和解释文本的技术学科，而不是一种系统的哲学体系。

使阐释学从文本理解的技术和方法局限中摆脱出来而真正走向哲学领域的，是德国阐释学者施莱尔马赫和狄尔泰，他们建立的古典阐释学是现代阐释学的前身和基础。随着理论的发展，古典阐释学已经被现代阐释学超越，其主要理论思想也已经发生了重大的变化，因此要对西方阐释学哲学理念进行准确的把握，必须对其学术发展的历史线索和历史脉络进行有效梳理，以使其在电视受众接受分析研究中得到有效利用，而对施莱尔马赫和狄尔泰阐释学理论和思想的批判性解读，就是将这一理论进行引介的起点。

二　文本意义"解读技艺"的阐释学

弗里德里希·施莱尔马赫，德国阐释哲学家、新教神学家，1768 年出生于波兰的小镇布雷斯。施莱尔马赫的家庭背景具有浓厚的宗教文化色彩，其父为具有敬虔派背景的摩拉维亚派牧师。施莱尔马赫曾在哈利大学学习，其主要学术思想和观念受到两种学术思潮的影响，其一是深受德国哲学家康德的影响，其二是广泛接受了德国浪漫主义思想。施莱尔马赫的阐释学理论主要体现在《1805 和 1809—1810 年箴言》《1809—1810 年阐释学手稿》和《1819 年阐释学讲演纲要》等著作中。在阐释学理论发展过程中，施莱尔马赫一直未受到应有的学术关注，长期以来，其对阐释学的贡献往往在其后的另一位阐释学者狄尔泰的著作中有所提及，学术界也只是在狄尔泰的研究中对施莱尔马赫有所认知。真正将施莱尔马赫作为阐释学之父，并对其理论研究进行全面审视的是德国阐释学家伽达默尔及其弟子基默勒。伽达默尔对施莱尔马赫在阐释学发展中的历史地位和学术贡献进行了客观评介，而基默勒则对施莱尔马赫的全部学术研究手稿进行整理并在 1958 年出版，这使施莱尔马赫的学术理论和思想得到完整呈现，极大地推动了阐释学早期理论研究，也使得施莱尔马赫对阐释学发展的推动作用获得材料性的经验实证。

在施莱尔马赫对阐释学进行系统的变革以前，阐释学最重要的应用客体主要是《圣经》和中世纪的众多法律、法规文本，并且对于这些文本的阐释和理解的法则和技巧也多呈现出碎片化特征，没有整体的理论归类和系统的学术统筹，或者说，施莱尔马赫以前的阐释方法并不具有普适性的方法论意义。作为19世纪德国浪漫主义思潮的接受者和宗教哲学家，施莱尔马赫在全面对经院哲学阐释学进行充分研究后认为，应当将阐释学从历史局限性认识中解放出来，突破狭隘的宗教性界限，将其改造成为一门具有文本阐释普适性的普遍阐释学，也就是说，施莱尔马赫希望将阐释学转化成为能够适用于一切文本意义理解和阐释的学科。因此，阐释学就从独断论的经院宗教哲学中脱离出来，摆脱了宗教教义对文本阐释的限制，开始面向一切可供理解和解释的文本，从而完成了阐释学历史上的"哥白尼革命"。自施莱尔马赫之后，阐释学不再仅仅是宗教的附庸，也并非是对经典历史文本的对应性模仿和仿效，就此摆脱了单纯为基督教及其教义服务的从属性地位，转而成为具有普遍适用性的、人们理解客观世界和多样性文本的阐释方法论，阐释学因此也具备了学术的自主性地位，开始形成独立发展的学术路径。正如伽达默尔所说："只有到了施莱尔马赫才使阐释学作为一种普遍的理解和阐释的理论而摆脱了一切独断论的和偶然的因素。"①

三　普遍方法论阐释学的观念

施莱尔马赫的阐释学思想具有两大理论来源，一种是康德古典唯心主义的先验哲学理论，另一种则是强调主观精神和个人主义倾向的德国浪漫主义理论。他对这两种理论进行深入分析后认为，阐释学的主要学术目标是要解决如下问题：对于文本来说，阐释有效发生的基础性要件是什么？文本理解的整体过程有什么样的构成机制？施莱尔马赫认为，对于第一个问题，应当从文本生产者与文本阐释者的关系中进行分析。在他看来，文本阐释可能发生的核心在于文本阐释者试图利用某种确定的方式将自己与文本生产者的地位进行替代，从而让自己处于生产者的位置，这样就可以使自己的自我精神指向与生产者处于同样的方位和目标朝向；与此同时，

---

① ［德］伽达默尔：《真理与方法》，洪汉鼎译，上海译文出版社2004年版，第97页。

由于阐释者与生产者在个体中存在可调适的差异性因素，阐释行为变得具备必要性和可能性。也就是说，差异性为阐释行为的发生提供基础，而生产者与阐释者的"主观共同指向性"则为阐释的发生提供了动机。在施莱尔马赫看来，如果文本生产者与阐释者的关系是完全同质化的，不存在任何的差异性区别，那阐释就没有存在和发生的理由；另外，如果在文本生产者和阐释者之间的差异性区别是不可调试和绝对无法克服的，那阐释也就没有任何实现的现实基础，也就根本不可能发生。因此在任何情况下，理念和思想上的差异性总是存在于言语者和接受者的彼此关系之中，但这种差异性并非是无法避免和修正的，在两者之间存在沟通和协商的可能。

关于文本理解的整体过程有什么样的构成机制的问题，施莱尔马赫从理解行为的本质性定义角度进行了解答。根据他的看法，理解行为是对于已知认识和知识进行重新表述和重构的过程，而这种表述和重构并不是简单地对原有对象进行机械复述的行为，而是具有典型的创造性特征，是对原有对象的价值重塑与形式变革。施莱尔马赫对理解行为作了细致的剖析。首先，在他看来，理解的行为过程与理解的客体是不同的，彼此应当相互区别和独立；另外，对他人精神对象的理解，包括对其"意见和意图"的理解与对客观存在物质或者事件的理解是不同的，也即需要将对文本生产者个人意图的理解和对文本表达的真理意义的理解进行区隔。对于施莱尔马赫来说，理解的客体是与理解者是各自独立存在的，要对客体进行理解和解释，必须将其放置于客体生存、发展的具体的历史境况中进行，这样才能对客体与阐释者当下的理解过程进行区分，而阐释者要理解的并不是文本都蕴含的真理内容，而是文本生产者的个体生命经验与历程。因此，他将文本意义视为文本生产者的主观意愿或者观念，而理解行为与文本阐释过程就是希望重新表述或重构文本生产者的主观意愿或者观念，也就是说，要达到对某一特定文本意义的解读和阐释，就要通过对文本生产者自身精神世界和价值体系的重构和再造。根据这一观点，理解文本的要旨即在于从精神层面、心理机制、时空位置等角度对文本生产者的意愿和文本旨趣进行探寻，而准确与适合的阐释行为就是通过规避文本阐释者的主观性与历史偏见，摆脱个体自身历史性与自我认知，以达到对文本生产者及其文本的置换型身心体验。因此伽达默尔认为，施莱尔马赫希望达到一种"我们必须比文本生产者自己还更好地理解文本生产者的思想"① 的状态。

施莱尔马赫认为，阐释学是关于处理和解释文本意义的一个艺术领域，同时也是解决误解问题的独特学科。在他看来，误解问题正是阐释学观念的肇始与起点，在文本阐释的实践中，误解问题是一种普遍意义性存在，而这种普遍意义性使得阐释行为自身也具有了普遍的特质。对于文本意义的误解使得阐释成为把握文本的内在需求，而阐释学存在的价值与意义就是试图通过消解在主体理解过程中的误解因素而达到对"意义的真实体验"，也就是说，阐释的根本性任务在于排除主体理解行为中的误解因素。

施莱尔马赫认为，要想达成上述目标，就必须首先深刻认识到误解产生的根本原因，而这一原因在施莱尔马赫看来就是理解所使用的"语言"要素与主体自身"思维"要素的差异性。也就是说，消除误解的根本办法就是从语言层面与主体意识层面对文本的意义进行认知和把控。首先要对客观存在的语言进行理解性再现，其次要对主观存在的文本生产主体（文本作者）的意识内容进行理解性再现。而且在施莱尔马赫看来，文本生产主体的理解性再现在避免误解方面作用更为重要，因为文本阐释主体只有基于再现文本生产者的历史环境和社会语境，才能真正进入文本的意义场域之中，也才有可能将文本原初意义真实反映并回馈到自身的理解行为中来，使得文本意义得以被完整地再现与还原。对于施莱尔马赫来说，文本原初意义的还原正是消除误解，获得文本意义正确理解的关键所在。

根据上述逻辑，施莱尔马赫认为要避免误解，从理解实践角度看，就必须通过"语法性策略"和"心理性策略"的双重路径来实现这一目标。施莱尔马赫之前的阐释学思想，往往是通过对文本实施按照语法逻辑规则进行意义阐释，这是典型的语义学意义解读路径。而这种路径获得文本意义是具有客观主义特征的，即不受文本生产者和阐释主体的主观意识所左右。但由于语法解释必须借助于语言符码来完成，而后者并非是一种静止和固定的表达体系，而是随着历史与社会境域的不断发

---

① ［德］伽达默尔:《真理与方法》，洪汉鼎译，上海译文出版社2004年版，第249页。

展而一直变化的；同时使用语言的阐释主体也具有明确的历史性，其自身的价值形态、伦理道德也都处于变化之中，加之语言体系可以表达主体的情感意义，因此语言在作为文本意义阐释工具使用时不可避免地会走向主观主义，而这与文本意义要求的客观性背道而驰。由此施莱尔马赫认为，单纯地利用语法性策略来获得文本意义的阐释具有明显的局限性，他提出，必须结合心理性策略来补充并完善文本意义的阐释方式，以期能更为客观地把握文本意义。施莱尔马赫的心理性策略就是通过意识的能动性来回溯文本生产者所处的心理意识环境，也就是说，阐释主体利用"心理移情"的方式和途径对文本生产者精神世界进行了解，并以此为基础再现文本生产的历史环境和社会语境，将文本意义生存的外在条件以主观认知的方式进行复写，从而获得文本原初意义，以此达到客观真实理解文本意义的目的。

四　"真理价值意义"与"理论应用性"缺失

作为古典阐释学的创立者，施莱尔马赫对阐释学发展作出了杰出的贡献，但从阐释学整体发展来看，其理论也有明显的历史局限性和不足之处。

首先，施莱尔马赫消解或者忽视了阐释学在真理认知问题上的传统思想。他的普遍阐释学是建立在对文本生产者的主观意图或意见理解基础之上的，这就割裂了文本主观意义和真理价值意义的关系，忽略了两者在文本理解中的共生性，从而得出了理解以及阐释就是文本生产者的主观意图和价值观念的再造与重构过程的观点，而将真理内容的认知剔除出了理解行为之外，使得阐释学强调真理认知的特征被消解，也无法使文本阐释与真理解读相互关联，导致文本中包含的真理内容被覆盖。对于施莱尔马赫的这一理论缺失，伽达默尔提出了明确的不同意见。在伽达默尔看来，施莱尔马赫理论中的理解行为并非是一种文本与主体、主体与主体之间的相互理解，也即理解是一种单向的主观指向，而不是双向的意义指涉活动，理解成为一种对他者和文本的孤立行为，即单方面的理解。就理解的本质而言，其并非是文本生产者与阐释者针对双方共同的意义指向主题的理解，而是在一种限定性的条件下，要求阐释者通过固定方式来寻求文本生产者的主观意志，理解成为一种寻找和捕获文本生产者意图和动机的游戏,其建立的基石在于动机,理解中存在的真理性问题不属于理解的范畴。与之相反,对于伽达默尔来说,理解建立的前提条件是相互性,理解首先是相互理解,是参与的不同对象之间就主观或者心灵共同指涉的对象达成共识的行为,仅仅有一方参与的理解行为不能构成理解。文本阐释者的理解行为并非是独立个体自身的自我认知,而是作为一种价值真理的外化和表征,理解文本的本质意义在于接受作为真理的思想,理解文本就是理解它所提出的某种真理要求,阐释者只有真正进入文本的真理意义空间之内,并接受真理提出的要求,才能正确理解该文本。"通过文字固定下来的东西已经同它的起源和原文本生产者的关系相脱离,并向新的关系积极地开放。像文本生产者的意见或原来读者的理解这样的规范概念实际上只代表一种空位,而这空位需不断地由具体理解场合所填补。"①

另外,伽达默尔认为,施莱尔马赫普遍阐释学的另一理论缺失在于忽略了阐释学理论传统的应用性特质。施莱尔马赫把理解和阐释看作对文本生产者主观意愿的再造与重构,这实际上是一种静态的形而上学的观点,即把理解和阐释视为客观不变的机械行为,从而在认识论层面堕入了笛卡尔式的主客二元深刻对立之中。在伽达默尔看来,施莱尔马赫将理解与阐释进行了内生性融合,这就把阐释学的应用性,或者说实践性意义从理论中剔除掉了,阐释学被单纯地限定在一种方法论窠臼之中,其在传统中继承的、原本具有的规范作用则被抛弃。而这种规范作用正是阐释学实践性意义的重要现实体现,因为根据伽达默尔的观点,阐释学一个典型的学术传统就是强调使文本意义和真理要在实际的言谈话语进行中实现,"直到今天,每一种翻译者的任务就不只是重新给出他所翻译的那位讨论对手所真正说过的东西,而是必须用一种在他看来对于目前谈话的实际情况似乎是必要的方式去表现这个人的意见"②。

---

① [德]伽达默尔:《真理与方法》,洪汉鼎译,上海译文出版社 2004 年版,第 399 页。
② 同上书,第 313 页。

第二节　文本阐释与生命表征

狄尔泰文本阐释的核心理论是将生命看作哲学的核心问题。根据他的观点，要达到一种对文化或者历史，也即生命意义的认识，就必须通过考察主体自身的"生活的体验"以及建立在对生命同情的"理解"之上。对于狄尔泰来说，洞察主体的历史进程和客观世界的多样化关联，就必须从主体具体生活方式和状态进行体验，这是通达对其理解的必由之路。

一　关于"精神科学"的独立性

狄尔泰生于比布里希，1866—1882 年先后在巴塞尔大学、基尔大学、布雷斯劳大学和柏林大学任教。他是柏林普鲁士皇家科学院院士，德国"生活哲学"的创始人。他曾研究黑格尔青年时期的手稿，于 1906 年发表了《黑格尔青年时代的历史》。最初属于新康德主义，后转向生命哲学，致力于所谓"历史理性的批判"，主张"历史的相对主义"。他的主要著作有《精神科学导论》（1883）、《黑格尔青年时代的历史》（1905）、《论德国的文学和音乐》（1937）等。与文学研究有关的重要著作有《施莱尔马赫的一生》（1870）、《诗人的想象力》（1887）和《体验与文学》（1905），后者收入《近代欧洲文学的发展》《戈特霍尔特·埃夫赖姆·莱辛》《歌德与诗的幻想》《诺瓦利斯》《弗里德里希·荷尔德林》等 5 篇论文。

狄尔泰在前人理论基础上创立了一门新的学科——"精神科学"，这一学科的研究对象是"人以及人的精神"。在他看来，基于不同理性的、情感的、意志的生活类型会相应地具备不同的"宇宙观"，而对于具体的历史阶段来说，也有着与之相适应的宇宙观。另外，狄尔泰认为任何宇宙观都是一种相对主义的呈现，不能将其固定化与绝对化，历史始终是构建在动态观念上的历史主义表征形态。根据他的观点，要达到一种对文化或者历史，也即生命意义的认识，就必须通过考察主体自身的"生活的体验"以及建立在对生命同情的"理解"之上。在他看来，洞察人的历史进程和客观世界的多样化关联，必须从人的具体生活方式和状态进行体验，这是通达对人的理解的必由之路。作为精神科学家，狄尔泰认为对于研究客体的分析和考察，必须从对象给予客观世界的意义及符码着手，而这种意义和符码体现在人的言谈举止、生活方式等惯习化行为之中，在对价值观念、道德法则的判断之中，甚至在对艺术作品的审美标准之中。作为主体的人，可以通过这些具体生活体验和感悟来进入自身历史空间，从而获得对历史意义的理解，而这种理解又转化为主体全面解释自身经历的依据和基础。狄尔泰关注主体内在直觉和心理要素在人生命历程中的重要作用，他拒斥了19世纪流行的用历史方法来考察文学、艺术以及其他人文科学的研究取向，并且与舍勒的实证主义方法不同，狄尔泰不强调证据和事实在研究中的作用。狄尔泰的精神科学理论对20世纪初德国文学理论和文学创作影响极为深远，特别是狄尔泰对于生命意义和价值观念以及对于超越性意义的重视，强调要探寻无尽生命意义和本质价值的看法，对从传统形态转向现代形态的文化语境产生了重大影响。

二 作为"精神构建"的阐释学思想

从阐释学发展史上看，狄尔泰及其理论学说的意义在于具有承前启后的转承性，他从施莱尔马赫的阐释学思想出发，对施莱尔马赫进行了批判性继承，同时其理论又蕴含了新的历史哲学意蕴和视野。不同于康德纯粹理性批判强调人的先验能力在认识行为中的重要性，狄尔泰试图将历史理性纳入批判领域中来。狄尔泰关注的理论核心问题在于以下两个：其一，认识和理解主体关于历史世界和自身人类世界所产生的知识普遍性与必然有效性如何确定？其二，主体对于自身的存在价值和因存在而生产的物质、精神等创造物的理解条件是什么，理解何以可能？狄尔泰对这些问题回答的逻辑出发点在于试图利用主体具备的自我认知、历史认知和社会认知能力的批判，从而对认识主体对上述三类认知对象进行理解的可能性、前提性以及限定性在认识论上加以明证。

按照狄尔泰的分析成果，作为存在的历史领域，其本质是通过认识主体的精神所构建和创立的领域，主体自身就是历史的一种存在显现，在历史意义上对主体的探究就是通过对其精神生活的考察来创立历史意义的主体。狄尔泰认为，认识主体与认识客体共同存在于历史之中的同质性就是进行历史认识的可能性条件。精神科学所研究的客体，即精神世界，在本质上是由认识主体精神构建的产物，而这一客体又是精神科学对主体进行探讨认识的客观外化，主体对于客体进行探究的终极目的在于对主体自身的本质进行考证。作为主体认识的客观外化与客观世界的物理性存在着基础性区别，这种区别最明显的表现就是前者属于主体精神的创生物，是主体内在精神生命的符码性表现。按照狄尔泰的观点，客观实存是独立于主体的外在存在，是难以认知的陌生物，而对于主体来说，精神生命则内化于自身，自我对于其具有先天的可接触性和亲近性，可以将其作为一种确定的实存进行理解和认知。对于精神科学来说，其核心基础在于依托自身的心灵和生命构成，而对于自然科学来说，其构建的基础在于通过作出抽象假说，并进行推论以实现。所以精神科学有充分的条件使自身处于精确科学的领域。精神科学的价值理念在于认同主体的精神生活具备明确的目的性，同时主体精神生活具有实施道德观念与进行价值评判的能力，主体精神生活的法则与限定性规范具有历史惯习化特征，并处于动态的演变之中，主体的精神世界能够被通达，具备历史意义上的流转性特征。

依据以上观点，精神科学的个性化特质体现在以下层面：首先，精神科学的研究意义在于从目的论意义上对主体精神世界进行考察，其目的在于对主体主观指向的精神行为实施价值评定，认为控制主体精神世界的约定性条件是可调适的。其次，主体精神世界的客观外化限定了主体进行生命体验、生活行为、心灵变化的指向和范围，而这些客观外化作为一类精神观念的表达和展示，一直负载着被展示的意义。所以狄尔泰认为，精神科学的研究方法并不是通过实证主义认为的利用对客体观察、实验、统计方式进行规律性理论推论，而是一种指向自我精神的体验过程，这种内在体验的目的就在于研究者可以是某种精神性东西的表达，它们总是指向自身之外，具有要表达的意义，因而精神科学的方法不能单纯是观察、实验和按普遍规则进行推论，而是一种内在的体验，要求研究者利用自我的生命经验和经历来体察精神客观外化中其他主体的精神世界，正如狄尔泰所言，"我们说明自然，我们理解精神"①。

"体验"概念在狄尔泰的精神科学中占有重要地位。"体验"一词的理论意义在于解释作为存在的主观或客观事物被主体生命或者精神世界所接触和指涉，从而使得这一事物自身获得时间层面的持续性，因此这一事

---

① 洪汉鼎：《阐释学——它的历史和当代发展》，人民出版社 2001 年版，第 105 页。

物就能被主体指认为一种生命体验而保存下来,而这种生命体验就成为解释的理由。同时,这种体验构架了主体生命历程,内化为主体自身历史的有机组成,主体能够利用自我生命精神与精神外化中蕴含的其他主体生命精神进行互动,并产生共鸣。对于狄尔泰来说,"体验"的实质是调和主体自我精神领域与客观物质领域的精神活动,以及对于主体自我精神领域与客观物质领域的阐释,甚至包括赋予精神的客观外化以意义。"体验要通过内在存在来描述,以致作为康德探究基础的关于他者即非我的认识问题在这里根本不存在,这就是狄尔泰试图在精神科学中进行历史世界构造的基础。但是,历史世界并不是这样一种体验联系,历史的联系最终必须被理解成一种意义联系,这种意义联系就像一件巨大而又陌生的本文,阐释学必须帮助对它进行破译。因此,狄尔泰由于事物的逼迫而寻找从心理学到阐释学的过渡。"① 依据狄尔泰的观点,"体验"一词形塑了对认识客体发生认知行为的认识论基础,作为历史流转物的生命,其存在的价值和目的在于构建恒定的意义一致性,实现生命的完整历史。这就意味着,生命在自我历史中展示并解释自身,精神科学的价值和意义况味在于对生命的探究与审视,这是一种明确的阐释学理念表征和结构。

狄尔泰认同施莱尔马赫对于理解概念的阐发和观点,他也将理解行为视为模仿或者再体验过程,而精神科学能够对生命进行探究并作出理解,最根本的原因在于生命的同质性和普适性,所以利用心理上的置换行为可以对其他主体的精神世界进行解读和分析,这也是对其他主体内在体验和生命意义的重构和再造。但是从精神科学的本质追求来看,狄尔泰关注的并非是其他主体,而仍然集中在主体的精神世界自身,认为精神世界是由"社会—历史—世界"构成的三维统一体,其中贯彻了内在道德法则,体现了情感和反应的共同性,又表现为审美的一致性感悟。主体可以接触并感知自身或者他者主体的自我精神世界,但这种接触和感知的发生是以阐释方式进行的,而不是孤立和排他的内省活动,这样就可以实现对生命历史的理解。所以在狄尔泰看来,阐释是主体对精神世界进行理解的基本方式和必要过程,这就从方法论意义上确立了阐释学在精神科学和人文科学中的根本地位。

---

① 洪汉鼎:《理解与阐释》,东方出版社 2001 年版,第 184 页。

三　对"主体历史性"的忽略

依据阐释学历史评价的观点，狄尔泰在施莱尔马赫的基础上将阐释学阐发到了新的高度和新的理论境界，但其理论也并非完美，仍然在很多领域值得商榷。

首先，将生命表征的主要形式归结于历史性和客观精神是建立在忽略主体的历史意义基础上的，而这种历史意义却是实施理解行为的认知主体最明显的生命价值所在。"虽然说在精神科学中追求客观性的想法强烈地激励着他，但是他仍然不能摆脱这一事实，即认识主体，亦即进行理解的历史学家不可能简单地面对他的对象，面对历史生活，相反，历史学家乃是被同一种历史生命的运动所推动。"[1]

其次，狄尔泰对历史客观主义的看法具有明显的依赖性和倾向性，他对实证主义在精神科学的侵入表现出强烈的批判主义态度，认为实证主义无法对主体的精神世界作出客观合理解释，因此他转向了历史性的精神和理解。但值得讨论的是，狄尔泰认为主体对于历史的认识具有天然的间距性，而这种间距性是无法回避的，但主体利用理解来解释作为客观存在的精神，以回溯并再次体验作为历史的生命经验，介入他者精神世界和领域，实现对历史客观的、科学的理解。而这一点从文本理论来说，就意味着阐释必须回转到原文本生产者的意图，或者说，主体对精神世界的理解重点不在于对历史赋予新的生命意义，而是集中于历史本身，集中于文本所蕴含的具有恒定性的真理及其客观性。

总的来说，狄尔泰的理论缺失主要表现在过分依赖作为主体精神客观外化的历史意义，但是却没有对主体的历史性加以讨论。狄尔泰在理念中构建出了一个简单纯粹的主体，这个主体仅仅存在于历史意识和历史认知之中，并不具备任何的实践性意义，脱离了历史的具体形态而存在，并拒绝任何的限定。因此阐释学理论就成为一种纯粹的主观意志分析，理解行为转化为单一的精神活动，缺乏历史和社会的具体性意义负载，又回到了笛卡尔客观主义的窠臼之中。狄尔泰的阐释学是一种只针对精神领域的学说，而否认和拒绝任何的实践意义；同时，对客观性的无限制寻求也使狄

---

[1]　洪汉鼎：《理解与阐释》，东方出版社 2001 年版，第 184 页。

尔泰难以从理论基础上解除实证主义的束缚，形成了一种隐晦的实证主义变种，这作为现代阐释学批驳的对象，被海德格尔和伽达默尔加以了理论上的重点审查。

第三节 作为"存在"的文本理解

海德格尔是将阐释学转向本体论道路的开创者，在他看来，阐释行为的逻辑起点在于从阐释者自我经验出发，其驱动力在于不同阐释者自我独特的生命价值体验和经历，这点与康德的认识先验性和胡塞尔的意识先验性有所不同。因此海德格尔的阐释学具有明显的社会实践意义，是作为具体历史形态和社会生活泛化的结果，而并非仅仅存在于意识和认识领域。

一 现象学理论的转承

马丁·海德格尔是 20 世纪德国存在主义哲学的创始人和主要代表之一。1889 出生于德国西南巴登州弗莱堡附近的梅斯基尔希的一个天主教家庭。1907 年，海德格尔开始接触 F. 布伦塔诺的著作《论亚里士多德以来存在者的多重含义》，对存在意义的问题产生兴趣，这是他哲学事业的起点。1909 年进入弗莱堡大学，前两年主攻神学，辅以哲学，1911 年他决定放弃牧师的前程而专攻哲学，跟随当时德国著名哲学家胡塞尔潜心研究现象学。1913 年夏在施耐德的指导下完成了博士论文《心理主义的判断学说》。他在弗莱堡大学期间曾为胡塞尔的学生，还曾参加新康德派哲学家里科指导的研究班，从而深受价值哲学的影响。获得博士学位后不久，第一次世界大战爆发。1914 年 8 月他应征入伍，但两个月后即因健康欠佳退伍。1915—1917 年在弗莱堡从事军邮工作，1915 年夏他以题为《邓·司各脱关于范畴的学说和意义的理论》的论文获讲师资格。1916 年 4 月，胡塞尔受聘到弗莱堡大学继承里科的讲座，海德格尔得以亲聆胡塞尔的指教。1918 年从战场回来以后，海德格尔正式成为胡塞尔的助教，1922 年在胡塞尔的帮助下，受聘于马尔堡大学任哲学教授。在马尔堡时期，海德格尔开始撰写他的主要著作《存在与时间》，1927 年 2 月，《存在与时间》正式印行，一是在《现象学年鉴》第八卷上，二是作为单行本。这本书奠定了海德格尔一生哲学活动的基础，被视为现代存在主义哲学的重要著作，他因此而声誉鹊起。半年后，柏林颁予他正教授职称。1928 年胡塞尔退休，他被胡塞尔推荐为弗莱堡大学哲学教席的继承人。后来创立了自己的哲学——存在主义。1929 年海德格尔辞去马尔堡的席位，回到弗莱堡大学继承胡塞尔的哲学讲座，20 世纪 30 年代以后，他与胡塞尔之间的关系日趋冷淡并最终破裂。

胡塞尔与海德格尔在理论传承方面既有一致性也有冲突性。海德格尔对于胡塞尔理论的继承关系在《存在与时间》一书中有着明确的体现。应该说，海德格尔在两个层面受益于胡塞尔理论的引导和启发，从而直接导致了海德格尔自身的理解存在论的提出。首先，从研究方法来说，胡塞尔为了说明存在的概念性特征，用了"系词"意义的方式对存在进行分析和探讨，使得存在概念可以通过主体的"本质直观"方式获得认知和理解，海德格尔继承了这一理论认识，并将其运用到非客观存在的存在理解意义层面，从而从本质上确立了理解的本质直观性。其次，海德格尔意识到了胡塞尔理论的边界，即关于真理问题的意义，胡塞尔并未对此问题进行深入的探讨。而海德格尔则从此出发，将这一问题进行了拓展，他认为胡塞尔真理问题意义的存在性概念是一种"意向客体"，也就是说，真理乃是意向性存在，应当将这种存在继续向前推进，将"意向客体"存在视为存在主体，即存在不能仅限于主体的意识层面，而是作为一种理解成为主体本身，理解即是主体的存在方式。通过这种理论上的推导，海德格尔试图规避胡塞尔现象学理论的局限性。

海德格尔的理论发展可以分为前期和后期两个阶段。前期理论主要对于"存在概念"与"存在主体概念"在存在论基础认知上的差异进行了分析和研究；而后期理论则对"存在自身"与"存在主体之存在"的存在论基础进行了辨别。海德格尔认为，主体的存在性特征是与"真理"相关联的，二者具有一致性，这是与胡塞尔的真理意义层面的"存在"相同的。并且海德格尔认为，其所谓的作为"存在本身的存在"是超越胡塞尔意向论层面的创新，因为该概念隶属于更为本原的范畴之内。应该说，海德格尔的存在概念是对传统的二元主义主客体分离观念的突破，从存在论范畴之内将主体的存在视为理解的形式，从而在终结"对象性结构"的认知模式中作出了有效的尝试，为现代哲学的发展提供了新的研究思维范式。

从阐释学发展角度看,海德格尔对这一学术领域最大的贡献在于,通过对胡塞尔现象学理论的发展和重构,推动了作为认识论的古典主义阐释学向本体论的哲学阐释学的转向,可以说自海德格尔起,阐释学开始逐步走向独立意义的学科。海德格尔在《存在论:实际性的解释学》一书中,对古典主义的传统解释学理论实施了改造和重构,并将其逐步推向本体论位置。在海德格尔看来,对于任意类别的文本及其意义客观性的认知理解行为,都将被识别为阐释主体在自身具体历史和社会经验限定之下的理解方式,而这种理解方式的目的在于创造出一种思维层面的自我再造。因此,对于文本的阐释最终表现为阐释者自身具体经验的衍生物,是阐释主体自身生活的外化。

二 "此在"与理解的"存在"

海德格尔在《存在论:实际性的解释学》中首先对阐释学的原初历史语境进行了回溯和探究。在海德格尔看来,阐释学的原初语境不能被简单认定为中世纪经院哲学对《圣经》教义进行阐释的文本阐释技法和规则,其更应当被视为话语及其逻辑存在,或者说是具有客观性意义的文本所忽略的一种原初存在。在他看来,"解释学这个用语的实际性显示是对投入、开端、走向、询问和说明的统一方式"①。对于海德格尔来说,阐释学中被意识构建出的阐释客体的实存意义,其实是应当被"实际性显示"否定的,其自身的意义应当是由客体的具体社会实践构造的多元化意义场域:第一,主体会进行"投入",而投入行为指涉阐释的对象,即文本得以存在的程序和步骤,海德格尔认为这些程序和步骤包括书写,意识行为或者主体的艺术创意。第二是"开端",这里开端就是要求必须回溯到阐释学被忽略的原初环境之中。第三是"走向",走向问题在海德格尔看来就是要确定阐释的方向,或者说要明确阐释的趋势和方位。第四是"质询",质询的过程应当是提出问题—追问—再追问的最后一步,即再追问。第五是一般意义上的"说明",也就是对文本进行常规性的逻辑解释。因此,海德格尔的阐释学并非将理论焦点置于探究文本对象的生产主

---

① 〔德〕马丁·海德格尔:《存在论:实际性的解释学》,何卫平译,人民出版社 2009 年版,第 9 页。

体主观意图，或者说所谓的"客观意义"的文本理论普遍性经验命题，这是文本显而易见的特征。他的阐释学关注的核心在于：作为文本的意义场域是在什么条件下产生的，以及这种相对独立的意义场域的流转和再现问题。

海德格尔通过对古希腊哲学家文本的研究，从词源学角度对阐释学的希腊词源与作为希腊主神之一的赫尔墨斯的关系进行了说明，由此探讨了阐释学自身的意义的流变和沿袭。但需要指出的是，海德格尔对于古希腊文本的理论援引并非完全基于文本写作的具体现实话语环境，而是依据自身的理解和解释的需要进行了二次解读。这与文本理论的旨趣大相径庭，是类似于后结构主义文本学者的生产性阅读观点。这一点特别体现在对柏拉图的文本解释中，在海德格尔看来，柏拉图对于阐释的理解是以传达和告示为形式的，但在话语的传递过程中，话语并非是被毫无损伤地完整保留下来，而是被传递者进行了差异化的转述，因此，文本的意义传递是在一种被不断扩充或者缩略的状态下进行的，或者说文本传达过程之中总会生成有意无意的差别性附加，而这种附加的差别"不是理论的见解，而是意愿、希望。以及类似的存在、生存；也就是说，解释学是对……（我）的在其存在中的存在者之诸在的告示"①。这就是说，根据海德格尔的观点，文本阐释过程中出现的差异化表达并非是理论意味的转化和替代，而是阐释者依据自身的生命经验的注释，或者说阐释者的主体实践对文本意义进行影响和渗透。通过海德格尔对柏拉图文本注释的案例，可以透视其对于经典文本的过度阐释，其阐释学理论呈现出明显的建构主义学术特征，其建立阐释学的前提不是寻求文本的客观意义，而是由"此在"的生活来重构。

传统的古典释义学和生命哲学的阐释学有着共同的特征，就是都强调对于文本进行心理分析，它们都将文本及其意义视为认识的对象，从而具有认识论性质。也就是说，双方都试图通过文本分析而对其他主体精神世界进行介入，阐释成为主客体对立的一种表现。而当胡塞尔创立现象学后，海德格尔开始对文本的心理分析进行驳斥，认为作为阐释，其应当表

---

① ［德］马丁·海德格尔：《存在论：实际性的解释学》，何卫平译，人民出版社 2009 年版，第 9 页。

达出"此在"理解的存在性意义，也就是说，阐释并非是认识论层面的主客体关系，而是本体论层面的共识关系，这就使得阐释学开始向本体论转向。

作为本体论的阐释学与作为认识论的阐释学具有重大的理论差异，主要表现在以下几个方面：（1）本体论阐释学重点讨论理解存在的方式，而认识论阐释学关注存在以什么方式被主体所认识和理解；（2）本体论阐释学认为，理解是主体的基本存在形式，而认识论阐释学则主要分析主体对于存在的认知模式；（3）本体论阐释学把理解视作一种存在的状态，而认识论阐释学则将理解看作主体对于客体的把握和控制；（4）本体论阐释学从"前理解""前见"等预设中对客体进行理解，认识论阐释学则依据主体的认识范式对客体进行认知，从主体的认识方式对客体进行分析；（5）本体论阐释学将理解用作个体控制自我存在的可能性能力，认识论阐释学则将把理解用作理性主义的认识手段；（6）本体论阐释学认为变动的历史和文化覆盖并接纳了阐释者，认识论阐释学则认为阐释者控制并收容了历史与文化，因而可以对历史和文化进行任意的分割与再造。

作为本体论的阐释学自创立以来，将理解从原初意义上构建成为存在的方式和形态，海德格尔特别从"前理解"的条件的角度说明了这一点。"前理解"概念的作用在于分析探讨理解行为的合法性问题。在海德格尔看来，理解能够成为人类主体生存的基本方式和形态，其主要原因在于在理解发生之前就存在蕴含了历史与文化积淀的前理解。这种前理解是一切现实理解的基础和前提，并且直接影响现实理解的走向。主体的现实理解依据前理解展开，而在这个展开过程当中，主体就处于理解的存在形式之中。主体无法对这种理解进行内控式的把握，或者说，主体难以占有这种理解形式，反之，这种理解是主体生存和发展的基本存在形式。这就是说，海德格尔对于理解的质询，是在讨论理解如何完成的同时，探究理解以何种方式处于存在形式之中。理解就是前理解的不断延续，而在这种无法割裂的延续过程中，主体得以存在，并得以展示自身的价值。从海德格尔的观点出发，主体之所以能够成为主体，关键问题在于其具备的理解能力，而在历史的理解之中，主体获得了存在的可能性与合法性，故从主体出发理解客体的认识论范式就被扭转，理解成了主体存在的本体论基础。海德格尔认为"前理解"有三种形式，即"把某某东西作为某种东西加以解释，这在本质上是通过先行具有、先行见到与先行掌握来起作用的。解释从来不是对先行给定的东西所作的无前提的把握"；"任何解释工作之初都必然有这种先入之见，它作为随着解释就已经设定了的东西是先行给定了的，这就是说，是在先行具有、先行见到和先行掌握中先行给定了的。"①

海德格尔在《存在与时间》一书中对此在的在世存在论理论基础进行了充分的讨论和创立，随后，他指出此在在现实中有其领会，领会是一种能在，具有筹划的生存论结构。对于海德格尔来说，《存在与时间》的核心概念之一是"被抛"，这个词的反复出现说明海德格尔对理解的存在状态的认识。在他看来，主体都是以一种被抛的状态面对客观世界和社会生活的，作为历史的存在，历史背景、文化方式、道德价值、观念伦理、物质基础、民族惯习等心理和文化结构形成的结构性元素都是"先行具有"，主体发生的一切阐释行为都必须从确定的"先行具有"出发，否则就无法完成。而这种特点的阐释的逻辑和视角，被海德格尔称为"先行视见"，即主体在进行阐释行为之前对确定性概念框架的认定和接受，这种认定可能是潜移默化的，也可能是显而易见的，但都是不可回避的，主体无法选择从空白的角度切入理解过程。海德格尔认为，理解中的循环隶属于一种意思结构的范式，源自已经实现部分阐释的理解。作为此在的主体自身含有一种存在论上的循环体系。这种循环体系并非认识论层面的循环，而是有着明显的生存论性质，是此在存在的根本特征，"决定性的事情不是从这个循环中脱身，而是依照正确的方式进入这个循环"②，这就是海德格尔的"阐释学循环"的表述。

三　阐释的"历史性"问题

关于阐释的历史性问题，在《存在与时间》中海德格尔进行了充分的讨论，海德格尔援引了约克伯爵的理论观点，认为正是在约克伯爵的分析下，历史性的意义才得以充分地表现出来。"我们共同的兴趣在于领会历史性——历史性的中心问题是：整个心理物理的给定状态并非存在着，

---

① ［德］马丁·海德格尔：《存在与时间》，陈嘉映译，三联书店 1987 年版，第 184 页。
② 同上书，第 179 页。

而是生活着。对自身的思考并不涉及抽象的我,而是涉及它自身的全体。因此思考将发现我是历史所规定的,正如物理学宣告我是由宇宙所规定的。我是历史,犹如我是自然。"① 根据海德格尔的观点,存在指涉客观的、不受主体意识支配的物质性存在,而生活则属于一种不断调整的方式和生存模式,具有连续性与变化性。存在是非生命体的客观物质或者是被规范的无意识性对象,而生活则被视为对历史采取一种接纳的态度,以一种开放性的心态来面对的存在,并认为历史是可以通过理解得以延续和扩充的,是绵延不绝的理解的补充与不断完善。因此,从实际意义上看,历史性的真实表现不仅在于对主体在场的强调,而且属于一种涵盖过程、分延、命运的完整的体系。正如海德格尔的评价,约克伯爵最大的贡献在于区分了在者状态上的物质和历史性的物质的区别。"约克精明地洞见到可能状态这一历史的基本性质;他是靠认识到人的此在本身的存在性质而获得这种洞见的;也就是说,他恰恰不是从科学理论出发,而是在历史考察的对象那里获得这种洞见的。"②

第四节　历史文本阐释观

　　伽达默尔是哲学阐释学的创立者,他通过对海德格尔存在主义的观点进行批判性接受,使之系统化,在此基础上实现了明确的本体论哲学阐释学。伽达默尔的哲学阐释学所关注的核心问题是探讨主体理解行为何以可能的基本前提和条件,并通过对理解活动的剖析和探究来体察主体的经验世界,从而在主体界定性的历史意义存在方式中发现主体与世界的基本联系。伽达默尔最终的学术观点在于,理解是人类本身的根本存在方式。

一　"哲学阐释学"的确立

　　汉斯·格奥尔格·伽达默尔,德国哲学阐释学创立者,1960 年以出版著作《真理与方法》闻名于世。作为现代阐释学的创始人,其哲学思想与生命实践被归结于同一个问题,即对话和理解是此在的一种存在方

---

① ［德］马丁·海德格尔:《存在与时间》,陈嘉映译,三联书店 1987 年版,第 450 页。
② 同上书,第 453 页。

式。伽达默尔的主要学术关注点在于进行对话和理解过程的分析和讨论，其理论著作和教学活动也始终是以与听众的对话为基础的。伽达默尔通过对海德格尔存在主义观点进行批判性的接受，并使之系统化，在此基础上实现了明确的本体论哲学阐释学。其哲学阐释学所关注的核心问题是探讨主体理解行为何以可能的基本前提和条件，并通过对理解活动的剖析和探究来体察主体的经验世界，从而在主体界定性历史意义的存在方式中发现主体与世界的基本联系。伽达默尔最终的学术观点在于：理解是人类本身的根本存在方式。"我认为海德格尔对人类此在的时间性分析已经令人信服地表明，理解不属于主体的行为方式，而是此在本身的存在方式。本书中的阐释学概念正是在这个意义上使用的。它标志着此在的根本运动性，这种运动性构成此在的有限性和历史性，因而也包括此在的全部世界经验。"①

根据伽达默尔对海德格尔的研究，他认为传统是先于主体存在的，也就是海德格尔认为的，主体总是处于一种"被抛"的状态，并在这种被抛的状态下接触历史和传统，因此作为阐释的主体无法脱离传统和历史，以一种完全纯粹的主体性身份对阐释对象进行理解。作为客观存在的传统和成见是阐释主体无法回避和脱离的不可变因素，并且是主体发生阐释行为不可或缺的基本条件，也是主体之所以能够存在的必要性前提。根据伽达默尔的观点，历史与传统并不是同非生命的物质一样，属于孤立和单独存在的，而是始终密切地与主体的存在和生命经验相互关联，始终作为主体的必要构成部分，并通过它的效果历史发生作用机制。"真正的历史对象根本就不是对象，而是自己和他者的统一体，或一种关系，在这种关系中同时存在着历史的实在以及历史理解的实在。一种名副其实的阐释学必须在理解本身中显示历史的实在性。因此我就把所需要的这种东西称为效果历史。理解按其本性乃是一种效果历史事件。"② 因此，根据伽达默尔的看法，理解活动并不是主体自身自觉性的自我主体行为，而是将主体自身放置于历史之中，从一个存在的传统出发，在历史与现实，现实与未来的不断延续之中实现融合的过程。历史与现实存在在时间层面的间距问

① ［德］伽达默尔：《真理与方法》，洪汉鼎译，上海译文出版社 2004 年版，第 4 页。
② 同上书，第 387 页。

题，并不是为了对理解对象进行理解而努力加以消解的阻隔，而是为了促进理解行为得以完成的主动性因素和推动力，这一点同古典主义阐释学有着本质的区别。"阐释的意义是在通向未来之路上得以实现的"，这一论断就是对时间间距的充分阐发。对于伽达默尔来说，时间的间距化性质具有选择性功能，可以通过选择对历史存在的谬误的、不确定的、非合理化的见解和意见进行扬弃，通过这种扬弃，主体才能对理解的客体的本质意义进行解读和阐释，才能获得相对明确和清晰的理解。对于伽达默尔来说，理解对象意义揭示过程是没有时空界限和边界的过程，作为选择的时间间距化功能就是开放性的，其通过永不停歇的外化和变化，对非确定性的意见进行不断的消解，并在此基础上不断创生新的理解结构和成果。所以，历史和传统可以成为主体理解行为的前提条件，同时也不断形成新的理解框架和基础，主体在历史中实现并确立自我，同时也构建了延续的历史。

二　"主体视域"与"历史理解"

"效果历史"概念是伽达默尔用来说明历史与传统对于主体理解行为作用机制的核心理论工具。"在一切理解中，都有这种效果历史的力量在起作用，无论我们意识到它还是没有意识到它。"① 伽达默尔认为，主体应当对效果历史进行主动的识别和接纳，因为效果历史能够帮助主体对阐释的境况加以理解。"境况"在伽达默尔的理论体系中意指主体的视域，或者说主体在进行理解时所处于的逻辑视角，也即前判断体系。阐释主体的理解行为一旦发生，阐释者的视域就立即与其理解的客体的视域进行了接洽，并伴随着理解行为的不断发展而持续地充实自身。阐释主体的视域与历史的、传统的视域相接触而不断融合的过程，伽达默尔称之为"视域融合"。依据他的看法，两种不同视域在融合之后形成了更为广泛的视域，囊括了阐释者的视域，同时也囊括了文本的视域，并且无法形成静止的状态，而是一个永久性的形塑过程。因此视域融合给予了主体新的经验和新的阐释机会，这种主体的理解和阐释活动，关注的是传统对于现实的影响结果，作为一种由于视域改变而调整的适应性过程，本质上是在异质

---

① ［德］伽达默尔:《真理与方法》，洪汉鼎译，上海译文出版社 2004 年版，第 389 页。

化的具体历史环境下主体对于历史流传物的创造性再现。

　　对于伽达默尔来说，理解行为由三个基本的哲学范式构成，是理解、阐释与实践的三维共生和统一。这一论断充分说明，阐释学的学术指向乃是具有明确的实践意义和导向，对于历史、现实、未来世界的指涉与影响是阐释学实践性的最重要特征，也是阐释学活动的出发点和最终目的地。自伽达默尔肇始，哲学阐释学脱离了狄尔泰阶段那种完全处于精神领域的单一的思维活动，并扬弃了纯粹的认识论主张，在新的意义起点上实现了实践价值哲学的转变，推动了阐释学向更为广阔的领域发展。伽达默尔建立的这种实践价值哲学的阐释学从主体的特殊历史地位出发，将主体自我生命体验与历史存在相互关联，从而使理论具有了明显的人文主义色彩，即对人的生存意义和价值的终极关怀。"这是一些规定所有人类认识和活动的问题，是对于人之为人以及对善的选择最为至关紧要的最伟大的问题。"①

　　从整体来看，伽达默尔的哲学阐释学并没有将文本意义的客观性作为探讨的价值取向。在他看来，文本的客观性可能会使阐释者的历史特征、文本意义的开放性和阐释者的重构性遭受认识上的威胁。对于文本的理解仅仅外在体现为对阐释主体疑问的回应，而这种疑问是在理解和阐释主体的前理解限定性基础上产生的，所以对于文本理解的确定性只存在于阐释者的前理解与文本所表达意义间的一致性之中。"这里除了肯定某种前见解之外，不存在任何其他的客观性。"② 对于主体来说，理解行为由于集中凸显了理解与阐释主体的前理解，因此理解行为就体现出比较强烈的主观主义和相对主义的色彩。对于这种主观主义和相对主义，后续的研究者提出了质疑，例如赫施就曾在《阐释的有效性》一书中多次分析了作为实践行为的"理解的前理解"的不可或缺意义，即必须将文本的含义与意义相互区隔，文本含义是指文本生产者无法消解的主体专有属性，其作为原初意义的参照模板制约着阐释者对文本的理解。文本的意义则具有开放性和再造性，它隶属于阐释主体在理解行为中对于文本意义的转承和渲染，或者说是阐释者对于文本原初意义的重构。

————————

①　洪汉鼎：《理解与阐释》，东方出版社 2001 年版，第 515 页。

②　洪汉鼎：《阐释学——它的历史和当代发展》，人民出版社 2001 年版，第 5 页。

第五节 文本的深层阐释

哈贝马斯的文本深层阐释观念在阐释学基本学术观点层面与伽达默尔有着共同学术旨趣和一致观点。两者都对在社会科学中占据主流地位的逻辑实证主义进行了严厉的批判。但是他们之间仍然具有一定的学术分歧,这一点特别体现在前者批评后者对于海德格尔存在主义哲学构成基础的评判性反思缺失,双方观点的冲突集中于批判与反批判层面。

一 社会批判的理论观念

尤尔根·哈贝马斯,德国哲学家、社会学家。1929 年生于杜塞尔多夫,1954 年于波雷大学获得哲学博士学位,1961 年完成教授资格论文《公共领域的结构转型》,历任海德堡大学教授、法兰克福大学教授、法兰克福大学社会研究所所长。

哈贝马斯认为知识的产生根源于人类的三种旨趣,相应也有三类知识,否认历史—解释知识、经验—分析知识和技术控制知识,而后者的统治地位,造成了资本主义社会的危机。为了克服动机危机和信任危机,批判理论必须重视互动过程和沟通过程,只有通过沟通行动才有可能把人类从被统治中解放出来。哈贝马斯的知识旨趣说、技术统治论和沟通行动论等学说,作为综合的社会批判理论,产生了深远的影响。哈贝马斯是西方马克思主义重要流派法兰克福学派第二代的代表人物,著述丰富,迄今有数十部著作问世,主要代表作包括《公共领域的结构变化》《理论和实践》《后形而上学思想》等。

二 理论旨趣的殊异

从实施反思和批判意义的落脚点看,哈贝马斯认为伽达默尔对历史主义、前理解、权威等因素的突出强调实际上恰恰弱化了反思与批判的力度。在哈贝马斯看来,在阐释学视野中,对于理解行为的确定关键在于理解是无法脱离阐释主体的前见视域而存在的。但他又认为,无法从理解行为在逻辑隶属关系上依附于历史流传物的结论中推论出如下观点:历史作为沟通过去与现实的关联,如果进行科学的批判与反思却不会产生形变和异化。在哈贝马斯看来，伽达默尔缺乏对理解行为中反思要旨的正确认识："反思的力量在这里不会长时间被由于自我阐释而产生的绝对精神的假象所迷惑，并且不会脱离反思力量所赖以存在的有限基础。"[1] 按照他的看法，作为理论的反思对自身所依附的历史或者传统进行洞悉和解读之后，所有作为实践的标准和法则都将从基础上被变革。哈贝马斯认为，伽达默尔的哲学阐释学有着静态的历史主义观念，即将作为历史流传物的传统定格于特定理解行为之中。虽然任何的阐释主体都必须面对历史的给予和限定，但这并不是说阐释主体没有任何的抵抗或者对历史的拒斥。因此，对于将历史视为一种意识形态层面的固定形式，并作为一种被迫接受的思想压制的情况，反思或者批判的精神可以透视这种压制的本质和其在实践中的强制性。"方法论的框架确定着批判性陈述这种范畴的有效内容，并以自我反思的要领为标准来衡量自己。自我反思能把主体从依附于对象化的力量中解放出来。"[2] 对于哈贝马斯来说，反思或者批判是对历史的验证和支撑，同时也可能对历史提出的要求进行拒斥和驳回。批判对历史进行了构架和确定，使之明确化和现实化，同时批判也统摄着传统的历史效果。只有通过批判与反思，不同阐释主体之间的理解才可能发生，也只有通过反思，才可能取得不同阐释主体之间的共识。"正如阐释学反思已向我们说明的那样，社会的团结心或感情一致尽管存在着矛盾和缺陷，却总是叫我们求助于它赖以存在的意见一致。"[3] 因此，哈贝马斯通过对"批判"和"自我反思"的阐述和分析，使得哲学阐释学拥有了更为深刻的理论指向，从而拓展了阐释学学术研究空间。

另外，哈贝马斯在《阐释学的普遍性要求》中表达了与伽达默尔在阐释学普适性特征上的不同观点。在哈贝马斯看来，主体理解行为的不可能性仅仅有两种表现，一是源于理解行为建立在力量庞大到阐释主体自身无法克服的文化差异性或者社会构建的差异性基础之上；二是因为理解行为是一种作为话语的语言的异化性变形。对于第一种形式，哈贝马斯认为阐释学仍然有适用的空间和领域，但对于第二种形式，哈贝马斯认为阐释

---

① Haberemas, *Hermeneutik and Ideologiekitik*, Frankfurt, Frankfurt am Main, 1971. p. 47.

② 洪汉鼎：《理解与阐释》，东方出版社 2001 年版，第 237 页。

③ 同上书，第 295 页。

学难以进行合理的解释。其中的因由在于以语言为载体的阐释学是通过语言来实施自己的理论阐发的，因此倘若语言出现了不可逆转的形变，阐释学也无法摆脱其影响，就会出现普适性的缺失，而阐释学也难以实现对自身这种缺失的批判。对于这个观点，哈贝马斯通过援引精神分析的理论资源，创立了一种被命名为"深层阐释学"的语言结构分析。哈贝马斯的深层阐释学要求确立一种能够突破语言的规则限制，并能够凌驾于整个语言体系之上的前理解。按照他的观点，这种前理解突破了自身使用的语言的限定性，因此也就摆脱了语言自身变异的影响，从而可以超越语言而对语言的不可认知性进行评介和分析，因此也就触及了不可理解的领域世界，并对其进行理解。哈贝马斯的这种深层阐释学其核心在于建立主体之间交往能力的理论架构，交往行为理论正是通过对生活世界和以语言为媒介的人际交往活动的语用学分析，发现了交往行为的三大有效性要求，即"真实性、正确性和真诚性"。依据哈贝马斯的交往理论观点，深层阐释学的阐释行为只有在交往能力的理论框架中才具有实践的意义。"我们预先假定，在深层阐释学运用交往能力的过程中，实际上存在着一贯被曲解的交往的现象，关于这种交往的种种条件隐含的知识，就已经足够使我们对伽达默尔提出来的哲学阐释学之本体论的自我理解，提出疑问。"[1] 对于哈贝马斯来说，伽达默尔哲学阐释学过多地关注了理解与认同的一致性，而缺乏对于理解与反思的相互性思考，因为建立在主体之间理解基础上的认同往往有"系统地被歪曲的可能性"。"在现时条件下，指出由批判提出的普遍性的错误要求的限度，比指出阐释学主张的普遍性的限度，更为紧迫。"[2]

此外，哈贝马斯对于伽达默尔的语言观进行了反思和评介。在他看来，伽达默尔接受了海德格尔的语言观念，认为作为主体生存的基本条件，语言贯穿于主体的生命历史之中，因此，语言具有典型的本体论性质。哈贝马斯则表达了不同的语言观念和认知，在他看来，语言作为一种控制手段和利益阶层的统治工具，能够承载意识形态的权力，因此语言可以为社会阶层统治和实施对主体的精神控制服务。所以，从实践出发的阐

---

[1]   洪汉鼎：《理解与阐释》，东方出版社 2001 年版，第 301 页。

[2]   同上书，第 302 页。

释学必须阐明语言在社会实践中的依附性，而能够体现实践取向的哲学阐释学就必须承担意识形态批判的义务。伽达默尔的语言观仍然过多地构建在纯粹思维基础之上，具有典型的书斋学术的特征，而缺乏强有力的实践精神。这种特征形成的根源在于伽达默尔未能充分认识到语言是现实的有机映射，同时在这种映射关系当中语言并不是完全对等的反映现实，而是对现实进行了遮蔽和掩饰。对于哈贝马斯来说，阐释学的实践特征就体现为在理论的现实反馈中对语言进行解蔽，以真实地再现客观现实，将被语言扭曲的社会实际恢复为其本来的面目，解蔽就是进行意识形态的批判与反思。所以哈贝马斯将阐释学的理解和对社会机制的分析进行关联，将意识形态批判实践于社会批判之中，而在这种批判的理论体系之中，历史被语言、实践和控制等因素加以限定，就成为一个有条件的社会反映工具。

第 二 章

电视文本的意义与结构

"文本"概念是阐释学理论得以建立和阐发的基本出发点，从文本概念的基本发展脉络看，这一术语来源于 20 世纪 70 年代的西方文学理论发展，传播学受众接受分析在系统整合了相关的文本理论资源后，将其引入了受众接受研究领域。因此必须对文本概念、文本起源、类型结构、性质和观念等问题进行回溯和分析，以为后续的研究确立理论基础。

第一节　"文本"的观念溯源

"文本"观念作为古老的概念被认为最早源于古希腊文，其具有很多词源学上的历史演变意义，从古希腊的观念看，文本经由苏格拉底、柏拉图、亚里士多德、普罗提诺、圣·奥古斯丁等学者的不同解释，被赋予了多元化的意愿内涵，这些内涵分别代表了不同理论思潮对于文本理解与阐释研究的影响。

一　古希腊早期的"文本概念"

拉丁语中的"texere"一词是文本概念的词源，其最早的词源学意义是"分割"，并衍生出"联合、编连、交织"等含义，并以此为基准引申出"构架、形成、构建、形塑"等拓展性的意义范畴。按照《韦氏新国际词典》的意义解释，文本在常规性的"文本"含义之外还具有很多词源学上的历史演变意义，例如古代希腊语言中的文本概念直接指涉的是"木匠"这一意义，同时也指涉了作为基督教经典教义《圣经》中存在的文本形式。罗伯特·斯库勒斯认为，"文本"一词的拉丁语基本概念意义来自古希腊语 TIKTO，这一意义范畴具有创新、型构、给予、生产等内容，而且这一词语与古希腊语 TECHNE 的意义接近，描述的是一种思维巧妙的作品或者形式，或者是制作与生产的方法，或者是形成某类产品的流程与结构。所以文本的意义概念从词源学上看，一方面指涉文字层面，另一方面也关联着构建层面，这就使得其具有意义上的修辞性，同时也具有涉及"纺织物品"的物理性。文本这一传统性话语是以语言符码的意义和实际物理存在意义双重内涵来确定的，也就是说，文本一词是话语的体现，同时也表征着客观存在。

从学理层面看，文本概念与古希腊哲学观念的发展休戚相关，特别是古希腊的"模仿说"一直对文本概念影响深远。"模仿说"是认识论中"反映论"的思想根源，其从最初出现到成熟，含义一直处于不断流变之中。"模仿说"是从古希腊时期审美活动"和谐说"发展而来的。前苏格拉底时期，即公元前 6 世纪至公元前 5 世纪中叶，古希腊哲学中"逻各斯"的概念开始确定对精神世界的控制，其中最重要的表现就是开始摆脱启示性的神话文本的精神内核，开始展示出理性主义对于艺术文本的塑形作用。前苏格拉底时期的哲学家对于世界的看法呈现出明显的自然本体论特征，将视野集中于客观世界的抽象原则与规律，应该说在这一时期，文本观念的哲学基础是以朴素自然主义为特征的，模仿说仅限于人对客观自然抽象规律的意识反馈，文本的模仿论还只是最为朴素的哲学形式而已。在对客观世界的规律探寻中，哲学家们发现客观事物在流转与变化中始终保持着深刻的连续性与统一性，即整体的和谐状态，他们试图以"和谐"化标准来审视社会生活中的艺术形式，并确定其艺术价值。前苏格拉底时期的模仿说有着明确的自然哲学烙印，将"模仿"意指为对客观世界和物质构成形式及功能的简单映射行为。苏格拉底对上述朴素的自然主义反映论进行了突破。作为古希腊最具备人文精神的思想家，苏格拉底从朴素的自然主义认识论转向了强调人的本质和生存的人文主义，从而实现了古希腊思想重心由自然本体转向人类本体。苏格拉底接受了智者学派的文化哲学思想，认为具备思维能力的人才可以对客观世界进行划分和认知，在他看来，思维着的人具有自我决定的能力，这是人作为道德主体的本质所在。因此，苏格拉底建立了"主体哲学"的概念和基础，将认识论的目的视为人通过思维来确定自身的主体性，黑格尔曾对苏格拉底的人类学主体进行了界定，他认为苏格拉底的基本规范使得全部世界发展产生了变革，而这一变革的基本观点就在于人的主体意识取代了唯神论的话语传递，人成为自身的选择者与决策者。苏格拉底认为，作为主体的人，其存在的终极意义就在于实现"善"，哲学的最高目标并不是构建充分的理论，而是通过思辨的方法帮助作为主体的人实现明辨是非善恶，揭示生活的意义和目的，使人们能够合理地选择行动，安排生活。因此苏格拉底的哲学是一种日常生活中的交往伦理学，这种交往伦理学被引入文学领域，就引起了对模仿论批评标准的根本变化。

首先，根据苏格拉底的观点，既然人是世界主体，那就意味着模仿的范畴扩大化，模仿对象就从自然对象扩大为物质和精神两个领域。苏格拉底认为，除了客观世界以外，人也可以成为模仿的对象，特别是人的"精神方面的特质"也可以"模仿"。苏格拉底指出，从模仿的效果来看，其终极目的在于将主体在社会和历史生活中的精神与内在情感进行展示，特别是对于美和善的意愿形式，这些内容更能够使得接受主体获得心理上的愉悦性和满足感。这样对于文艺作品的审美特性关注就要从形式性转化为主体意识层面，主体的心灵活动就成为艺术的最重要的审美目的。其次，模仿对象的变化也会导致文学批评价值标准的偏移。根据苏格拉底的观点，人是模仿的目标，那么在评价文艺作品时，就不应当以客观事物的形式关系为标准，而应当把视野转向客观世界与人的关系之上，因此塑造形象的艺术对自然的模仿不是照描，而是以人的行为和价值观念为标准，寻求人与自然之间的变化与超越。这样艺术创作的界限就突破了前苏格拉底时期自然主义的窠臼，这一思想为亚里士多德所继承，并在古希腊以后的文学思想史上不断得到补充和发展，成为现实主义文本理论的前奏。

柏拉图对苏格拉底的理论进行了进一步的扩充，柏拉图全部思想奠基于洞穴理论，柏拉图的洞穴比喻是柏拉图借苏格拉底之口讲述的，实际上是他自己的意思表述：一群囚徒被束缚在一个洞穴里，背对一堆篝火，面对一面墙，头颈不能转动，看到的只是一些在墙上的投影，自以为就是真实的存在，实际上全都属于虚无；当一个人解脱了束缚，开始能够行走，看到篝火后，也就相对地明白了囚徒们所面临的情况，再去看那些投影，反倒有些不适应；如果这个人被带到了洞外，见到了阳光，才真正意识到了真实的存在。通过洞穴比喻柏拉图完成了他关于两个世界的区分，从而建立起他的理念世界。显然，他的目的是要人们去关注众多、相对、变动、暂时的事物之外的那个单一、绝对、不动、永恒的理念，并且从中获得真正的认识。在某种意义上说，柏拉图提出理念论的目的是解决知识模仿的问题。在他看来，事物的世界可感而不可知。柏拉图继承了苏格拉底模仿说的精神，但又从理念论的角度对苏格拉底的模仿理论进行了改造。他认为"理念"是客观世界的基石与最终根源，是客观世界形成与存在的基础，因此人通过模仿行为将理念外化为客观世界，而艺术形式则是对理念的二次再现，即模仿自然世界的结果，因此艺术形式就像影子的影子，与理念进行着双层的距离隔阂，而柏拉图拒斥艺术性的认知理由就在于其与客观存在的真实本质意义具有相当大的差距和错位，他认为其本质上仅仅是对客观物质世界的复写与镜像化反映，甚至在层次上是比客观存在还要低级的物品。

根据柏拉图洞穴理论折射出的文本观念看，文本作为一种艺术的形式，并非是真理的真实表述，文本其实是假象的世界，和真实的世界是对立的。因此柏拉图认为，文本与客观世界是现象与本质的关系，要真实地认识世界，就要摈弃感觉经验，以思想把握真理，而作为主体经验性成果的文本，则属于与本真全然不同的低劣产品，是对于主体认知世界的规律和原则的僭越，从而处于意识层面的最低级层面。在对文本本质的认识上，他认为文本是对理念的模仿，不具有真理性，是"摹本的摹本"。柏拉图的"理式论"是其基本的艺术观（文本观）的展示，他将世界分为理念世界、现实世界与艺术世界。在他看来，理念世界居于整体世界的顶端，是整体世界的本质所在，并独立于任何实存物体而存在，是所有物体的统摄者。而现实世界则处于第二层次，它是理念世界的镜像展示，并且是其局部和侧面的展示，并非整体、完整和本真的体现，只是将理念的外在形式体现出来。艺术世界（文本世界）是最低层面的世界，它属于本真的二次再现，是现实世界的镜像化摹本，因而距离本真差距更大，无法达到对真实的确切性描述和重现。这种理论对文本的再现能力进行了否定，认为其不可以真实有效地再现客观实存世界，同时也不具备体现真理的功能。但需要指出的是，虽然文本在柏拉图看来是以非真实性存在的主体的感觉经验，但并不是完全地将文本的价值与意义全盘抹杀。柏拉图的文本观念的基础意义在于将主体意识分成了天赋与复制，即灵感诗与模仿诗,从而使文本脱离了创作层面的限定而取得了充分发挥的权力。柏拉图艺术论的核心是使诗摆脱技艺的束缚而获得自由,使艺术本质回归于诗,在他看来,复制是对于客观实存的一种低层次的再现,完全属于利益性驱动的结果。对于柏拉图来说,文本的创作者,也即诗人是无法进行个体化自我思维的,其是上帝精神和意志的传达者和阐释者,作为文本的诗歌则是上帝意识的再现,而文本生产是上帝在文本创作者身体上的表现。柏拉图曾经在其著作《对话集》中说道,文本的生产,也即诗的写作是受一种独立于主体精神的不可知力量推动,这种不可知力催生出文本生产者对于意义的捕捉和把握,从而使文本能够摆脱普通客观意义的狭隘性。其次,文本生产的重构性并不是自我意识合理驱动的结果,而是不受主体自我控制,是在一种难以名状情况下对于意识与灵感的组织和运用。最后,在这种难以名状的情况下,对于意识与灵感的组织和运用能力并不是一种主体普遍性能力,而仅仅有少数人具备。按照柏拉图的观点,文本生产是一种瞬间获得意识激发的过程,这一过程一直受到不可知力量的控制与摆布,是主体自我迷失与癫狂的境界。"凡是高明的诗人,无论是在史诗和抒情诗方面,都不是凭记忆来做成他们的优美的诗歌,而是因为他们得到了灵感,有神力凭附着……是认识一种轻飘得长着羽翼的神明的东西。不得到灵感,不失去平常理智而陷入迷狂,就没有能力创造,就不能做诗或代神说话……诗人们对他们所写的那些题材,说出那样多的优美辞句,并非凭借技艺的规矩而是依诗神的驱遣。"[①] 柏拉图所谓的迷狂状态是指文本的生产者"见到上界事物在下界的摹本,就惊喜不能自制"[②] 的境界。因此对于柏拉图来说,任何一种文本的形态,不管其处于哪种形式,都必须归结于语音,而不能将作为模仿和再现的文本视为主体,这种观念就是被解构主义代表人物德里达等人反复批判的"语音中心主义"。"柏拉图为文本的定位,对于西方的文本观念影响很大,德里达对于文本的观点就曾被视为是对柏拉图文本主义思想的时空回应,以至于德里达解构主义思想试图要消解西方逻各斯中心主义的范式,其着眼点就是从文本观念开始的,1967 年,德里达接连出版了《言语和现象》、《书写与差异》、《书写

① [希]柏拉图:《柏拉图文艺对话集》,朱光潜译,安徽教育出版社 2007 年版,第 39 页。
② 同上书,第 40 页。

语言学》三本书，是一举奠定了解构主义发展方向的著作。"①

　　柏拉图之后的亚里士多德的诗学原则也是建立在"模仿说"基础上的，只是其含义和性质发生了巨大的变化，主要表现在以下几个层面。首先，亚里士多德将模仿与再现上升到本体论高度，使得模仿理论形成了质的变化。亚里士多德指出，"诗的起源……出于人的天性。人从孩提的时候起就有模仿的本能（人和禽兽的分别之一，就在于人最善于模仿，他们最初的知识就是从模仿得来的）"②。亚里士多德将柏拉图文本理念进行了进一步的拓展和延伸，使得文本生产行为变成了主体先天能力，从发生学角度肯定了艺术创造是每个主体的必然行为方式，这就给"人人都是艺术家"提供了明确的理论支持。在此意义上，亚里士多德的模仿说具有明显的朴素的民主主义色彩。亚里士多德的观点使模仿说在性质上发生了根本转变，模仿作为主体自身能力既然是一种天赋，那其就不再具有随意性，同时也不再是对客观实存的简单镜像反映，而转化为非常有价值内涵的重构行为，主体的精神和物质意义获得了最大程度的提升。另外，亚里士多德对文本的关照对象范畴进行了约束，也就是将文本内涵与题材进行了群体划分。其次，亚里士多德从模仿的意识标示进行了分析，这是从主体审美意识层面作出的分析。亚里士多德认为，模仿可以为文本生产者形成意义上的满足感，也就是所谓的快感，"快感可以假定为灵魂的一种运动——使灵魂迅速地、可以感觉地恢复到它的自然状态的运动……凡是能造成上述状态的事物，都是使人愉快的；凡是能破坏上述状态的或造成相反状态的事物，都是使人苦恼的。所以，一般说来，恢复自然状态，必然是使人愉快的"③。对他来说，模仿形成的满足感是首位的，可以使阐释者利用满足感消除自身对于客观实存无法理解和认识的迷惑，也即知识不足而导致的自我意识迷失和困惑，而这种迷失和困惑使文本生产者感受到生命经验的缺憾。文本的模仿使接受者对相关知识的理解变得丰富起来，这种丰富性会让主体得到新的生命体验，从而获得更好的世界理解。最后，亚里士多德认为，模仿的本质核心是对于文本的重构与再造。在他

① 徐崇温：《结构主义与后结构主义》，辽宁人民出版社 1986 年版，第 255 页。
② ［希］亚里士多德：《诗学·诗艺》，罗念生等译，人民文学出版社 1962 年版，第 67 页。
③ 同上书，第 78 页。

看来,文本生产的核心意义在于将客观存在进行拆分与重塑,使得客观存在转为与以往任何一个时刻都迥然不同的状态。所以文本再现不仅仅是镜像化反复,而是进行有价值、有变化的创新构成,可以摆脱规律的控制。西方文本理念一直秉承亚里士多德这一理论观念,特别是当基于理性主义的形式主义、结构主义等西方文本理论对文本的反映论特征进行分析时,都具有明显的亚里士多德的理论影子。

模仿理论的历史沿袭中,古希腊的理性主义观念的影响从未退出过,可以说,古希腊模仿说的基本认识论逻辑就是"反映论"逻辑,即明确认为文本是一种对于客观世界的描摹、表现和反映。"模仿说"并没有将文本上升为能够完全再现客观世界的唯一工具,但其反映论价值观念却对后世的文本研究影响波及深远,"自 18 世纪到 19 世纪的英语小说,大体上都遵循着这样一种比较固定的模式,此时的读者对于这样的叙事结构和叙事模式也视其为自然,心甘情愿地把小说文本所虚构的影像当作客观经验世界的真实反映。这就是一般所说的传统小说时期。这时,文本的虚构性问题没有被提上议事日程,文本世界与经验世界在读者心目中大体上是重合的"①。

圣·奥古斯丁基督教神学的"文本"观念也是文本概念的重要组成部分。新柏拉图主义对奥古斯丁影响深远,使他不再关心主体的自我意识经验领域,而是投身于"超验性"领域的探寻,并将之视为永恒。奥古斯丁把柏拉图主义通过理性所把握住的真理与基督教通过《圣经》启示出来的真理视为同理。如果从文本观念角度来分析,就可以看出,奥古斯丁认为人的本体结构中有一种趋向上帝的欲求和能力,人凭借理性可以通达上帝,因此艺术的核心价值在于通达上帝。但是在公元 395 年左右,当他重读了《保罗书信》后,他先前对人的理性和道德能力的信心就消失了,奥古斯丁相信艺术的创作与拯救不再是通过人自身的努力可以获得的,它完全出自上帝的恩典,因此作为文本的艺术其实是宗教的外化结果。

古希腊和欧洲中世纪哲学家对待艺术,或者说对待文本的态度是建立在主观唯心主义基础之上的,在他们看来,上帝是一致的,上帝自己并没

---

① 盛宁:《文学:鉴赏与思考》,三联书店 1997 年版,第 8 页。

有多样的特征存在，而文本并非是纯粹精神的反映，只是神或者上帝在某一客观层面的展示，必须在与神或者上帝的对比中文本才有存在的意义与价值。例如，贝克莱就认为，上帝才是唯一的一个终极实在，当且仅当我们的思想符合上帝的思想的时候，我们才是在进行正确的思想。①

二　近代精神思潮的"文本观念"

应该说，启蒙主义使得理性主义完成了对世界的控制，而基督教神学的文本观念则因此出现了严重的消解状态。在文艺复兴之后，理性主义对基督教神学艺术观念进行了最为严厉的批判，特别是文艺复兴及以后一段时间，理性主义开始成为对文化和艺术进行解释的价值标准。文艺复兴的指导思想是以人为本，强调人的价值主体作用，世界的存在标准必须以人为参照系。因此理性主义要求释放人性，将人的价值放在突出的地位和角度，反对对人的一切压迫，要求自由独立。文艺复兴的文本观念具有明显的人文主义色彩，文本的创制也从基于宗教神学的目的转向了世俗化人的社会生活。文本集中于表现人的伟大，肯定人的价值和创造力，提出人要获得解放，个性应该自由。要求对于人的自我智慧进行发挥，批判总是浪费生命，消极退让的价值观念，鼓励人积极投身于现实世界中。例如，意大利的卡斯特尔维屈罗对于《诗学》等古希腊的学术名著的意义阐释都与前历史阶段的典型不一致。虽然从卡斯特尔维屈罗的某些论断来看，他非常保守，② 但是他坚决主张诗歌必须创新。他认为诗人如果模仿古人就不会有新的发现。③

文艺复兴时期的文本概念倾向于反映现实生活，强调文本反映现实的广度、切入生活的深度、挖掘真相的力度以及在此基础上艺术地创造生活的能力。文本集中关注于人性价值、人文精神和崇高信仰，进行情绪化的道德评价和理性评判。文本的存在价值在于激起人们共鸣，引发人们深思，揭示生活的本质，提供人对于社会更多的理解角度。文本有现实诉

---

① 张国清：《中心与边缘》，中国社会科学出版社 1998 年版，第 60 页。

② J, H, Smith & E, W, Parks, *The Greaterities*, New York：W. W. Norton & Company, 1960. p. 809.

③ ［美］凯·埃·吉尔伯特、［美］赫·库恩：《美学史》，夏乾丰译，上海译文出版社 1991 年版，第 258 页。

求，这种诉求并不是用文本直接注释现实，也不是根据现实静态地从文本中寻找答案，而是在特定历史语境中，通过文本与现实研究的有机结合，用文本透视社会现实，新的文本被奉为现实实在的表现和反映，被看作现实的替代品和摹本，不具有独立性，文本与现实之间没有距离问题。这种"新现实反映论"的文本基调对整个西方近现代文本理论影响深远，其主要体现在自启蒙运动以后，后续的文本理论均建立在文本与客观世界距离的无缝隙化基础之上。这种观念首先表现为科学主义和实证主义方法对于社会科学和人文科学的渗透，文本研究的逻辑基础仍然建立在文本与受众的主客观分离之上，文本被看作主体认知的对象。再者是将文本视为时空的表征，文本成为某一特定文化对其他文化进行时空覆盖的工具，当文化之间出现冲突时，往往会借助于文本对其进行文化重构，而这种重构行为往往会通过文本的再现而消解对象文化的文化特征，从而使得文化的多元性遭受威胁，例如，美国的斯皮瓦克就对印度文化的殖民性进行了文本型分析。"一个引人注目的现象就是被殖民地的历史往往被当作可有可无的东西被'覆盖'了。"① 在利用文本弥合个体特征文化与异质文化之间差异化的过程中，文本实现了对现实的直接模仿，并被视为现实的镜像，甚至被纳入现实的构建之中。

"启蒙时期与文艺复兴的文本观念大体相同。"② 根据米歇尔·福柯的观点，人类社会科学所生产出的知识和真理，在某种程度上说都可以物化为以文本为形态的历史存在物，并且文本都是与权力联系在一起的。它们被权力所利用来约束和规范社会主体。而知识就在文本的形式上被社会进行合法化，并形成了权力的形式，成为权力的保证人。福柯将启蒙时期的文本视为权力表征，在他看来，作为知识存在和掌握者的专家都在利用知识来行使意识形态话语权力，而这一权力都是在文本的形式下进行的。对于人类来说，文本的力量在于其背后知识对于世界的统辖权和监控权。人类主体必须进行有效的文本规律服从，这样相互之间的理解和阐释才能够进行，否则就会导致主体之间的沟通失败。因此，话语文本实际上是群体

---

① ［英］艾勒克·博埃默：《殖民与后殖民文学》，盛宁等译，辽宁教育出版社 1998 年版，第 12 页。

② 杜维明：《东亚价值与多元现代性》，中国社会科学出版社 2001 年版，第 34 页。

控制的基本工具。

　　启蒙主义的文本观念是将文本与现实社会的政治、经济制度进行密切联系，文本概念及其含义的变革，不仅是当时社会政治制度变化的结果，也是当时社会知识阶层政治、经济和文化状况变化和谋求发展的结果。经济、政治和文化共同组成文本的三个基本领域。其中，经济是基础，政治是经济的集中体现，文化是经济、政治的反映，又反作用于政治和经济，而文本是这三维主体的共同承载者和反应者。"在这些时代，文本概念既被质疑又被扩大了范围，被质疑是因为通常的文本观念，即作为封闭的、孤立绝缘的、永远自足的文本，成了问题。在拉伯雷的时代，适合于医学或军事手册的风格和题目渗透到其他的文本中去，例如文学文本，在这里，各种专门语言彼此喧哗不休。"①

三　现代文本理论的"文本话语"

　　从文本理论确立学术基础的过程看，"文本"一词真正出现于文学领域是20世纪中叶以后，其源于西方文学理论，并且经过几十年的发展，文本研究已经成为文学研究的显学之一。对于文化批评来说，早期的研究者关注的是具体的文学文本，米凯尔·杜夫莱纳曾对文本概念进行了分析，首先，他认为文本有某种价值体系，不同的文本代表着不同的价值观念意蕴，并且表达着不同的价值判断，对于不同的历史时期，这一体系都被认为是应当自然存在的。因此在他看来，文本是具备价值意义的阅读对象。其次，文本是作者的代表符码，体现着作者的价值观念和行为标准。阅读者依据文本的激情、伦理观念和品位等价值表征对作者进行人格认定，同时，作者的人格又被外化为文本所要表达的价值标准。作者和文本之间构成一个不可分解的同义反复的圆环，作者与文本则保持着同一性。因此，当阅读者对文本进行接触时，不在场的作者实际上总是以某种方式在场。最后，杜夫莱纳认为，依据康德在《判断力批判》中提出的审美观念，文本与阅读者之间沟通的载体在于阅读时的无功利性快感，或者说文本往往能够通过意义对文字符码进行超越，阅读者追寻的终极目的在于

①　[美]麦克尔·霍奎斯特、[美]卡特琳娜·克拉克：《米哈伊尔·巴赫金》，语冰译，中国人民大学出版社2000年版，第385页。

捕捉文本要传递的言外之意。阅读者对文本的理解不是在文本中对言辞和文句的理解中达成的，而是通过文本意义阐释和追寻来寻求文本的基石，并在这个基石之上达成与作者的沟通。因此早期文本概念往往指涉非常具体的独立文本，也即作品，其不具备理论上的抽象性与普适性。

第二次世界大战以后，随着西方近代哲学从结构主义向后结构主义转向，特别是哲学的语言学转向，使得文学理论的哲学基础发生了重大的变革，一个非常突出的现象就是，对于文学研究和批评话语来说，作品的概念开始逐步退出文化批评理论视野，而"文本"一词则占据了统治地位，成为文学和文化批评的核心概念。罗兰·巴特曾明确提出，文学研究和批评从作品的问题转为文本的问题。文学理论浪潮使它逐渐成为一个具有特殊含义的概念，甚至成为区分"新批评"和"传统批评"的关键词，结构主义和欧美新批评的理论研究者将文本视为话语研究的基本单元，并以研究对象是"文本"还是"作品"来区分新批评和传统批评理论。随后出现的后现代主义文化批评也将研究的指向集中于文本，甚至将研究的对象只认定为文本及其意义。应该说，伴随着从作品到文本的术语转换，西方文学研究和文化批评的范式出现了更迭，传统的文学机制被质疑，而以文本研究为核心的"文本理论"开始走向研究的前台。

荷兰学者梵·迪克是西方文本理论研究的代表人物。他指出，"本文科学本身并不等于心理学、社会学、经济学等等，而是研究在一切科学中被观察的通讯—解释程序、语境和本文结构，因此本文科学即跨学科科学"①。按照他的解释，文本理论"是把语言使用形式和通讯形式种种方面的内外关系网加以研究，此任务一部分由语言科学完成，另一部分由社会语言学和心理语言学完成"②。另外，他还专门谈及了文本与社会观念的关系问题，"文本应和社会所认同的社会规范、价值观和态度相一致"③，这就是说，代表异质文明的文本是被排除在本土特定的系统之外的，超出受特定历史条件和解释系统限制理解之外的文本是不会进入受众视野的，即使进入受众视野之内，也极有可能面临误读的境遇。

---

① 李幼蒸:《理论符号学导论》,社会科学文献出版社 1999 版,第 364 页。
② 同上书,第 364 页。
③ 同上。

安伯托·艾柯也对文本理论提出了自己的观点。艾柯通过语义表达中的关系图式认为，文本意义的结构图示应当是语码、语用与阐发三种形式，对于文本的语码意义来说，其主要指涉为文本自身的实际符号表示内容，这种内容具有相对的确定性，而文本的语用、阐发意义却具有衍生性，都是在第一种意义的基础上形成的，文本意义具有主体和附体的类别区隔。因此无论不同的意义阐释者对于文本意义理解有多大的环境差别，都可以得出类似的意义内涵，文本语言与非语言符号都是意义的表征和体现，虽然文本的精确性意义不容易被充分地占有，但它们之间具有存在性的一致性情况。

第二节　电视文本的意义表征

在大众媒介时代，媒介的特性是通过不同媒介的形态方式来传递信息，因此广播、电视、电影、互联网等电子媒介开始逐步地超越书写文本。电视作为一种利用语言符码进行意义构建的场域，可以被视为客观存在的文本形态，具有自身的意义价值体系和内容表达，是一种传递信息的有效文本载体。电视文本意义具有符号表征、话语表征和文化表征三个层次。

一　电视文本的符号表征

电视可以被视为符号文本，因此就具有了意义的符号表征。这种表征包含两个层面的意义：其一，电视文本将符号元素整合进文本之中，文本就是符号的集群，因此文本意义本质上就是符号意义；其二，作为符号集群的电视文本具有时间维度和意义维度，而后者正是电视文本在受众理解行为中产生的意义范畴。因此对于电视文本来说，作为意义表达的主体，需要对相当数量的符号集群进行整合和调试，以使其能够负载文本需要表达的意义内容，同时也要能够确保作为接受主体的受众对其进行意义理解，这种意义理解是从时间和意义两个层面来完成的。

在电视受众接受分析研究领域，约翰·费斯克是具有代表性的人物之一，其从文学、传播学、符号学和文化学等多学科对电视文本研究进行了卓越的探讨。费斯克的电视文本是一个符号学意义上的概念。在《Myths of

Oz》一书的导言中，他指出，"我们采用的方法称为符号学方法，源自文化研究的一个重要传统：符号系统的研究。符号学的一些方法是简单的，同时又是强而有力的"①。他还认为，电视文本是"一种具有潜在意义和快感的话语结构，这一话语结构形成了大众文化的重要资源"②。

大众文化工业的意义涵盖了广播、电视、电影以及流行出版物等多个媒介领域，甚至可以扩展到所有的消费文化工业领域，比如时装、汽车等消费性符码都可以成为文化工业的代名词，而电视对于这个文化工业领域来说，也是重要的构成部分，"电视之所以在我们的社会文化中普遍存在，并不是因为它的播放很普及，也不是因为它是我们最普及的休闲活动，而是因为它已经遍及我们文化生活的其他方面——报纸、杂志、广告、谈话、无线电广播、服装时尚、化妆样式、舞步风格等等。所有这些都与电视有着互文性关系"③。资本主义工业的商业化对所有的流通商品进行了符号化的界定，也即都赋予了其符号性意义的表征，所有商品包括服饰、行为都可以具有认知的意义内涵。但在物质功能性与符号意义性方面，两者都是交叉和各自区分的。"汽车不仅仅是交通工具，它也是一种言语行为；烹调也不仅仅是为了提供食物，它也是一种交往方式。援引列维—斯特劳斯的表述，我们可以说晚期资本主义的所有商品都是会言谈的物品。"④ 因此进入社会市场流通领域的任何商品都具有话语功能，都可以成为特定意义的拥有者，可以通过辨识来确定其中蕴含的意义，从而也可以被认定为文本。这一生产者式的文本同埃科的"文本开放形态"以及罗兰·巴特的"作者式文本"具有类似的观念价值。

罗兰·巴特在《S/Z》中对文本进行了详细的划分，最有代表性的就是将其视为"读者式文本"和"作者式文本"双重层次，第一种文本的意义限定比较明确和清晰，具有封闭性，使读者比较容易进入其意义的体

---

① J, fisk, *Myths of Oz*：*Readings in Australian Popular Culture*，Sydney：Allen & Unwin，1987. p. 3.

② ［美］约翰·费斯克：《理解大众文化》，王晓珏等译，中央编译出版社 2001 年版，第 33 页。

③ 同上书，第 153 页。

④ 陈力旭：《生产者式：大众文本的特征——费斯克大众文化研究的新视野》，《江苏行政学院学报》2008 年第 2 期。

系，便于接受和理解。而第二种文本则属于典型的开放性文本，它具有引导读者进行充分的文本意义扩充和重构的功能，对读者的文本意义解读能力提出了较高的要求。费斯克借鉴了罗兰·巴特的这一论述，认为电视文本是一种"生产者式文本"①。这种文本具有双重特性，其一是易于进行意义的分析和理解，其二是具有文本意义扩缩性。因此电视文本就是一种处于历史和社会环境中的存在物，它成为符号意义的承载者与展示者，是与受众进行信息交流与沟通的对象。语言符号成为主体之间进行沟通和意义表达的工具，而电视文本则有效地承担了这一任务，使之更为广泛化和普遍化，从而更好地参与意义构建。因此，要进行电视文本意义的理解，必须对语言符号和意义构建规则进行认知，将电视文本看作语言符码的一种有机排列，并且这些排列之中蕴含着意义的表征。

根据费斯克的划分标准，电视文本被分割成初级文本、次级文本和第三级文本三个层次。初级文本指涉电视的最基本物理形态，包括电视屏幕的节目物理物质基础，如电波和信号等，也包括电视节目的实际内容形式，可以说受众接触的最基本的内容就是初级文本，它是将电视物理性能与意义内涵融为一体的结果，也是受众所接纳的最重要的内容。次级文本是初级文本的衍生文本，是指为初级文本的社会性内容扩散而衍生出的各种相关性文本，如电视评论、电视广告、节目的推广活动、电视宣传等文本，次级文本使得初级文本的意义范畴发生形变，并可以回溯到电视次级文本中进行意义的循环理解。第三级文本则是指受众的反应，也就是受众在观看完电视初级文本后产生的连锁性文本，包括受众对于节目的闲聊、评介等。三级类别的划分是对于电视文本意义探讨的基本结构性观念，电视文本研究的展开都是以此为理论基础的。

"费斯克的电视文本概念与文化密切联系，文化文本定义为从我们的社会经验中获取意义，并且制造意义的连续过程。"② 按照费斯克的观点，电视文本的意义呈现与理解就是以文化为主要介质，文本意义表达与展示就是符码呈现自身意义的过程，具有双重的含义：其一，意义的扩散与交

---

① ［美］约翰·费斯克：《理解大众文化》，王晓珏等译，中央编译出版社 2001 年版，第 128 页。

② 同上书，第 78 页。

流是文本的首要任务;其二,文化可以作为意义载体的符号实施编码与译码的途径和平台。应该说,费斯克的文化与文本意义关联问题同雷蒙·威廉斯的文化象征理论有着很大程度的共通性,后者认为文化意义的生成与社会物质生产流程有着密切的联系。费斯克通过文本的文化视角提出,电视文本意义生产方式如何,文本产生条件是什么,文本及其意义接受属于何种方式等。费斯克认为,通过文本仪式性的传递过程,社会文化的意义和内涵意蕴才能获得主体的接纳和理解,因此对于同一文化形态采取特定性认同的群体往往可以利用电视语言符码对文化意义进行编码处理,使电视成为意义载体的文本,并由电视受众通过译码方式将其文化意义进行解读和再现。所以,电视语言符码的特质性在于自身文化认同性与理解的特殊性,而对于电视文本来说,接受的过程就是意义的符码交换和传播的行为。

"生产主体文本"是费斯克提出的最为重要的概念之一,他在1987年的《电视文化》一书中对这一概念进行了详细的阐释。在他看来,电视文本是典型的生产主体文本。电视节目是大众工业化的产物,而电视文本则是受众通过理解过程进行解读而塑造出来的。这就意味着文本是意义与内涵的结合体。同时费斯克对于电视文本的意识形态性进行了分析,他将电视文本的意义结构关系和接受过程中的意识形态对抗归结于社会政治和经济制度机制,认为电视文本的意义传递同样有着经济和政治的利益冲突。按照他的观点,电视文本生产要依赖明显的物质条件,而初级电视文本的完成与播出,必须要有雄厚的财力人力支撑才能完成。因此具有资金和物质条件的资本所有者和主体实际上成为电视文本的控制者,但是电视文本要获得受众群体接受就必须符合受众的价值需求。"利益的多元化及在价值上的冲突,并不意味着这些利益不可能通过同一件商品获得满足。"① 通过生产主体文本引导出大众文化的金融经济和文化经济两种模式。生产主体文本在两种经济模式流传中的结果就使得机构、受众和广告三方面同时受益。在文化经济中,受众消费主体性质转变为生产主体性质,受众是一种依据文本双重意义存在的结合体,一方面作为电视文本的生产主体对意义进行创作,另一方面作为消费主体对文本意义进行解读。

---

① 陆扬、王毅:《大众文化研究》,上海三联书店2001年版,第133页。

二　电视文本的话语表征

"话语"概念在文本理论中意指规范性和约束性。文本作为一种意义表达方式，带有意识形态的内因，而意识形态又具有权力的内在意义，因此文本可以被认为是一种"文本话语"，这种话语带有自身特有的规范和约束。这种规范和约束使得文本意义成为权力的代名词，被视为权力的一种具体存在形式。文本话语蕴含的权力意义无法独立地存在与展示，它是一种关系结构，也就是说，话语并不是客观存在，而是处于文本意义控制与反控制双方的张力关系之中。作为一种话语的文本，可以表现出文本意义的权力特性是如何作用于文本理解行为的，同时也可以利用其观察文本阐释主体意义理解经验的生产方式，因此话语表征是文本的意义结构中重要的组成部分。

从电视文本传递的意义内容看，由于其承载了不同价值主体的观念、立场和思维方式，往往可以代表一定的利益需求表达。电视文本中蕴含着呈现不同利益群体的意义内涵，可以被视为负载了意识形态价值特性的"话语方式"和"话语表达"。从电视文本的社会属性看，其往往通过文本内容中不同要素向受众传递出意识形态价值观念，这种观念赋予电视文本意义以影响力量，用同化、沟通、教育等方式对受众进行价值判断和思想观念的占有和替换，形成对受众主体精神层面的不断渗透，将受众规制于电视文本生产者的意识控制之中。

电视文本意识形态话语往往包括不同历史和社会环境下形成的思想道德、价值伦理、风俗习惯、心理特质、地域文化、价值判断等内容，其基本目的是将电视文本生产者的价值观念进行输出和表达，使文本能够维护和巩固现有文本意义所负载的利益取向。电视文本意识形态话语方式往往突出社会主流意识形态观念，这就限定了受众主体精神意识运作方式和空间场域，为他们的理解行为设定了应有的走向和运作标准。电视文本意识形态话语同时负载着受众意识制约的不同要素，具体表现为：首先，电视文本话语创立出特定价值形态理解环境，从而限定了受众的理解行为视角；其次，作为一种固化的思维方式和思维结构，电视文本话语限定了受众理解行为的走向；最后，作为一种由主流意义决定的评判标准，电视文本话语限定着受众自身主体性在理解行为中的发挥。

由于电视文本是社会普遍文本形态,因此其在时间维度和空间维度上对于受众的影响都十分明显。电视文本往往在受众理解行为中占据优势,处于意识形态意义传递主体地位,并通过长期和多元方式不断迫使受众接受其意义价值体系。电视文本可以被视为一种完整的意义体系,这些意义通过受众的理解行为被凸显和接纳,而这种文本意义的理解是同受众所处的社会和历史语境相关联的。由于电视文本代表着不同的意识形态利益和特征,其必然代表了文本生产者的价值立场、伦理道德、审美判断以及行为规范等约束性内容。从普遍性角度看,电视文本一般来说会主要代表某种意识形态观念,而这种观念往往被认定为文本的主流意识形态意义,也就是说,电视文本的意识形态意义往往是文本生产者的价值理念负载和传播主体。对于受众来说,其接受到的电视文本意义总是处于占据优势地位的主流意义,文本生产者意识形态观念的地位决定了电视文本意识形态意义的地位,受众虽然可以对文本的意义群落进行筛选,但不可避免地会受到主流意识形态的影响和引导,使自身被纳入文本规定的价值判断和行为体系之中。

电视文本作为意义的传递和推送主体,其意识形态表达方式往往有以下两个层面:其一是文本的突出选择性,其二是文本的主动省略性。前者意指电视文本在生产和传递过程中,文本生产者往往会利用自身的主体优势对电视文本的意义体系、内容以及框架进行选择和构建,然后通过受众对于电视文本的理解活动对其进行传递。文本生产者需要强化地价值观念和行为标准往往会利用电视文本的语言符码系统潜移默化地表征出来,使受众主动或者被动地接受主流意义的价值标准和判断。而后者,也即电视文本的主动省略性则意指文本生产者在文本生产过程中为了强化主流意义,而对有可能影响或者削弱主流意义的其他意义范畴和内容刻意地进行选择性遗忘,减少或者省略其在电视文本意义范畴内的成分,也即主流意义会利用削减或者省略的方法压制和控制与之相抵触的意义。

电视文本本质上是一个以主流意识形态意义为主的文本意义群落,是文本生产者自身试图向受众传递价值判断和伦理道德标准的意义载体。通过受众的理解行为,文本要传递的主流意识形态意义就有可能进入受众的生存方式之中,影响到受众的理解行为和意义表达。这充分说明,电视文本生产者的意识形态价值观念,可以通过文本的意义体系进行构建和再现，并通过理解关系来影响接受主体的思维方式和行为规范，文本成为意义角逐和对抗的场域，并以此来实施对阐释主体的影响。

三 电视文本的文化表征

英国人类学家马林诺夫斯基曾对文化的概念进行了充分的描述，他在《文化论》这部著作中指出，文化的概念包含对传统客观存在的指涉，包括物品、观念、主体意识、制度等，文化包容性极强，囊括了可能出现的所有历史与社会要素。在马林诺夫斯基看来，任何社会存在都必须被纳入文化的体系和框架中加以指认，否则就是无法理解和难以识别的。他从文化的本质属性出发将其作了双重类别的区隔，即文化有物质类别同时还有精神类别。另一位英国学者布朗则从文化的社会属性来阐明其内涵和意义，在他看来，文化是特定的、具体的社会组织和集群的交往沟通形式，这种形式包含了在不同主体之间交往行为中所获得意识、体验和行为的结构。所以文化呈现为主体在社会生活和社会交往中的各类体验和经验的习得过程，如主体在同他者进行沟通中发生的知识增长、技术提升、观念确立、思维变动甚至信仰更迭等。对于布朗来说，必须将文化置于社会的结构中加以审视，通过观察社会结构的功能变化和实施来分析文化的生成、变化、延续和消亡，脱离了社会属性的文化是无法被关注到的。因此，布朗的文化定义充分地彰显了文化的社会学意义。美国文化人类学家克罗伯和科拉克洪对于文化的定义进行了全方位的梳理后认为，文化是处于模式之中的内涵概念，这种模式可以是潜在性的，也可以是显现性的，文化必须加载符号意义体系才能够存在和被理解，成为主体的历史结构和主体的社会生活方式。对于文化来说，最基础的本质在于文化是由传统性要素构建并生成的，这种要素包含意识体系和价值判断，而价值判断是文化的最核心所在。

文化的结构包括"语言体系"和"符号体系"。双方在文化的承载性方面的功能最主要体现在可以表达意义，而作为一种交流的工具，在主体的历史和社会生活中，语言和符号都可以起到信息的交互功能，使交流得以发生和进行。另外，"语言体系"和"符号体系"可以对文化的形式和内容进行存储，使文化能够以具体的形式被保存下来，获得历史的传承和延续。这就是说，主体通过语言和符号来实现文化互动和意义沟通，而文化也通过语言和符号得以积淀和流传，主体进行社会生活的基本目的就是生产文化、表达文化、传递文化、继承文化，因此"语言体系"和"符号体系"是主体进行历史和社会行动的基本介质和工具，是文化的基本特质所在。

文化还包含了规范制度的意义。主体在历史和社会中存在和行动，必须依据一定的价值标准、伦理规范和行动准则来实施和安排自我的行为，各种历史形成的风俗习惯、意识形态、法律规定、制度机制都是文化的表现形式，这些规范制度构成社会生活的基本方面，使得主体个体或者主体群体的行为方式、观念结构、思维范式都始终被调整和规定着，这些规范自身也相互制约、相互补充，共同调适整体社会运行。可以说，规范制度限定了主体的行为方式、取向和类别，也使主体按照社会运行的普遍性趋势进行活动。

另外，文化的意义结构还具有社会关系和组织的内涵。文化的生产、传递、继承等过程在本质上也是主体之间构建自我社会关系的过程，文化成为主体社会结构形成的最主要动因。因此对于主体来说，生产文化既是一种对于自我主体的充实与丰富，也是与社会其他主体进行交流与沟通的方式，社会关系隶属于文化，同时又成为文化再生产的基础要件。而对于已建立的社会关系来说，往往会因为其中蕴含相同或者近似的文化特质而构成一定的集群，这种集群就是社会组织。文化形成了社会关系，同时又建立了社会组织，后两者是文化作为一种社会存在自我运行的结果，也是它的实际显现形式。

电视文本同样具有文化表征功能，其意义结构可以反映出其所蕴含的文化意蕴和文化价值。不同的社会文化形态，例如经济文化、政治文化、思想文化、艺术文化等，都可以被融入电视文本的意义结构之中，成为其意义表达的内容和元素。电视文本的文化表征是其本质属性之一。从某种意义上可以说，文化是电视文本的本质属性之一，也是电视文本意义群落重要的构成部分，文化赋予电视文本以内涵，电视文本展示文化的价值意义和意蕴。通过电视文本的展示，文化进入受众的理解行为之中，成为受众接受文本意义的重要内容之一。

由于文化是电视文本的内涵、构成和展示目标，因此充分发挥电视文本的文化特性对于充实受众的理解行为有着重要的实践意义。电视文本的文化表征在功能上具有以下不同结构层面：第一，从积极意义看，电视文本的文化意义可以从不同的角度和途径，以不同的外在形式和内容构建来满足受众对于电视文本意义理解的多元化、开放性等要求，并能够依据不同受众的需求及时调整自身的表达方式和内容。第二，电视文本的文化表征可以促进受众对于历史经验的认知，利于协助受众理解作为历史承载者的文本的文化价值内涵，并通过扩展其理解认知范畴而提升对于电视文本的理解能力。第三，电视文本的文化表征可以具有历史经验的负载功能。对于电视文本来说，可以对历史文化进行负载、留存、传播、扩散，并通过这些过程将历史经验以文本理解的形式传递给受众，从而实现历史经验的保护和传承。具体而言就是电视文本利用语言符码体系对历史经验进行编码，以文本的形式存储下来，通过受众的理解而使之流传。第四，电视文本的文化表征负载了文化体系中的各种道德观念、价值判断、伦理规范以及交往行为规则等制度性要件，受众通过理解行为，可以认知并接受这些规范，从而实现自身行为和意识调整，能够更好地理解电视文本中的历史文化意义。第五，电视文本的文化表征可以实现受众的文化认同感。由于电视文本将历史文化经验内化至语言符码之中，因此往往会采取类别化的方式来整合自我的文化意义，受众可以通过理解行为来获得电视文本中内化的文化意义，从而找到与自身文化价值判断一致的文化标准，形成文化层面的认同感。

第三节　电视文本的意义结构

对于电视文本意义进行讨论，必须对其文本的意义结构和意义特征进行分析和辨识，接受美学范式的"文本意义召唤结构"与语言学范式的"文本意义结构的疏状性"两种文本理论能够为电视文本意义结构和特征分析提供参照系，有助于对电视文本意义结构和意义特征进行理解。

一　未定的文本意义体系

首先，作为"文本意义召唤结构"理论创立者的沃尔夫冈·伊瑟尔认为，从微观层面看，文本与阐释主体之间存在相互作用和制约关系，这种关系从电视文本角度来看，就是受众对于电视文本进行解读和理解的心理过程。根据伊瑟尔的观点，电视作品与电视文本是不同的概念，电视作品是一种两极化的构成体，即电视作品有艺术的一极（即文本）和审美的另一极（受众），艺术的极点由生产者决定，而审美的极点则是通过受众来实现的。因此，依据接受美学的观点，电视文本的意义结构与价值常常是由两极组合而成，一极是具有未定性的电视文本，另一极则是受众具体的接受和理解过程。这两极的统一才是电视文本完整的意义结构与价值体系。因此任何电视文本都具有未定性，都不是决定性的或自足性的存在，而是一个多层面的、充满空白的图式结构。如果离开了受众的介入，它无法产生独立的意义，也就是说，电视文本的意义产生，只有凭借受众理解行为的具体化才能实现。但需要注意的是，电视文本并不是一个没有任何实体意义的空白框架，其存在的唯一理由就是需要受众对其进行填充意义和内容。电视文本本身的价值和视域是有限的，而受众填充的意义会随着历史与社会的背景变化进行变化，因此受众的视域也可以说是永无止境，离开了受众，任何文本都无法存在，只是一个未完成的作品。甚至还可以说，受众所创造的延续不断的价值，要远远超过电视文本本身的价值。

从文本意义结构特征来看，电视文本在意义结构上最重要的特质在于文本意义的召唤结构。根据接受美学的观点，电视文本意义是由受众决定的，电视文本的召唤结构由"空白""空缺""否定"三要素构成，由它们来激发受众在阅读中发挥想象来填补空白、空缺，确定新视界，构成电视文本意义的基本结构。

对于电视文本来说，文本实际上拥有"两个维度"：在第一个维度中所有层次的总体贮存同时展开，在第二个维度中各部分相继展开。其中，第一层次指文本的原始材料，包括它的语音和语音系统。第二层次指由单词、句子及复合句构成的意义单位。第三、第四层次，包括再现的对象和这些对象得以显现的图式化方面的内容。这四个层次整体构成电视文本的第一个维度，具有美学价值的复调多音的和谐。而文本中句子、段落和章节的依次展开，则形成了文本的第二个维度，即时间。这些层次和维度形成一个框架或"图式结构"，有待于受众的完成，因此在受众理解电视文本之前，任何人无法对电视文本中某个特定对象或客观场景是否具有某种属性进行判断。

　　因此，电视文本是一个充满了未定点和空白图式的结构，其中文本的未定点需要受众去确定，空白图式结构需要受众去填补，电视文本的未定点和空白本身就是一种能够召唤受众阅读的结构机制。但是需要注意的是，电视文本中空白图式的连接存在着非连续性，或者叫空缺，需要受众用丰富而具体的想象去进行衔接和连续化，这意味着电视文本本身具有一定的暗示作用。电视文本的空白虽然指向文本中未曾表达出的或未曾明确表达的意义，但电视文本已经表达的意义为没有表达的部分提供了重要的暗示。这种空白现象的存在，就不是虚空性质的，而是具有一定功能的结构。因此对于电视文本接受来说，一方面，空白吸引、激发受众进行想象、填充，使之"具体化"为具有逻辑性的意义；另一方面，这些空白又服从于电视文本的完成部分，并在完成部分的引导下，促进电视文本实现意义的建构，这不是消极的限制，而是一种对受众有益的指导。

二　作为语言集合体的文本

　　如果从遵循语言学路径的"文本意义结构的疏状性"文本理论来看，电视文本的意义结构就具有新的解释意蕴。按照俄罗斯学者卢金的观点，文本和电视文本这两个概念是有着严格的界限的，文本只有在与电视受众发生互动交流与沟通后才能够被视为电视文本，也就是说，文本是指尚未经过电视受众接触的、处于自然与原始状态的语言形式，文本只是由不同语言符号所构成的语言集合体，而电视文本则是指经过电视受众理解和阐释后，具有受众主观意义和目的的话语体系和语言形式。文本自身不具备意义的内容与含义，其意义疆域是以静态方式静置于文本外在语言符码之内，而其之所以能够成为富有意义的电视文本，在于其意义必须通过受众阐释后转化为理解行为结果，这才能使文本的意义由"隐含状态"转化为"显性状态"。可以说，电视文本之所以能够成为电视文本，是文本与电视受众相互指涉的结果，电视文本的意义在客观上具备未确定性与开放性的形式特质。依据卢金的看法，电视文本的意义结构依赖于电视文本的特殊存在方式，对于电视文本来说，所谓"图式化结构"是指电视文本本身呈现出图式化构成的形式特征，即电视文本一般由"文本图式化外观层、文本再现层、文本意义层和文本语音层"等四个层次构成。对于文本语音层来说，其主要构成是由形成电视文本词语的声音所支撑的；而电视文本的词句意义构成了文本意义层;对于文本再现层来说,由文本词语和句子所表征的客观物质,以及意识所形成的"精神世界"是其组成的基本要素;而对于电视文本的图示化外观层来说,其主要是由文本客观性意义和主观性意义来共同形成的。卢金认为,普通文本之所以只能被视为静态的"非意义符码集合",最重要的原因是其仅在文本意义层和文本语音层存在,因而文本意义的范畴是有限的。一旦文本转化为电视文本,它就从文本意义层和文本语音层向文本再现层和文本图示化外观层进行辐射,文本在原有语音与意义基础之上开始对外在物理性客体世界进行反映与重构,使电视文本成为可以表征客体世界的载体和平台,电视文本的词句等要素就超越自身概念的范畴,而指向与之相互关联,有一定内在逻辑结构相似性的外在实存。另外,电视文本成为电视文本的另一个关键因素在于通过电视文本构建的外在实存并不是对其在词语或者意义上的一一镜像对应关系,而是一种不确定所指。这就是说,文本的意义指向存在不确定性,文本的图式化外观层面具有隐含意义,是其再现对象客体的隐性表象。从本质上看,电视文本表现的是充满想象与意义指涉的视觉性图景,而并不是一种单纯的观念和价值体系,或者说,电视文本的文本意义可以被视为视觉形式与表达。卢金认为,只有文本才具有第三、第四层次,而且这两个层次包含着若干的意义不定点,所以文本的意义具有"疏状性"特征。正是这种词、句、意义之间形成的意义结构的"疏状性"形态,造成了电视文本意义客观性中的主观性,而其意义的存在状态就蕴含了一种开放性和未定性的形态特征。

因此,文本图示化外观层、文本再现层、文本意义层和文本语音层等四个层次结构使得电视文本的意义形态出现了大量的空白点,这些空白点可以通过彼此的词语意义确定而被填充。电视文本意义的未定性与确定性是辩证统一关系,其中未定性和文本意义空缺必须依附于文本意义的已定性,否则未定性就会导致文本意义完全缺失,文本意义就成为无法理解的绝对虚空。从文本理解实践意义上看,电视文本的未定性又是文本意义开放性的基础,这使得文本理解具有了多样化可能。电视文本的意义空缺与未定性可以成为其吸引受众进行接触,并积极参与文本构建的内在驱动性力量。一般来说,这种意义空缺和未定性在电视文本语言结构层次上表现为三种方式:第一表现为语义空缺,对于电视文本来说,语义空缺源于文本语词的多义性。电视文本语词绝大多数都是多元意义的集合体，一个词语可以指代多重意义，电视文本的语言符码往往可能超越语言使用的规范和法则，因此其词语出现了所谓"能指"与"所指"的意义滑动，或者说文本词语的意义具有多元指涉性，这就使词语意义出现空缺，而又连带性地导致电视文本语言符码和结构的意义丰富性，文本语言开始具有比喻、拟人、指代、借代、隐喻等语义功能，词语开始具有理解和表达上的歧义特征。第二表现为句法空缺。电视文本语言是一种特殊的表达形式，它可能对普遍的话语句式结构、语法逻辑和表达规则等语言法则进行颠覆和拒斥。电视文本作为文本生产者的意义工具，具有强烈的主观主义色彩，其语言所要表达的情感意义强度要超过所要表达的理性意义。这种建立在主观主义基础上的文本形式往往排斥按部就班、循规蹈矩的日常语言语法逻辑惯例，而通过句子成分的缺失形成一种未定状态和模糊效果：通过反常组合变革文本语义结构，造成多义体验和意义空缺。电视文本语言经常以含蓄的表达方式、充满隐喻的修辞手法和创新的表达技巧造成大量句法上的空缺。第三表现为结构空缺。传统文本在结构语义层次有着较严格的形式规范。对于电视文本来说，传统句法结构和文本逻辑安排就应当是被超越和摆脱的对象，电视文本为获得有效的意义空缺，可以对文本进行有选择、有目的的删减与重新排列，从空间、时间等角度对文本结构体系进行再创造，未定性与意义空缺在电视文本空框结构的"设计"中预先就存在着，这是文本得以"被具体化"和"实现建构"的前提条件。

因此，根据文本意义结构的"疏状性"文本理论，电视文本的话语体系和语言结构并不是纯粹逻辑与概念的呈现，而是一种视觉化的表达，文本意义的着力点在于对意义的形象性展示，电视文本话语和语言无法真实、镜像化地再现客观世界，而是对其进行具有差异性的描述，电视文本"意指端"的所指意义并非完全明晰，因而造成"意谓端"的理解产生细微偏差。

第 三 章

电视文本的开放性

电视文本意义的个体性特征表明，受众对于文本所负载意义的阐释行为受到多元客观因素的制约与影响。但对于受众接受分析研究来说，这些客观因素在电视文本接受过程中的作用机制及其发生条件是什么，电视文本意义的开放性与受众阐释的可行性的关系如何，电视文本意义的不确定性与阐释对意义理解的重塑作用的关系如何，电视文本意义的确定性与阐释对理解的制约要素的关系如何等，这些重要问题在当前接受分析研究中并没有得到充分认识和讨论。鉴于电视文本意义的多元化与繁复性，需要通过注视电视文本意义的开放性，从其文本形态结构特征着眼，对影响或制约电视意义文本接受过程的各种客观因素进行分析，也即从理论上探究电视文本意义的显性意义与潜在意义的逻辑关系，以展示电视文本意义开放性与接受有效性问题的内在机理。

第一节 电视受众文本认知的"意义自足性"

从传统的文本理论来看，文本的开放性是指文本具有意义上的显性层面和隐性层面，文本意义的理解建立在对显性意义和隐性意义的共同阐释基础之上，文本意义在阐释过程中往往会出现不同的理解角度和方式，对意义的把握也会根据阐释者不同的历史背景和个人特征而有所不同，因此文本开放性的实质就是发现显性意义和隐性意义的辩证关系。

一 形式主义语境的电视文本开放性

在文本理论诞生之后，文本的观念发生了一系列沿革，学术界对于文本、叙事和话语的研究进入了新的阶段。"一门以本文或话语为对象的新学科正式出现了，其名称是话语分析（英、美、法）或本文科学（德、法），学科的历史已有 20 年左右，并正在进一步发展中。"① 按照李幼蒸的观点，因为在德语和法语中没有"话语"这个词，所以该学科就被称为"文本科学"或"文本符号学""文本语用学""文本理论"。

对于文本自身的重视是结构主义范式下俄国形式主义与英美新批评十分明显的特点。俄国形式主义的许多主张对于 20 世纪文本理论有相当大的影响。而英美新批评对于文本自身规律性的挖掘、对于文本自足性的发现，也可以被看作是 20 世纪文本理论的重要组成部分。

结构主义视野的文本理论是电视文本意义开放性研究的肇始。按照结构主义的观点，电视文本理论应当以索绪尔创立的语言学理论作为根本出发点，将电视文本结构视为语言，其本身是独立的存在，既不受外在存在控制，又不意指外在存在，是一种以自我为内核的绝对封闭。这是结构主义电视文本意义开放性形式化特征的典型表现。结构主义以及与之相关的理论，对电视文本意义开放性理论研究影响至为深远，其衍生出的俄国形式主义、布拉格学派、英美新批评等学术流派受到索绪尔语言学的影响，重视关于结构或者系统的文本的"共时性"研究，将文本意义的形成过程加以突出，而对意义的自我形式并不关心，这一点对于电视文化研究的文本意义开放性研究有着重要影响，斯图亚特·霍尔等学者都对结构主义文本开放性理论进行了分析讨论。

弗拉基米尔·雅可夫列维奇·普洛普出版于 1928 年的《民间故事形态学》是结构主义视野的文本理论起点，其最重要的理论观点就是将文本中的典型结构进行了类别化分析，归纳出七类神话角色、三十一类叙事结构等，并在此基础上对文本进行进一步的阐释。与此相应，列维·斯特劳斯利用结构主义的理论对于人类文化形态进行了详细阐发，罗兰·巴特又对"阅读代码"概念在结构主义视野下进行了发展。结构主义始终认为，在文本之中有着预先存在的体系，这一体系使得具体的、个体的阐释实现结合。正如热奈在《叙事的话语》中所说：罗兰·巴尔特等人的结构主义理论，"是要发展一种（新的）诗学……它并不试图解释个别的文

---

① 李幼蒸：《理论符号学导论》，社会科学文献出版社 1999 年版，第 361 页。

本意蕴何在,而是要探询……使文本获得其形式和意义的……系统"①。

在第一次世界大战前后发展起来的俄国形式主义是结构主义文本理论的重要类别之一,代表人物有埃亨巴乌姆、托马舍夫斯基和什克洛夫斯基等,包括后来的成员雅克布森,他也是布拉格学派的重要成员。一般认为,形式主义的电视文本观念常常具有以下特征:首先,认为电视文本中不存在社会性、审美性、文化性、历时性、政治性等意识形态的因素;其次,形式主义秉承结构主义的观点,将电视文本及其意义体系看作一个相对封闭的系统,文本的生产、接受机制都是在一个封闭的结构性系统中完成的,与电视文本的社会外在生存环境无关。什克洛夫斯基认为:"文本必须分为两种,第一是它的实用形态,第二是它的文学—诗歌形态。结构主义者把语言的概念作为理解社会实践的模式,而语法的规则又提供了特别有益的类比。许多活动都有内隐的规则,吃穿也有'语法'。"②

布拉格学派也称功能语言学派,是结构主义语言学的主要流派之一,活动中心是布拉格语言学会,该学会成立于 1926 年 10 月,创建人是布拉格查理大学教授 V. 马泰休斯,主要由俄国形式主义学派流亡的学者组成,包括从苏联流亡至布拉格的雅克布森,以及穆卡洛夫斯基、韦勒克等人。布拉格学派的理论是以库尔德内、索绪尔的学术观念为基础的,他们同哥本哈根学派、美国结构主义学派的观点既有相同之处,又有不同之处。相同之处在于都对德国新语法学派的历史主义及分割主义采取了批评的态度,其将语言识别为独立的体系,认为要对这一体系的共时性进行分析;不同之处在于布拉格学派善于将结果与功能融会进行分析,认为语言的主要作用在于交流共通,是由多元化的意义表征方式形成的,有着特殊的应用目标的完整体系。布拉格学派坚持从语法层面和功能层面对文本进行双重的分析,而分析的角度是"主位和述位"的方法。"结构主义者努力试图从语言学符号系统和结构入手,在对相对稳定的内在结构的把握中,在系统结构内部各成分的组合关系中,透过事物表象,去寻找事物形

---

① Gerard Genette, *Narrative Discourse*, New York: Cornell University Press, 1980. p. 285.

② [加] 邦尼卡斯尔:《寻找权威——文学理论概论》,王晓群等译,吉林大学出版社 2003 年版,第 67 页。

式的普遍性，从而达到把握事物的规律和本质。"① "诗的语言与情感的表
达，或者说情感语言不一样。基本的区别是二者的重点不同。情感语言就
其本质来说是表达情感以与人沟通，因此其有效性限于说话者此时此刻的
精神状态，诗的语言的目标则创造超个人的永久的价值。当然，文学可能
运用情感语言的手法达到自己的目的……但是情感表现只是诗人为了自己
的目的从丰富的语言库存中所采用的一种手法而已。"② 就此而言，布拉
格学派是从语言学的角度将文学文本界定为一种自身的结构，这也正是后
来英美新批评所崇尚的"文本细读"之根源。一些西方学者认为，俄国
形式主义和布拉格学派都是为了回应当时正统马克思主义批评的压力，过
多强调了文学文本的内部关系，而忽略了文学文本与作者、读者以及社
会—历史环境的外部关系。

　　在布拉格学派之后是英美新批评学派，其是英美现代文本理论最有影
响的流派之一，它于 20 世纪 20 年代在英国发端，30 年代在美国形成，
并于四五十年代在美国蔚成大势。50 年代后期，新批评渐趋衰落，但新
批评提倡和实践的立足文本的语义分析仍不失为文本理论研究的基本方法
之一。"新批评"一词，源于美国文艺批评家兰色姆 1941 年出版的《新
批评》一书，但这一流派的起源则可追溯到艾略特和瑞恰兹。艾略特被
视为新批评的思想先驱，他在《传统与个人才能》中表明了自己的立场，
即非个性论，这一论点构成了新批评文论的基石，艾略特强调批评应该从
作家转向文本，从诗人转向诗本身。为新批评提供方法论基础的是瑞恰
兹，他通过引进语义学的方法使人们把注意力移向语言。新批评派有几代
批评家，其早期的代表人物有英国的休姆和美国诗人庞德，第二代的代表
人物是燕卜逊和兰色姆，第三代的代表人物是韦勒克和文萨特，他们共同
完成了新批评的文本理论体系。

　　新批评的文本研究方式有以下三个特征：其一，选择篇幅短小、意蕴
丰富的文本，如玄学派诗歌和现代派诗歌，这些含义模糊、充满歧义的文

---

　　① 项晓敏：《零度写作与人的自由——罗兰·巴尔特美学思想研究》，复旦大学出版社
2003 年版，第 142 页。

　　② J, Mukarov, *Sky On Poetic Language*, *in the Word and Verbal Art*, New Haven & London：
Yale University Press, 1977, p. 2.

本适合新批评的语义分析。其二，排除文本生成研究和读者情绪反应研究，将目标集中于文本，对文本进行多重回溯性阅读，寻找其中语词的隐微含义，如词句中的言外之意和暗示、联想意义；仔细分辨文本中所运用的各种修辞手段，如隐喻和拟人等。其三，想象文本具有戏剧冲突性，将文本视为充满矛盾和张力的有机统一体，分析语言的比喻、象征等要素，以及由于这些要素的作用所形成的诗歌的复杂意义和阐释空间；研究诗歌的诸多要素如何在矛盾冲突中形成了诗歌和谐统一、具有张力的整体结构。这种建立在对文本语义细致分析基础上的研究方法被称为"文本细读法"，这是新批评创造的一种具体的文本研究方法。美国的文森特·B.雷奇对"细读法"作了概括，他认为在进行细读时，新批评派的批评家一般要做的是：（1）短的文本是文本细读的重要对象，如超验主义的诗；（2）"生成"的文本批评方法是被拒斥的；（3）"接受主义"的方法不被接受；（4）文本被构建成为一个内在独立的系统，具有非历史性、置于空间的客体；（5）文本被看作结构复杂、内容繁复的有效统一体；（6）回溯性的文本阅读是必需的；（7）文本应当被视为矛盾构成的剧本；（8）文本研究要集中于文本和语义、修辞上的互文性；（9）隐喻对于文本来说，是一种独立力量；（10）释义、概括应当被拒斥；（11）文本应当具有统一性和协调性，是完美组成的综合体；（12）不协调、矛盾、冲突是第二关注的内容；（13）悖论、含混和反讽是一种不平衡性；（14）意义属于文本结构的重要构成；（15）文本的认知和体验是阅读的基本侧重点；（16）力图成为理想的读者并创造出唯一真正的阅读，即把多种阅读归类的阅读。

英美新批评还通过文本研究提出了文学本体论这一观念，其主要思想由兰色姆构建。兰色姆认为，文本研究应该重视"本体"这一哲学概念，在他看来文学文本其实就是整个文学创作和文学史的核心，文本是一个整体性的艺术观念对象，其自身具备完全的自足性，是可以独立于社会环境存在的本体，这就奠定了新批评的核心理论要旨，即从文本本身进行研究，注重探讨文本本身的意义构成和意义体系。作为新批评的另外两个成员的文萨特和比尔兹利则从谬误角度来解释文本的存在价值和研究规则，他们提出意图谬误和感受谬误的概念。文萨特和比尔兹利认为，文本研究如果将对文本作者意图的探究和回溯作为目的的话，就会陷入一种谬误结论，这是对实证主义或浪漫主义文本研究的重要反拨；另外，他们认为如果以阅读者的情感波动弧度大小来对文本进行优劣评介则属于感受谬误。因此，英美新批评对于文本、作者和阅读者三维文本构成体系中的相互关系进行了批驳，认为文本作为独立存在，应当具备合法本体论身份，不应当将其视为作者或是读者的附庸。

另外，文本语境理论也是新批评文本语义分析的核心问题，是理解新批评方法的前提。瑞恰兹是文本语境理论的主要架构者，他认为文本语境是指在一个具体文本之中，某个特定词语、语句或者段落在文本中与它们的上下文关系，而词语、语句或者段落的意义则在文本语境中得以产生和呈现。根据这一观点，瑞恰兹进一步扩展了语境的范围，在他看来，文本语境包含双重含义：其一，语境可以指涉文本生产的话语环境，这就将文本的意义与文本的整体意义进行了关联；其二，文本语境可以指涉文本词语所要表达的，可以同时出场的存在意义。词语是意蕴和含义的历时性表征，它的表征范围是基于文本的符号学意指对象限制的。新批评的文本语境理论具有典型的开放性特征，代表了新批评对于文本和语言学的立场：文本是意义进行互文的空间，词语、语句或者段落在文本语境中进行意义重构，文本意义由文本整体和文本局部双重铸造，从而实现了意义的表达与外扩。

依据上述英美新批评等文学文本理论关于文本开放性的观点，斯图亚特·霍尔从结构主义角度分析了受众的媒介文本解读方式，并对文本的开放性进行了说明。霍尔认为，媒介文本的开放性是以受众对文本意义的多元化解读方式为基础实现的，在他看来，受众的解读方式有以下三种范式。

第一，文本意义的"支配—霸权立场"结构模式。这种模式相应的文本意义阐释方式是"支配性解读"。支配性解读也被称为意义同向解读，或者优先性解读，即受众沿着媒介文本生产者所给予的文本意义进行阐发，文本与受众的关系是控制与被控制的关系，受众对文本进行理解和接受，就是服从或者全盘接纳来自文本生产者的主观意图，接受其意义传递，文本实现了对受众的支配性与控制性。因此，对于电视文本来说，"支配性解读"的理论假设是电视文本意义可以作为意识形态负载工具和平台，受众的电视文本意义阐释立场与文本生产者的意图和本意立场完全一致,受众的理解行为在电视文本支配性代码之内进行活动,对于电视文本意识形态意义采取理念上的认同和认知上的接受。霍尔将这种文本意义阐释方式称为"偏好解读",认为这是最理想的完全明晰的传播模式。

第二,文本意义的"协商性立场"结构模式,这种模式相应的文本意义阐释方式是"协商性解读"。按照霍尔的看法,"协商性解读"是指受众在对媒介文本意义进行阐释时,首先受众认可文本生产者对于各种文本意义的主导界定,会对媒介文本所蕴含的主导性文本意义采取一定程度的认同态度,但并非全盘接受;与此同时,受众对文本主导意义持有矛盾心理,并保留权利将主导界定同当地和个人的情形协调起来,依据自身政治理念、经济地位、身份背景、社会立场等具体条件对文本的意义进行有选择的解读,如受众自身的观念、理论、思考方式,用于分析所接受的信息,使得意义适合于自身的特殊情况和所属阶层的利益。按照这一范式,电视文本的意义传递就处在一种矛盾性的协商过程之中,意识形态意义成为传受双方力量进行协调和调整的平台。因此,对于协商性解读方式来说,受众部分依据电视文本的提示,部分依据自身的社会背景来看待和解读内容。

第三,文本意义的"对抗性立场"结构模式,这种模式相应的文本意义阐释方式是"对抗性解读"。"对抗性解读"是指受众对于媒介文本赋予的主导意识形态意义完全拒斥,而从相反的角度作出与之对立的意义解读,受众有可能完全理解媒介文本或其话语赋予的字面意义和内涵意义的曲折变化,但无论媒介文本的显性意义还是隐性意义,受众对之都不以为然,仍然按照自身的立场和价值观念进行解读,使媒介文本意义阐释的结果和编码者所想传达的意思背道而驰。对抗性解读的结果是电视文本编码者的传播意图完全被颠覆。霍尔对于对抗性解读方式的阐述表明,受众采纳特定的视角和方式对电视文本的意义进行阐释,其决定性因素在于自身作为电视文本意义阐释者的立场,比如种族、阶级、性别、年龄、职业、教育程度、社会地位和经济实力等社会变量和心理变量以及受众所处的时代。

二　叙事学语境的电视文本开放性

20世纪的结构主义叙事学的文本理论诞生于法国。叙事学的词源学构成是由拉丁语和希腊语共同形成的，即 narrato 和 logie 结合的产物，因此，叙事学是对文本作品进行叙事技巧、方式和结果的分析与探讨，按照新版《罗伯特法语词典》的释义，叙事学是指关于文本的叙事性、叙事的结构性以及叙事的意义性的理论。《大拉鲁斯法语词典》的释义则强调了文本结构的叙事性研究。因此，文本并非单指文学作品，而是指涉所有的意义文本，即都是对文本的叙事结构和规则的研究，强调文本叙事的语言技巧和表述技巧分析，是一种文本研究的技术手段。

"叙事学"一词最早是由托多罗夫提出的。他在 1969 年发表的《〈十日谈〉语法》中写道："……这部著作属于一门尚未存在的科学，我们暂且将这门科学取名为叙事学，即关于叙事作品的科学。"[①] 叙事学的理论探讨早在托多罗夫的理论诞生之前就已经基本形成了。其理论的内涵与形式结构基本都已经成为公认的学术应用范式。结构主义与形式主义是叙事学出现的两个基本的动因，其遵循着两者强调将文本的意义归结于文本构成的整体与各个内部元素之间的联系中，并从文本的共时性角度来审视文本意义，也即从文本符码的自我结构中理解并分析语言的意义，而并非展示历时性特征，以时间流变的方式对语言进行关注。

A. J. 格雷马斯是法国叙事学的翘楚之一，他的叙事学研究主要集中于叙事结构的语义层面。格雷马斯的研究范式是从普遍的语言实例对文本的叙事意义及其结构进行阐释的，这种实例首先取自索绪尔的语言学中语言和话语的体系模式，同时也汲取了索绪尔和雅各布森关于主客体各自独立的意义指涉观念范畴。格雷马斯的主要学术成果是 1966 年出版的《结构语义学》以及 1970 年出版的《论意义》。语言学理论是格雷马斯的研究起始点，他使符码的分析对象具有更为确定的界定，认为文本是由特殊的语言体系表达出来的，所以其意义具有完整性特征。从另一方面说，文本的叙事是能指和所指共同结合的一体性结构。对于格雷马斯来说，叙事学的主要研究对象是叙事的内涵，也即所指的内容。而所指的基本构成却又是由语义和语法共同形成的，其中前者使结构中的内部各个元素具有独立性意义，而后者则形塑了文本叙事内涵的结构化。另外，格雷马斯比较关注在叙事讨论中层次的基本功能。其特别提出了"行动素模式"。按照

---

① 刘春阳：《经典叙事学的发展与现状研究》，《中国校外教育》2012 年第 30 期。

他的分类方法,角色体现为六个层面,也即相互制约和结合的三种结构:主体—客体、传递主体—受传主体、帮手—敌人。按照这样的分析方法,文本的任务就是关于概念的符码矩阵,矩阵的四个方向标志着文本结构可能出现的发展走向,也表示着相互之间的关联可以通过形式逻辑的多重属性来解读,这些属性包括竞争、冲突和容纳等不同元素。

按照叙事学的理论观念,电视文本中存在的角色的功能与文本叙事主体的功能是具有明显差异性的交织结构,因此叙事主体的因由、意志和愿望等主观因素都在不同程度上介入了电视文本的语言叙事体系,所以电视文本的叙事学意义是无法完全按照历史与社会的真实存在而展示的,叙事学始终认为电视文本的受众接受主体对文本的叙事逻辑性具有重塑的能力和可能,应当对受众接受主体与电视文本的互文性关系进行重点的分析和考察。叙事学将电视文本意义的非确定性发生的动因归结为两种,首先是在存在、事实与道德基础和伦理评介之上,同时是在理性与自我意志的基础之上,也即电视文本的意义解释与接受是一种受众的自我意志和社会价值观念相互角力的过程,受众接受主体的意义反馈机制应当是对于电视文本的意义价值预期与自我的道德标准之间的博弈。

三　符号学语境的电视文本开放性

符号学文本理论研究作为一种特殊的文本分析方法也成为学者关注的领域之一。符号学是文本研究的基本方法论范式,其关注的是人类主体的文化符码性,并认为文化就是符码对于意义的表达和解释的集合体。一般认为,费迪南德·德·索绪尔的《普通语言学教程》是从语言角度研究符号,确立符号学文本理论的奠基之作,结构主义文本理论就是从索绪尔对语言的符号式研究中发展出来的。另外,美国实用主义哲学创始人皮尔斯从逻辑角度对符号进行研究,也丰富了符号学文本理论的学术视野。在20世纪60—80年代,符号学的概念和方法被文本研究普遍接受。至少在文学批评领域,符号学研究在"形式—结构"这一线索上的传承关系是相当明显的。

1958年在意大利威尼斯举行的第12届国际哲学大会上,意大利符号学家翁贝尔托·埃科从符号学和文学艺术角度提出了"开放的作品"的概念,揭开了从符号学角度阐发文本开放性的理论序幕。以埃科为肇始,符号学这一重大命题对于现当代文学理论一直具有巨大的影响。"开放的作品"概念是建立在埃科对当代文学、艺术文本具有独创性的阐释范式的分析和对多样化文本全新的解读规则的探究之上的，这充分体现了埃科对于传统的结构主义文学批评理论的不满和改造，他拒绝将文本视为封闭性的结构体系，同时也拒绝将文本置于绝对化的静态视野中进行分析。应该说"开放的作品"理论体现出埃科对于多样性文学与艺术文本存在状态的探究以及对于文本同阐释主体之间辩证关系的分析和认知。可以说，"开放的作品"理论不限于仅仅在文本的接受或者理解层面使用，其理论意义更多地体现为一种宏大理论层面的高度抽象，而突破了由其所衍生的具体历史话语环境与现实的文本生产和接受实践。"开放的作品"理论对于电视文本意义开放性研究价值体现在以下两个层面，首先这一理论的提出，不但是对利用多样化电视文本生产方式生产出的多形态电视文本存在合理性与合法性的理论辩护，同时也表明电视文本自身所负载的普适性艺术特质，这种特质面向所有的电视文本而存在：电视文本同文学文本一样，都是作为一种开放性的文本而存在，开放性是电视文本及其意义生存的基本状态。"开放的作品"理论，指出了所有电视文本的同一性美学存在特征，这为对不同形态电视文本进行审视提供了具有标准化的判断价值标准，也为电视文本的共通审美提供了可供比较的确定性审美机制。因此，从电视文本阐释意义角度来说，"开放的作品"这一理论的核心就是对电视文本固有的"开放性"特征的认同，对文本固有的意义上的"不确定性""含混性""暧昧性"机制的接纳。

如果根据埃科的上述理论旨意，电视文本的开放性就受惠于文本自身结构的内生性。埃科指出："作品的开放性和能动性在于，它能让人给予补充，能让人给予有效的具体的补充，它能够以自己的结构的生命力来指引这些演绎活动，这种结构的生命力包含在作品当中，尽管作品并不是已经完结的，尽管作品中的结局也是不同的、多样的，但这种生命力是有效的。"① 也就是说，电视文本及其自身的结构在召唤受众进行文本的再造与重构。按照接受美学的观点，即姚斯的看法，电视文本自身就是一种"召唤结构"。文本始终处于一种动态的变化生存机制当中，它拒斥固定

---

① ［意］翁贝尔托·艾柯：《开放的作品》，刘儒庭译，新星出版社 2005 年版，第 25 页。

化、机械化和静态化，而随时准备着被赋予新的意义和内涵，这也即埃科所言的"文本的权利"，或者说是文本的机制。

埃科总结出"开放的"作品文本机制上的三个特质："1. 开放的作品因为是在运动之中，所以其特点是，呼吁同作者一起创作作品；2. 从更广的范围来说（比如运动中的作品这一类别作为一类）存在这样一些作品，这些作品从外表上看已经完成，但这些作品对其内部关系的不断演变仍然是开放的，欣赏者在理解其全部刺激时必须去发现、必须去选择这些演变；3. 每一件艺术品，尽管是根据明确或不明确的必要的理论创作的，从实质上说仍然是对一系列潜在的阅读开放的，每一次阅读都使作品能够按照一种前景、一种口味、一种个人的演绎再生一次。"①

因此，对于电视文本来说，受这种内生性的文本"呼吁同受众一同重构文本"机制的影响，就会使电视文本内部各种关联发生裂变与重组，并依据受众自身的个性化解读与阐释实现文本的重构与再生，从而实现文本的开放性意义，并使文本在理解实践上完成被接受时生成的意义不确定性，这种不确定性在埃科看来是对电视文本结构主义批评范式的反拨与拒斥，即不接受文本的意义自足性与封闭性。按照埃科的观点，电视文本的开放性正是文本存在的价值体现和存在方式之一，而从文本理论发展来看，这是对传统的形式主义文论、新批评文论、结构主义文论等将文本视为绝对独立自足的客体，从而将文本绝对客观化的一大突破与超越。

从理论基础来看，将电视文本的"开放性"与"能动性"视为其本质存在特征，以及将其文本意义的"不确定性"与"含混性"视为接受过程的前提条件，是有符号学理论理据的。1976 年，埃科的符号学理论开始在英语世界国家传播，在其《符号学理论》英文版由印第安纳大学出版社推出后不久，英语世界国家学术界对之进行了广泛的研究与讨论，特别是关于埃科对于"开放的作品"这一新颖学术理论的分析。英国学者特伦斯·霍克斯在其《结构主义和符号学》一书中，对这个问题有过这样的一番论述："在语言的美学使用中，正如我们已经看到的，能指表

① ［意］翁贝尔托·艾柯:《开放的作品》，刘儒庭译，新星出版社 2005 年版，第 26 页。

现出高度的多元性，即高度的模糊性。"① 而且，正如埃科所说，"从符号学的观点看，模糊性必须作为违反代码规则的一种模式来加以界定"②。霍克斯认为："在对全部美学功能进行符号分析时，必须在它们身上看到一种悖论：把违背规则作为规则固定下来（读者会记得，这个概念和雅各布森的诗歌是对普通言语的有组织的违反的观点十分接近）。如此看来，艺术似乎是把信息组合到一起的方式，目的在于产生文本，在这种文本中，含混性和自我指称不断增长并被组织起来……这就导致符号学提出的关于文学的本质的一个最重要的论点：书籍最终描绘或反映的，不是现实的物质世界，而是归为其他范畴的，亦即归为写作活动的形式和结构的世界：作为文本的世界。"③

第二节　现象学范式：电视文本体验的"意向性构建"

除了结构主义文本理论之外，对电视文本意义的开放性研究产生影响的文本理论还有现象学（包括接受美学理论）文本思想，这种理论与结构主义文本理论有着本质的区别。在胡塞尔看来，主体的意识经验并非可以被机械地认为是单纯的主体或者客体，其关系不能按照传统的西方主体哲学理念来理解，主体的意向性行为使得客体被纳入主体的意向性中，应当抛弃主体占有客体的传统认识论，将认识的本质回溯到事物显现的现象中，从现象与本质的共融性中探寻事物的真正意义。

一　现象学的"意向性理论"

胡塞尔的现象学的"意向性理论"是在其老师，德国哲学家、心理学家 F. 布伦塔诺的学说之上进行构建的。布伦塔诺的意向性理论是胡塞尔的现象学意向构成的理论基础，但两者的出发点和归宿点都

---

① Eco，Umberto，*A Theory of Semiotics*，Bloomigton and London：Indiana University Press，1976，p. 262.

② ［英］特伦斯·霍克斯：《结构主义和符号学》，瞿铁鹏译，上海译文出版社 1987 年版，第 146 页。

③ 同上书，第 150 页。

有所不同。布伦塔诺的意向性理论是基于心理行为的，其将主体的心理活动的意识等同于这一活动的对象的意识。胡塞尔则将主体的这种心理活动导致的意识行为进行了区分，认为二者是完全不同的结构。在胡塞尔看来，主体的意识经验并非可以被机械地认为是单纯的主体或者客体，其关系不能按照传统的西方主体哲学理念来理解。在他看来，意识经验是一种主客体的关联结构，这种关联结构是由主体的意识行为构建的，也即主体的意向性行为使得客体被纳入主体的意向性中，从而抛弃了西方一直以来所遵循的主体占有客体的传统认识论，将认识的本质回溯到事物显现的现象中，从现象与本质的共融性中探寻事物的真正意义。胡塞尔的先验现象学是利用主体的意向活动还原的方式来展示事物的本质意义的，其对于主体、主体间性、生活世界、时间性等问题的分析使主体的意向性行为接入事物的意义获取之中，这就使观察世界的视角发生了重大的变化。胡塞尔通过现象学的还原与反思，破解了自笛卡尔以来的逻各斯主义思维定式，将先验反思的方法与主体的自我意识结合起来，使主体与客体的关系重新被定义和审视。胡塞尔创立的先验现象学对西方传统哲学的新康德主义倡导的唯心主义的主体价值体系进行了完全的消解，进而将主体性纳入主体意识中进行分析，从而确立了意识活动中的实在观念。

在胡塞尔的先验现象学基础之上，R. 英伽登对文本研究进行了理论拓展，他通过将现象学的意向性理论引入文本接受过程，确立了现象学文本理论，而这也构成了 20 世纪文本研究的重要组成部分。英伽登的研究策略在于利用意向性对文本的接受和理解进行解读，使得文本的理解成为一种主体与文本相互交融的过程，因此就突破了传统认识论基础上的结构主义文本接受观念，为文本的接受和意义理解审视提供了新的学术视野和研究路径。作为波兰具有代表性的现象学家，英伽登对于文本理论的学术贡献在于将现象学的观念接入自己的文本层次理论学说之中，为文本的意义接受提供了比较系统和科学的研究范式和视角。

二　电视文本的"意义空白填充"

按照英伽登的文本理论，从现象学视角出发的电视文本开放性呈现出以下特点。

　　首先，电视文本并不是孤立存在的独立客体，而是一种存在于电视受众的意向性存在客体。在他看来，意向性是指电视受众的意识活动行为，而这种行为有着自身明确的视角和对象，是针对特定目标形成的主体自我意识活动，所以电视文本客体无法脱离主体存在，而接受主体也难以孤立地发生意向性行为。对于英伽登来说，电视受众对于电视文本的态度是基于阅读方式的，即被动阅读和主动阅读。前者的标准在于主体是毫无驱动性的接受文本，意义是强加给接受主体的，而后者则突出接受主体的自我意识主动性，是积极地接触并解读文本的意义，试图通过理解文本的意义表象来进入文本的意义本质，并与之形成意义的关联性。因此主动阅读是主体的根本意义阐释方法，只有这样的阅读行为，才可以将接受主体引入文本的意义范畴之内，从本质上对文本的意义进行把握。

　　按照英伽登的观点，电视文本结构是由四个层次形成的。电视文本的不同形式的层次是一个具有意义内涵和韵味的完整体系，分别是电视文本的语音层次、文本的意义层次、文本的重构的客体层次和文本的图式化形式层次。电视文本是由四个异质的层次构成的一个整体，这四个层次依次为：语音层次、意义单位层次、再现的客体层次、图式化观相层次。第一层次是指以语言文字符码的发音和以发音为基础的多样化语音形式，包括语言的节奏、口吻、声调等；第二层次是指具有意义内涵的电视文本的词汇、句子和单位句等。语音层是指字音和以字音为基础的更高级的语音构造，如节奏、声调、语气、音律等。意义层是指富有意义的语词、语句和句群。第三层次是指电视文本的意义表达对象，也即电视文本所要体现的客观存在，包括电视文本的角色、环境、故事历史、社会风俗等。第四层次则是指电视受众在自身的意识介入电视文本后，电视文本向主体的自我呈现，也即胡塞尔所言的自我的显现。在电视文本的四个层次之外，还具有一个引导性的层面，也即所谓的神圣意识，这一意识是指电视文本的伦理价值精神，即神圣、崇高等，这一引导性层面可以使文本的接受主体进入自我精神领域的内省，引发自我判断。

　　依据意向性理论的观点，电视文本的四个层次中具有一个共同的特性，就是在每一个层次都具有没有被补充的不定点，这些不定点都是需要电视文本的接受者进行主动式填充的。在他看来,电视文本自身的结构仅仅是属于图示化形式的,其功能仅仅在于利用有限的词语和句式、段落等对外在客观世界的某一部分进行说明和反映,而无法将客观存在的意愿无限性和多样性表征出来,所以就会出现若干的不定点,这些不定点的存在意义就在于吸引电视受众利用主动阅读的行为进行确定,或者说使电视文本的意义被主观意识的意向性进行填充和弥补,从而实现电视文本的意义完善,将电视文本的内在丰富意蕴通过阅读的过程展示并呈现出来,这就使电视文本获得了存在的基本价值,达到了意义阐发的目的。

意向性理论对电视文本的四级层面的类别化组合,使得电视文本的意义理解过程和程序有了明确的逻辑顺序,而实践中的电视文本理解活动就是依电视文本的主体性体系从外围深入内在的一个逻辑走向。对于电视文本的意义阐释与释义,是一种对于电视文本的动态依附关系,也即既要联系文本又要疏离文本,既要阐释其内在客观意义又要引介外在主观意义。电视受众的生命经验和生活体验正是电视文本意义中可能与之发生联系的关键驱动因素,而这些因素往往也同电视文本中作者想要展示的角色、故事情节、历史意义等核心内容相互印证,从而使电视受众和文本生产者与文本进行了高度的融通,电视文本的意义阐释与理解过程也成了一种从已知向未知呈现的过程。

三 电视文本的"召唤结构"

接受理论是文本理论另一支重要的现象学理论构成。20世纪70年代,文本理论开始重视文本阅读主体,其代表性人物有沃·伊瑟尔和罗伯特·姚斯。接受理论又被称为"接受美学",其核心是将文本的接受行为作为研究的主要对象。伊瑟尔和姚斯虽然具有不同的研究逻辑理论基础,但其学术旨趣却都指向了作为文本的接受主体——阅读者。

"接受美学"这一概念首先是由德国康斯坦茨大学文艺学教授姚斯在1967年提出的。接受理论的核心观点在于文本接受是从受众出发,从接受出发。伊瑟尔与姚斯共同创立了接受理论,并与福尔曼、斯特里德等学者在康斯坦茨大学建立了影响极为广泛的"康斯坦茨学派"。其主要的理论观点有姚斯的"期待视野"理论、费什的"读者反应"理论，以及伊瑟尔的"审美响应理论"。

1926年，伊瑟尔出生于德国，在第二次世界大战后接受高等教育。伊瑟尔一直在德国康斯坦茨大学讲授英文和比较文学，伊瑟尔出版于1969年的专著《本文的召唤结构》和姚斯的《文学史作为向文学理论的挑战》一文被认为是接受理论的理论基石，另外，伊瑟尔的《阅读活动：审美响应理论》一书也是文本理论中较早地将接受行为作为研究客体进行阐释的学术著作。

伊瑟尔与姚斯在学术界的地位和影响力有所差别，对于姚斯来说，其关注的学术领域主要侧重于拉丁系语言和法国文学，因此，其学术影响力主要体现于德国以及欧洲一些国家，而伊瑟尔由于主要从事英文和比较文学教学研究，其在英语国家的学术地位更为突出。姚斯的理论沿袭主要是接受了德国哲学阐释学者伽达默尔的学术脉络，其关注文本接受的历史意义，主要的学术建树在于从接受理论角度提出了文学史的研究方法范式。伊瑟尔的理论基础则直接始于德国胡塞尔创立的现象学理论，其主要的研究聚焦于利用现象学理论对文本结构内部的接受机制进行分析和解读。一般来说，姚斯试图从结构主义分析逻辑出发，注重对文本历时探究和共时审读，伊瑟尔则继承了西方哲学史上的现象学和阐释学传统，重视文本的接受者的阅读和阐释行为，或者说，姚斯重点关注文本接受的宏观世界，而伊瑟尔则更为关注读者反应的微观领域。因伊瑟尔在文本理论方面影响较大，本书重点介绍分析其理论观点。

从伊瑟尔的文本理论整体来看，现象学和阐释学的学术理论始终是其对文本接受行为分析的框架，他对文本接受的外部环境以及历史境况没有作过多的审视，而是将视野集中于微观阅读行为，探讨文本接受中的超验的、可能的阅读条件。因此可以说，伊瑟尔的文本接受理论折射出很强的现象学的文本理论色彩。伊瑟尔认为，文本的本质特征在于其现象学特征，而文本中不但具有文本结构，更涵盖了文本读者的客观实存，他对文本阅读行为中的主要因素进行了现象学考察，形成了独具特色的文本接受的开放性理论。

按照伊瑟尔的观点，电视文本是本文与电视受众之间相互作用的最后产物。在伊瑟尔看来，文本是由文本生产者和文本阅读者共同构成的两极主体：其中一极是文本生产者，也即艺术家的一极；另一极则是文本的接受者，属于审美阶层，这是由读者来承担的。因此，电视文本的两极如果独立开来，就难以完成作为整体的文本批评工作，因为二者都属于文本的基础构成部分，二者分裂的结果就是无法对电视文本的开放性和受众的不可分离性进行说明，作为整体的文本构成，电视文本的生产是本文和受众互动交流的产物。

依据伊瑟尔的理论，应当特别重视电视受众在电视文本意义实现上的重要性，这就为其进一步阐发电视文本意义开放性理论奠定了学术基础。文本的接受和观看过程可以被视为一种动力学的展示进程，电视受众在对文本进行观看时，能够依据文本所负载的内容场景，或者说观看语境进行意义的外扩，这个外扩的过程也就是受众想象的过程。电视受众对电视文本内容意义进行意向性重构，但这种重构并不是没有界限的盲目想象，而是要依据文本内容意义定向性地进行。电视文本生产者利用文本中未被展示出的"留白"区域引导电视受众进行定向想象，以激发和提升电视受众的想象力和生产力，而受众也在这种填补留白的想象中获得了阅读的本质意义，并完成电视文本接受的目标。

电视受众的"游动视点"的观点是说明文本接受过程的重要概念。电视受众在阅读电视文本时，往往将视点集中于不同的区域，而非一个静态的固定视角，其通过文本的期待与回顾过程，使得文本的不同构成区域进行关联，从而从理念层面构建起能够被认知的实质思维形态，而这个构建过程也就形成了电视文本的完形。或者说，电视受众通过构建性行为将电视文本的意义转化为自身的经验行为，通过主动性的想象，将自身的体验与文本提供的导向性留白相结合，利用文本的导示对文本的意义进行再造，在无意识情况下利用自己的行为经验重构电视文本的意义疆域，从而获得观看的体验。

伊瑟尔对文本的开放性特征进行了细致的审查，他利用现象学的意向论观点对文本的意义发生学机制进行了分析，发现了本文的"召唤结构"。在他看来，电视受众进行文本意义探寻的基本动力在于试图接受文本自身意义不定性和空白性的诱惑，从而赋予自身一种参与并完成文本意义构建的历史责任感。文本的意义不完全性召唤接受者将文本中的不确定因素与自身生命体验与对客观世界的经验相互关联，从而使有限的文本产生无限的意义外化，文本的空白召唤可以通过接受者的意向性行为实现填充，而这也正是文本潜在的审美价值的意义所在。

根据伊瑟尔的观点，电视文本的召唤结构由文本的"内容储存"和"策略"两部分构成。电视文本的生产者如何驱动电视受众的意向性想象行为发生呢？伊瑟尔认为，文本生产者对文本的全局叙述技巧是这种驱动力的核心要素。在其看来，文本生产者真正的高明之处在于善于利用文本展示的不完整性来激发电视受众的想象力，伊瑟尔用了一个具体例子来说明"空白"对于激发读者想象的必要性：一个人描绘或想象一座山是由于他看不见那座山，一旦他看到了，就不能再想象它了，对于文本也是同样的道理。

伊瑟尔提出"统一连贯建构"来说明读者展开阅读过程的动力。在其看来，电视受众的"统一连贯建构"心理和行为是电视受众实施观看行为最重要的驱动机制。因此，电视文本之所以能够从整体上被把握，这同电视受众的心理活动的整合性特征是分不开的。当接受者进行电视文本阅读时，总是有一种构建一致性的潜在内心冲动，主体会将自设的无意识的构建行为主动进行投射，根据电视文本的意义导示和自身的价值标准将文本的不同局部进行整体性建构，统一到文本上，使文本统摄于整体建构性理解之中，这就形成了一种"构型意义"。这种构建出的意义并非与电视文本的肇始意义完全一致，而是一种具备强烈个性化色彩，具有明显价值立场判断的理解，是个体从自身经验出发对"潜在本文"的可能性解读。因此，对于电视文本中的不同价值主体和构成要素，电视受众在对其的构建中都是沿着一条由模糊到清晰、由错谬到修正、由简单到丰满、由矛盾到和谐的动态之路行进的。这一构建行为是接受主体对电视文本的连续性的重建、拆解与再造的过程，是一种主观意识驱动，同时又试图击破主观意识的界限。受众主体试图将电视文本中的陌生经验同自身的主观经验世界进行弥合，这就会使两种不同的冲突发生，一是"连贯建构"与排除其他可能性的冲突，二是构型意义与陌生联想的冲突。

按照召唤结构理论，电视受众的定位是建立在两个冲突之间的动态平衡基础之上的。从理论上看，受众试图在这两个矛盾中间寻求动态的平衡感，以获得由电视文本提供的审美经验。但是，在实际的观看体验中，如果这种矛盾是绝对的平衡，那么受众就会因此缺乏动力去保持自身建构连贯统一性，正如伊瑟尔所认为的主体的期待往往是无法获得本真的实现的。电视文本的审美经验必须通过对受众主观意识期待的连续性破坏才能得以实现。这种期待的连续性破坏就是伊瑟尔提出"期待的粉碎"，其中包括两种体验——受挫与惊奇。受挫与惊奇都是指接受者的电视文本观看期待由于各种原因而遭受压制和阻隔，从而产生了中断。根据伊瑟尔的看法，受挫往往导致电视受众对文本的兴趣丧失，是一种负面的电视文本接受体验，而惊奇则相反，它能够激发电视受众对文本的思考兴趣，甚至产生更为细致化的观看冲动。

另外，伊瑟尔认为，电视文本的观看效果是依赖于明显的唤起功能与对熟悉事物的持续性拒斥而实现的。正如电视文本的召唤理论所强调的，文本的空白激发着受众的想象，将电视文本与受众共同维系于文本的观看行为之中，电视文本的召唤结构一方面是生产者创作策略的作用结果，另一方面则是指涉电视文本中具有的传统的历史和道德价值规范，也即文本中保留的内容。例如，传统的道德价值规范在进行电视文本的展示后可能会导致原有的实用性、权威性和神圣感的消解，而这些内容的消解有可能召唤受众对其存在的合理性与合法性产生怀疑，这就有可能将理论和否定转化为对现实的拒斥与批判，因此，电视文本的观看效果可以说是理论与现实的关联性纽带和发生平台。

按照召唤结构理论的要求，还应对电视受众在观看过程中如何与电视文本作者实现交流进行探讨。按照伊瑟尔的观点，电视受众在观看过程中会形成两种体验形式：一种是"认同体验"，任何一种电视文本都具有与受众自身生命体验不同的特质，通过阅读行为，这种异质性经验能够进入电视受众的自身经验范畴，电视受众通过主观判定和理解，可以将这种陌生经验与自己的经验范围进行合并，甚至同化这种陌生经验，从而形成对电视文本意义的认同，伊瑟尔将这种认同过程描述为一种电视文本生产策略，是文本生产主体用以吸引和激发电视受众电视文本阅读冲动的一种技法。

另一种体验则是当电视受众并未意识到与文本的差异化存在时出现的。这就是说，作为思维主体的电视受众在进行文本阅读时，会因为参与性地进入文本而丧失主体自身性，换句话说，就是当电视受众进入文本构建的意义世界时，会因为试图接触并亲近文本生产者塑造的意义而暂时抛弃现实中的自我经验，而与作者融为一体。电视受众的主体性就不再依托于自身的价值主体，而是与文本生产者的价值观念进行了替代，后者成为受众的异己主体。通过这种主体性的置换，电视受众试图再现和复苏文本的原始意义，而自身的个体价值被忽略，文本的意义世界占据了电视受众的精神领域，而这一过程就是文本生产者与电视受众的交流途径。按照伊瑟尔的观点，双方的交流途径建立需要两个条件：一是电视文本生产者的个人生命经验应当被排除于文本之外，二是电视受众的自我经验也被排除。通过以上分析可以看出，根据伊瑟尔的文本接受理论，电视文本意义的产生是建立在文本生产时刻意留置的空白和缝隙之上的，这些空白和缝隙能够召唤电视受众主体想象能力，然后通过其自身的统一连贯建构，最终把电视文本转化为自己的体验。

第三节　解构主义范式：电视文本理解的"互文特征"

解构主义文本观从哲学思维根基上动摇了结构主义文本理论的理论基础，它消除了结构主义的逻各斯中心论的影响，打破了主客体关系的二元对立，提出概念之间"并无等级和中心，仅有差异"的观点。同时，解构主义要求重视能指之间的互指、多义和无限延异的关系，充分认识到文本的开放性和互文性，为此它也强调阅读和文本研究主体的重要作用。

一　"逻各斯中心主义"的消解

紧随结构主义文本理论登上舞台的是解构主义文本理论，解构主义文本理论应该说是从哲学思维的根基上动摇了结构主义文本理论的理论基础，在20世纪西方文本研究中，解构主义理论有着它独特的贡献。其一，它消除了长期占据人们头脑的结构主义的逻各斯中心论，打破了等级森严的二元对立，并提出概念之间"并无等级和中心，仅有差异"的观点。其二，它发现了能指之间的互指、多义和无限延异的关系，充分认识到文本的开放性和互文性，为此它也强调了阅读和文本研究主体的重要作用。

解构主义理论有着深刻的哲学理论渊源和社会实践基础,19世纪末德国的尼采宣称"上帝死了",其向世界宣告要求对西方传统价值观念进行彻底的反思并对一切价值观念进行重新评判。这种从思想史角度的彻底反叛要求西方哲学对亚里士多德主流的理性主义进行彻底清算,在整个西方世界导致了一场颠覆传统的争论,而这种争论的直接结果之一就是为解构主义的诞生提供了思想理论基础,尼采哲学成为解构主义的思想渊源之一。另外海德格尔的现象学以及20世纪欧洲左派思潮也为解构主义提供了理论上的补充和促进。

从社会实践角度看,1968年5月在法国巴黎爆发的那场有"五月风暴"之称的激进学生运动为解构主义提供了社会实践基础。整个过程由学生运动开始,继而演变成整个社会的危机,最后甚至导致政治危机。这场学生激进运动为学术界带来的激进学者难以压抑的革命激情被迫转向学术思想深层的拆解工作。不妨说,他们明知资本主义根深蒂固、难以摇撼,却偏要去破坏瓦解它所依赖的强大发达的各种基础,从它的语言、信仰、机构、制度,直到学术规范与权力网络。

从思想史基础看,德国哲学家海德格尔对于西方思想史上的逻各斯主义的分析为解构主义提供了启发。作为现象学运动的领袖之一,海德格尔率先在《形而上学导论》中对整个西方自希腊以降的存在问题和逻各斯中心主义问题进行了分析。逻各斯中心主义是西方形而上学的一个别称,在海德格尔看来,逻各斯中心主义就是一种以逻各斯为中心的结构,逻各斯一词是古希腊语,也即logos的音译。著名哲学史家格思里曾经对逻各斯的传统意义进行了细致而有效的总结和梳理。他在《希腊哲学史》第一卷中对公元前5世纪及之前的逻各斯的各种领域的意义界定都进行了整理,认为逻各斯在传统上具有以下含义:1. 所有通过语言阐述或者书写的范畴;2. 具有价值意义的范畴,例如判断、社会影响力等;3. 自我的精神内省,意识、反思、逻辑判断等;4. 因由、思维或者验证等由语言和书写衍生出的内容;5. 物质的核心本质意义,能够表达客观存在的本质;6. 标准、界限;7. 相互关联和尺度的界定;8. 普遍性原则和规范;9. 理性主义精神,这是主体和非主体区别的最重要内容,非主体缺乏逻各斯的内涵;10. 数理性的定式和公理,能够反映物质内核。对于海德格尔来说,逻各斯问题是整体思想史的基石所在，其关联着西方哲学思想和语言形式的生成问题，而且具有典型的本体论意义，与整体主体的生存具有联系。海德格尔认为，逻各斯的理解是出现了偏差的，因为基于理性主义、规范、规则以及真理等层面的对于逻各斯的解读是不具有本质意义的，而只是从表象上对这一词语进行解读。海德格尔在《存在与时间》中认为这样理解的"逻各斯"远离生存论的基础。"在柏拉图和亚里士多德那里，逻各斯这个概念具有多重含义；而且，这些含义相互抗争，没有一个基本含义在积极地主导他们。事实上这只是假象。"① 海德格尔的工作是要将逻各斯从传统的解释中释放，以将其本质的意义展示出来。在他看来，逻各斯的基本概念就是使话语被其他主体看到的过程，也即逻各斯是一种语言表达的进程，并且通过词语的方式加载语音符号，其本质的意义在于将需要表达的内容传递并展示给接受者。但后期的海德格尔对于将逻各斯完全理解为言谈或者话语持批判态度，他回溯了逻各斯的历史含义，最终认为逻各斯的原初意义在于汇聚，汇聚的结构是将杂乱无章的、彼此对立的不同存在置入同一场域，而言谈就具备这样的功能，能够将各种存在汇聚在一个层面，同时展示出来。对于汇聚来说，逻各斯一词就具有了存在的全方位呈现，同时也是话语的任意呈现。海德格尔的逻各斯汇聚解释具有明显的存在论意蕴。使用汇聚来释义逻各斯与使用言谈来表现逻各斯具有生存意义和存在意义的细微差别，但又具有共同体性质，也即对于在场的主体言说的肯定。海德格尔认为，逻各斯的言说指涉的全部内容都是在场形式的展示，也即逻各斯即在场。他同巴门尼德持同样的观点，即消解主体的人的意识首要性地位，使主体被驱逐出绝对权威的领域，而理性的思维逻辑也遭到破坏，二元对立的主客体关系被彻底抛弃。但海德格尔并不是完全拒绝主体性的存在，他认为主体的主体性要与存在成为和谐的共生关系，是彼此的交融和和谐，而并非纯粹的对抗和斗争。海德格尔一直秉承着古代希腊对于存在的性质，也即接纳逻各斯的意义，在汇聚中实现了众多的存在和主体间的意义流通。只是在柏拉图理论体系出现之后，逻各斯的内涵才发生变化，主体性逐步上升为人的主要意志力，

① ［德］马丁·海德格尔：《存在与时间》，陈嘉映译，三联书店2006年版，第37页。

主体开始对于存在实施占有和控制,外界被认为是自我的征服物,而这些理解与传统的古希腊解释背道而驰。

德里达对海德格尔反形而上学、反逻各斯主义的理论认知进行了充分的接受,又吸收了语言学、符号学等学科理论成果,对西方逻各斯主义进行了彻底的清算与批判。德里达解构主义核心的逻各斯中心论、延异、替补等概念是其对逻各斯主义进行分析和驳斥的重要理论工具。他将书写文本提升到一个全新的认知高度,认为书写文本与语言同属于对世界客观的描述,并与语言具有同等的重要性,这种观点是对传统的"语音中心论"的拒斥,德里达力图建立一种"文字学",以便突出并确认书写文字的优越性。

德里达认为,书写文本的可重复性是文本存在的重要特征,也是符号存在的前提条件。在他看来,当具备在不同时空疆域内都能进行主观识别与辨析的功能时,符号才具有实际的指涉意义。成为符号的另一个重要因素是,当在对话中话语的接受者对于话语发出者的意义无法进行阐释和理解时,其可以借助符号的体系对话语意义进行阐释,换言之,符号应当具备普适性,可以在脱离话语主体的意义导向下被接受者加以关注和理解。书写文本具有可复制性和意义的自主性,表现出德里达的书写文本价值判断。从更为广泛的视野看,书写文本囊括了整个语言学的符号体系,因此,从狭义角度讲,书写文本也是语言和文字赖以存在和传播的必要条件。这便是德里达所谓的"元书写"。元书写概念一经确立,必然打破逻各斯主义语音中心说,突出了书写文本在意义传播中的重要地位。

从文本理论角度看,解构主义文本理论是以罗兰·巴特的思想为肇始的。巴特认为,任何文本构建的符码都缺乏明确的意义内涵,并且也不是具有恒定意蕴的存在,而是由能指进行塑造的不定符码集群,这些符码之间可以相互具有意指、融会以及重叠的情况,文本的能指是具有边界的意义范畴,但是却可以指涉出任意宽度和广度的意义场域。在巴特看来,文本并没有所谓固定的结构和体系,也无法进行语法层面的句式构建,而仅仅是由符码的能指进行映射的集合。巴特的文本观念与结构主义理论的作品是不一致的。在他看来,文本是一个群体概念,意指多重的构建体,而作品则是单体概念,意指具有单一结构的构建体。作品的单纯存在是无法进行可行性的意指实践的，而只有当其转化为词语后，才开始广泛地与其他文本进行意义的相互指涉，文本之间出现了相互采集、相互选择甚至相互通融的境况，原初意义的文本是无法存在的，文本只是各种意义的片段和局部构成的散乱的集群，这就使文本始终处于意义的交织与分割之中，没有恒定、确定和静态的文本，有的只是充满着意义的流动与循环、扩散与蔓延、充实与外化等，文本自身成为能够被任意进行意义表征的符码结合体。

德里达在巴特的理论基础上建立了解构主义理论，并迅速成为文本研究重要的理论资源之一，《文字语言学》《声音与现象》《书写与差异》三部著作对解构主义文本理论进行了阐释。解构主义文本理论主要指向语言中心主义，其认为，语言并非能够对客观存在的现实进行镜像化的反馈，作为文本的解读者和阐释者，主体对文本的参与行为，即书写和阅读之间存在永恒的差异性。德里达要求对西方哲学所谓的"在场"进行消解，从符号的能指意义与所指意义的不对称性出发，将符号视为内在意义和外在意义的差异性结合体，从而对文本进行分析。

二　电视文本的互文性与开放性

解构主义电视文本理论认为，语言符号的功能是从电视文本形成结束的时候开始实施的。对语言符号的解读是由电视受众来完成的，而电视文本的意义阐发和解读也是在这个过程中实现的。电视受众对于电视文本的存在起着决定性作用，而电视受众对电视文本的意义解读又是不同的，因此，电视文本并不存在完全确定的中心意义或者纯粹意义，正如巴特的所谓作者死了的观点，因此电视文本的意义与电视受众的行为密切关联。解构主义认为文本开放性呈现三个特征：首先，开放性体现在文本意义层面。对于文本自身的形态和架构而言，文本意义具备稳定性和完整性，也即文本的具体体式是不能被增添或删改的。其次，开放性体现在文本阐释者对于文本意义的理解、解释和评价是多元化的，开放性是建立在阐释者与文本之间的逻辑关系之上的。对于传统阐释学来说，这种逻辑关系意指阐释者对文本的主客体认知关系，而对于现代阐释学而言，这种逻辑关系则指涉阐释者自我存在的一种生存方式。最后，文本的开放性必须经由阐释者来实现，阐释者的文本解读和理解能

力是实现文本开放性的必要条件，如果阐释者在这一层面的能力和素养
缺失，则无法进入文本的意义世界，也无法对文本显性意义和隐性意义
进行解读，难以实现文本的接受和理解，因此文本的开放性也就没有存
在的理由。

　　解构主义认为电视文本意义的不定性是无法避免的，因此，文本的
原意与电视受众解读的意义之间不存在相互关联。电视文本意义的不确
定性可以被看作对文本自身存在合法性的剥夺，文本成为没有确定性的
漂浮物。根据这一观点，电视文本在不同电视受众之间不可能出现一致
的意义理解行为，这就使任意一种文本都不可能出现共性特征，那就取
消了不同文本之间意义理解的标准，对同一文本的理解和解读就成为完
全没有区别化的任意解读，文本的意义无法得到认定，而文本的理解也
不存在任何对错的差别。解构主义电视文本理论在强调电视文本意义解
读和接受的差异化的同时，关注到了解读主体的主观能动性在文本接受
中的主动作用，但却取消了文本自身所具有的意义的相对恒定性，文本
内容就无法被固定地考察和分析。而在实际电视文本的观看中，对文本
的解读行为来说，不同的读者对同一文本在理解和阐释上的差异是相对
的，这些差异可以通过对文本的重构和商议，达到一种相对性的类别
化，并最终达成一种共识性的和解和相同，而不会出现完全不同甚至完
全相悖的结论。因此，文本的实际理解行为似乎与解构主义倡导的“电
视的意义取决于读者如何解读”的说法相悖离，这一点是解构主义电视
文本理论与文本阅读实践之间的冲突性特征之一。

　　另外，互文性概念是解构主义重要的电视文本理论观点，互文性认
为，电视文本并不是对客观实存的镜像反映，而是对一整套符号的延迟
和差别化的无法停滞的推演。电视文本也并不是对外部世界的客观反
映，外在世界并不是客观的，而是一种被人的意志建构的文本，或者
说，世界被文本化了，所有的客观实存都被集中归纳为一个独立的文本
形态。根据解构主义的电视文本观点，阅读行为同电视文本的书写从各
个层面接入人的主观世界和精神世界，而对于主体来说，对世界的认识
除了阐释，并不存在任何可能的实际形态。这就说明，客观世界是由阐
释来构建的，任何一个电视文本的阐释主体都无法突破阐释的枷锁，因
为他必定要在语言的禁锢之下进行活动，必须接受话语修辞和差异构成

的永不停息的符号互动，因此，主体的阐释也是无法停息的。

互文性观念还认为，任意的电视文本和其作者之间并无任何的归属关系，也没有和其所属的时空界限发生联系，文本将不同的时空和不同的创作主体联系于符码之中，从而具有混合的意义属性。因此，对于电视文本的阐释和解读是开发性的，要求能够接受意义理解的多元化形态。任意的全新电视文本，都不是孤立存在的，而是与历史文本、话语特征、符号代码等因素互为文本，而历史文本的意义流转，则是通过文本创作者的行为被融入自身文本之中。可以看出，互文性理论的语言观念深受西方传统哲学理念的影响，它不仅仅是一种话语与符码的交织，更是一种思想的互动。

按照美国文化批评学者里奇的观点，电视文本不具有体系上的完整性和充分性，而是一个在任意文本或相关文本交织下的生存系统。这与德里达的观点同出一辙，"意义并不存在于某一个符号之内，它零星散布于一系列的无终止符号链条内，不会轻易被捕捉、定位于某一个具体符号上。意义总是被暂缓地、不断被延迟下去：一个符号指向另一个符号，另一个符号又指向其他符号，层出不穷，无终无止"[1]。对于里奇来说，历史流传物并没有清晰的逻辑体制，而是漫无边际的蔓延，任何电视文本都是与之相关联的文本的互文文本。美国学者鲍威的观点与之相同，解释性是电视文本自身的重要特征，对于电视文本研究历史来说，就是后续的新的文本对历史文本进行破坏和重构的过程，任何一种电视文本都是对已有文本的重塑或者覆盖。因此，互文性作用机制早在任意一种文本历史书写之前就开始产生影响了，或者说，对于作为历史流传物的电视文本来说，其真正的存在价值在于成为后续文本研究的客体，而文本批评的价值就在于对这种累加的互文性进行丰富，用一种在互文性环境中历史沿革的方法来考察电视文本的历史意义和经验价值。这样，互文性就成为话语的意义表征和阐释的展示，电视文本就获得了话语的解释方式，并以一种意义载体的形式成为理解的对象。解构主义电视文本理论利用"互文性"的视角消解了电视文本生产者的合法性

---

① ［法］雅克·德里达：《声音和现象及关于胡塞尔符号理论的其他文章》，经济科学出版社 2000 年版，第 124 页。

和本文的原创性，按照这样的观点，一切电视文本都变成了无主的文本，文本的作者就从确定的个体走向了匿名或不定的多元主体，可以看出，这种观点是一种充满虚无主义的认识论看法。解构主义电视文本理论关注到在相同的文本语境下的不同文本之间的互文性特征，从另一层面则反映出文本都是具有独立性的客体，同时具备相对确定的文本意义内涵和内容，否则，电视文本的互文性就成为一种彻底的混乱结构，而文本的意义就无法得到识别。对于电视文本接受来说，正是由于文本的独立存在性特征，电视受众在利用主体性对其进行意义解读时，为避免意义产生无序性，还是应当以电视文本生产者的原始意图和意义目标为旨归，从实际解读实践需要出发，最大限度地反映电视文本所承载的意义和话语内涵。

再者，解构主义电视文本理论将原始文本和理解文本分离，认为两者并不存在意义上的历史转承关系，因此，理解文本的意义不必与原始文本保持一致，这就是说，理解文本与原始文本在某种程度上是各自独立的主体。因此，电视文本的理解其实并没有实际的意义，对于电视文本生产者来说，其在创作文本时的意义赋予和注入都是没有实际意义的，这就从文本的基础角度将文本视为不可知物，认为文本所携带的意义无法得到流传，电视文本面对的始终是完全陌生的理解者和阐释者。

三　多元的电视文本开放观

除了德里达，雅克·拉康的无意识与语言的观点也是解构主义电视文本开放性观念的重要理论来源。从语言学角度看，德里达的解构主义文本理论可以说从某一侧面折射出拉康的心理—主体形式的解构文本理论，两者在理论旨趣上相得益彰，相互印证。

拉康的解构主义观点对于电视文本开放性的影响主要表现在其对于语言在心理学领域的应用分析之上。按照拉康的观点，语言与心理的对应关系是解构的要旨所在。拉康认为，作为语言结构的核心，心理无意识是其结构的构成。因此，拉康对索绪尔的结构主义法则进行了修正，在他看来，语言系统的出现并不是人类主体创造的结果，而是在主体降临世界之前就已经确定下来了，当主体进行语言的认知行为时，语言通过其所依附的文化系统将整体的结构与秩序潜移默化地赋予了主体。也就是说，主体是在一种无意识状态下接受事先确定的理念框架和文本规则，主体的行为就在这种框架和规则中得以现实化，并协助主体形成具备个性化特质的主体自我意识，以确立主体的社会与自我身份。自我与主体的关系被拉康看作一种动态的互补机制。这就对经典西方语言学的符号的能指与所指之间具有镜像反映关系的观点进行了解构，因此对于电视文本来说，文本的能指和所指的关系处于被无法回避的电视文本所使用的文化语言体系控制的境况，对应被意义错位取代，确定性被不定性取代，能指成为在意义层面不断滑动的符号。更进一步的是，拉康对弗洛伊德的潜意识理论进行了进一步的理论阐发，将心理意义与符号的能指所指系统并列，因此，心理的特异性变化折射出滑动的能指，而弗洛伊德对于梦境的阐释，在拉康这里也转化为语言的修辞格律，潜意识则被潜在的电视文本符码所替换。

与德里达、拉康等人的法国解构主义文本理论同出一辙的美国解构主义文论属于解构主义文本观念的另一代表，他们的理论也可为电视文本开放性研究提供一定的理论参照。1960 年至 1990 年，美国耶鲁大学的德曼、米勒、布鲁姆和哈特曼四位文学批评家在接受法国解构主义文本理论的同时，提出了要重视在实际文本分析中的应用型实践操作，这一流派的理论观点影响也比较深远，被称为解构主义的耶鲁学派。

德曼在解构策略上具有明显的尼采主义风格，他通过对尼采修辞理论的分析和再造提出，修辞作为一种文本创作和理解的技巧，可以成为文本解构的应用型策略。按照德曼在《阅读的寓言》一书中提出的观点，电视文本中使用的修辞技法并非仅仅起在意义传递和表达中的点缀作用，也并非在文本的存在和意义理解中处于边缘地位。从电视文本创作和理解的实践看，修辞技法属于语言系统中的本质特征，是理解电视文本不可或缺的基本要素之一。修辞技法的理论意义在于能够对处于电视文本以外的外在真理提出质询和怀疑，甚至对外在真理进行否认与拒斥，导致了电视文本的受众理解主体在面对文本时无法探寻文本的确定的意义体系，文本永远只是一个不具备中心的无序意义集合，而修辞技法则对这种文本的意义无序性的产生提供了必要的支撑，致使电视文本呈现出多元化的未辨识性的意义交织的特征。

希斯·米勒的解构主义文本观对电视文本开放性的影响则突出表现

在其对于小说文本进行阅读考察的结论之中。米勒认为隐性的话语体系是语词的基本特性，它们通过延迟以及差异与他者语词进行对立，而且任何词语都会指涉与其可以进行置换的个体词语，所以语词是无法被确定原始意义的。因此，对于电视文本来说，其自身结构体系中的语言、词汇以及对话段落等，所使用的词语的修辞特征往往导致这些意义的构成部分呈现出明显的意义多元化特征，在电视文本与受众主体进行接触时，后者的主观性往往会依据自身的经验和价值判断选择某一确定意义，但由于意义的多元化，这些构成部分的潜在意义并不会因为受众主观确定的意义而消亡，反而会在受众进行文本意义理解时进行干扰，使得电视文本的意义无法形成稳定性，被选定的电视文本意义因此难以获得最终的确定性保证，总是向其他关联性的意义进行漫射。从经典接受理论看，受众主体对于电视文本的理解是为了寻求语言、词语和对话段落，乃至整体文本的历史意义源头，以分析其可能产生的繁复的语义分歧和置换。按照米勒的观点，这种语义分析和扩散的结果正是对电视文本意义多元化解读的内在驱动力。米勒的解构主义策略，就是通过对某一具体电视文本进行关键修辞、概念或文章主旨的重复性概率审视，分析这些元素在不同观看环境下多次出现时所表现出的对电视文本意义的重构机理，探讨其对于文本中体现的社会等级和主流价值形态的消解力，这是对非主流理念和道德体系的拯救。米勒在《作为寄生的批评家》中认为："每一部文本都寄生在前人文本之上，它既是对以前文本的引用、模仿、吸收与借鉴，同时也让前人文本寄生于新文本之中。以前的文本既是新文本的基础，又被不断地改编，以适应新文本的精神。而新文本的语境，又使前人文本获得了新的阐释。"①

布鲁姆通过对英国浪漫派诗人的深入研究，与耶鲁学派一道动摇了新批评及形式主义批评在美国批评界的支配地位。他利用弗洛伊德的俄狄浦斯情结的理论假说，从哲学角度对文本的"误读"方式进行了学术考察，提出了"影响即误读"的理论。按照他的理论，电视文本的生产者都能够在文本的历史中寻找到自己的精神先辈，而生产者本身既是这个精神先辈的继承者，同时也是他的超越者。对于电视文本的历史来说，经典文本

---

① ［美］米勒：《重申解构主义》，郭英剑等译，中国社会科学出版社1998年版，第104页。

都与历史文本相互关联，并且互相影响，在这种影响之中，新的文本形态就会产生，这使经典文本成为一种不会枯竭的历史传承。因此，后世的电视文本其实就是对历史经典文本的"误读"，当现代电视文本生产者触及历史文本时，只有通过误读的形式才能对经典文本进行超越，从而奠定文本新的阐发者的地位。因此电视文本的创造性来源于对经典历史文本的传承，而文本所处的外在性社会环境则是无足轻重的，文本唯一关联的就是文本主体的精神内核，因此，布鲁姆强调的文本研究就是让主体回归自我的精神想象，面对自身的精神需求，"于是读者不再是社会的一员，而是作为深层的自我，作为我们终极的内在性"①。

耶鲁学派的杰弗里·哈特曼对解构主义理论提出了独特见解，作为"超越解构的解构者"，哈特曼认为文学与批评的关系是一致的，不应当将文学批评和文学创作进行孤立化，因此其丰富了文学和批评的理论视野，并从理论层面对德里达的文本非固定性观念进行了深入阐发。按照哈特曼的观点，社会话语和电视文本含义可以相互进行弥合，甚至可以相互进行替代，不同电视文本形式之间也可以实现相互包容，并形成含义的交互场域。另外依据哈特曼的视角，作为电视受众的人是文本存在的最重要的先决条件，电视文本源自人的精神表达需求，也为人的存在和发展服务，文本的意义阐释是围绕人的主体性进行的。一旦在电视文本中消解了人的主体性地位，文本就失去了存在的基本依托条件，而电视文本所负载的道德价值体系也会分崩离析，成为一种缺乏价值判断的虚无主义表征。

哈特曼与经典解构主义不同的是，一方面，他拒斥了德里达等人否定历史文本的极端做法，另一方面，他重视对历史和古代文化遗产的研究，并严厉批评了解构主义否定或回避历史的做法。在他看来，一切电视文本都是非孤立性创作，没有原始文本，后续文本是无法形成和生产的，对于电视文本批评来说，批评文本可以利用与其相关的文本进行自我话语重建，因此文本批评并不是一种附庸性行为，而是与电视文本生产一样，具有自我价值创造性，而这种创造性使文本与其批评形成共生关系。

---

① ［美］布鲁默:《西方正典》，江宁康译，译林出版社 2005 年版，第 8 页。

第四节   阐释学范式:电视文本
解读的"主观主义"

阐释学的文本解读路径可分为古典主义阐释学和现代阐释学两种路径。前者本着客观主义的认识论观点,将文本解读视为主客体之间的探寻与控制关系,意义被认为是确定性的范畴;而后者则强调对于文本理解主观性的提升,将文本意义的解读视为主体主观能动性的发挥。

一   文本理解的主客体辩证关系

对于阐释学来说,文本的开放性主要是从理解的主客体辩证关系角度出发进行讨论的,并且在对这一问题的认识上,古典主义阐释学与现代阐释学也有着不甚一致的观点和看法。

古典主义阐释学认为,任何文本都具备一种原初意义,而这种意义自文本诞生起就是固化在文本自身之中的,并且不以阐释主体的理解不同而发生变化。所以古典主义阐释学认为,文本的开放性是一种有限的开放,其仅限于文本自身被赋予的内生性意义的复杂性,也就是说,文本的开放性在于其原初意义自身构成的多元性特征,但这种多元性特征仅仅是文本单一的原初意义的组成部分,一旦原初意义被文本阐释主体理解,文本的开放性就消失了。因此,这种传统的文本开放性观念具有纯粹性、即时性和静态性的特点,由此导致的文本接受后果就是,对于文本阐释者来说,文本阐释的意义就在于抛弃主体自身的先入之见,而试图进入文本生产者的意图之中,以期客观准确地理解和把握文本的原初意义。应该说,古典主义阐释学对于文本开放性的理解与 19 世纪和 20 世纪初文学理论的主流——实证主义的文本理论研究的观点相类似。对于实证主义文本理论而言,文本理解的基础在于文本作者,文本是作者的个性化产物,是作者自身意志与观念的真实反映,作者以文本为平台,创立出文本内容和形式,并借此向读者传递和表现。对于读者来说,其在文本接受中的主要作用仅在于单向度的接受和理解作者赋予文本的意义。因此这种文本接受机制的实质是一种机械性的文本意义单维流动,文本作者与读者之间是封闭和静态性的关联,这与古典主义阐释学的文本开放性观点具有同质化特征。

对于古典主义阐释学的文本开放性认知，现代阐释学表达了不同的看法，特别是德国现代哲学阐释学家迦达默尔反对这种传统观点。他认为，"文本的意义并不完全是客观、静态地凝固于文本之中的东西，而是与人的理解不可分的。也就是说，文本与读者的关系不是文本的'独白'，而是二者的'对话'，只有当文本与人的理解相结合时才会产生意义；离开了人的理解，任何文本都不会有真正的意义"①。而这就是伽达默尔提出的以艺术作品存在方式为探讨对象的阐释学文本理论的要旨所在。

从理解继承的关系上看，现代阐释学的文本开放性观点是伽达默尔在对海德格尔的存在主义阐释学理论的批判性继承基础上形成的。根据海德格尔的观点，"此在"是存在的基本形态，而任何存在都是具体历史社会的产物，也即"此在"表征为不同时空环境下的存在。因此，海德格尔认为存在不能脱离客观和主观的历史条件，它是一种有限定性的存在；与之相适应的是，任何理解行为也都属于有限定性的理解，理解活动无法摆脱或者超越历史主义的影响和制约。所以海德格尔认为，要寻求一种纯粹性的客观理解是无法实现的。对于文本理解来说，在其意义被阐释主体进行解读之前，主体的认知体系中已经具有了事先形成的观念基础和意义框架，或者叫作"先入之见""先获之识"。这些基础和框架为文本的理解提供了理解发生的"前结构"，这个前结构是无法回避的，它的影响体现在将阐释主体所处的历史和社会环境植入阐释与理解行为之中，也即海德格尔所谓的"阐释的循环"。"阐释的循环"指在对文本进行解释时，理解者根据文本细节来理解其整体，又根据文本的整体来理解其细节的不断循环过程。海德格尔认为，对于文本的阐释和理解，将无法避免地受理解主体具有的前结构所制约，合理的文本阐释并不是文本整体与局部之间循环的消解，而是阐释的循环得以完整地实现。因此，文本阐释主体的"先入之见"是理解文本的前提和基础，文本的细节理解与文本的整体理解互为构成又互为支撑和证明，局部与整体在论证上互为循环。海德格尔不赞成古典主义阐释学将阐释的循环视为对文本意义理解的负面因素，在他看来，阐释的循环是一个没有终点和起点的封闭性圆环，这种圆环具有

---

① 程志华：《解释的开放性——伽达默尔阐释学思想的魅力》，《河北大学学报》（哲学社会科学版）2006年第3期。

变化和推进的意义，文本理解的实质在于以确定性的方式进入循环之中，并以此实现意义的外显与揭示。

"作为海德格尔哲学的信徒，伽达默尔在海德格尔的存在主义哲学中找到了他的阐释学的理论原点，那就是理解是此在的方式。"[①] 在海德格尔的基础上，伽达默尔提出了"偏见"概念，并以此为理论前提，对文本的开放性进行了释义。在《真理与方法》一书中，伽达默尔对偏见是理解的前提条件的命题作了分析和解读。对于伽达默尔来说，偏见就是"先入之见"，也就是海德格尔所谓的"前结构"，偏见的理论意义在于它是分析理解行为的前提和逻辑出发点。第一，在伽达默尔看来，偏见是理解行为得以发生并且实现的条件。作为具体的历史、社会背景，它是阐释主体自身内化的结构性特征，并以此为基础形成了阐释主体观察认识课题对象的基本视域和视角，文本必须在这一基本视域和视角的途径和平台中才能显现意义。第二，偏见并非都是真实而有效的，虚假的或者非确定性的偏见往往导致对于眼前现实利益的追逐，而真实的、确定性的偏见则可能使阐释者摆脱视野的局限而通达更为广泛和宏大的历史传统之中，并在其导引下实现对文本及其真理意义的理解。因此，被古典主义阐释学拒斥的阐释主体的主观意图反而成为现代阐释学实现理解的必要条件，其不但没有妨碍对原初意义的理解，反倒成为意义理解的推动力。伽达默尔特别注意到，作为一种时间距离形式的"间距化"，是理解文本的重要条件之一。按照古典主义阐释学的看法，时间距离是理解的主要障碍之一，但对于现代阐释学来说，这种时间上的"间距化"特征，却正是阐释主体的偏见实现去伪存真的先决条件。这是因为间距化使文本阐释主体可以回避某一阶段性的、局部的单一理解而转向对历史传统的整体把握，进而对文本意义进行全方位、整体性、历史主义的理解。所以伽达默尔将文本阐释和理解看作阐释主体与文本之间的对话和沟通，阐释主体的视域基于偏见展开，而文本的意义同样能够在偏见这个平台上显现，并且文本的意义也具备视域。这两个视域在同一平台上的交融就可能使文本的理解进入互动性的方式中，从而发生"视域融合"。所谓"视域融合"，"不仅涉及读者

---

① 程志华：《解释的开放性——伽达默尔阐释学思想的魅力》，《河北大学学报》（哲学社会科学版）2006 年第 3 期。

的理解和解释与作者文本的文意之间的契合，而且涉及与作者的原初意图之间的契合"①。伽达默尔说："理解其实总是以这样一些被误认为是独立自主的视域的融合过程。"②"当我们接触经典文本时，总会感觉到自己先前的阅读忽略文本中某些意义，每一次阅读都会有新的发现，这种感受后面的东西就是视域融合。"③

二　基于实践存在的电视文本接受

从现代阐释学角度来看，电视文本的开放性应当在理解的过程之中被解释和分析，而受众的阐释行为则成为实现电视文本开放性的根本实践方式。按照其理论观点，受众对于电视文本的理解和释义，乃是以文本为途径和平台的艺术再创造行为。对于一个确定性文本来说，经过受众的再创造，或者说重构，实现了文本的完整性，也才意味着文本的真正意义的确立。相反，倘若具体电视文本被生产出来之后处于静置地位，没有阐释者对其进行接触和解读，则无法认为其达到了生产的终极目标。对于电视文本来说，受众的阐释和理解，即文本的艺术再创造，是指受众根据自身的生命经验和道德观念价值体系所提供的意义解读背景框架，对作为理解对象的电视文本进行认知和分析，这种分析和认知体现出受众的理解方式和审美定式。另外，依据伽达默尔的看法，受众对于电视文本的认知和理解，可以超越电视文本生产者自身对于文本及其意义的阐发。这一观点的依据在于他认为对于电视文本生产来说，由于电视文本涉及的影响与组成因素过多，生产者主体自身难以对所有这些因素进行理性思考与确定的把握，因此难以对自己生产的文本进行真正的统摄，而这正是电视文本的开放性和阐释的多元性的理论基础。基于此，不同的受众对于同一电视文本的理解基础是不同的，理解的范式也是不同的，而与之对应的理解的结果也是不同的。

在伽达默尔看来，电视文本成为文本的条件在于电视文本的意义获得了理解与阐释，受众对电视文本的接触和理解行为促使电视文本的本质特

---

① 彭启福：《视域融合度：伽达默尔的视域融合论批判》，《学术月刊》2007 年第 8 期。

② ［德］伽达默尔：《真理与方法》，洪汉鼎译，上海译文出版社 1992 年版，第 393 页。

③ 傅修延：《文本学——文本主义文论系统研究》，北京大学出版社 2004 年版，第 142 页。

征得以显现，从而实现了存在的价值。可以看出，伽达默尔认为，受众的接触和理解行为是电视文本得以存在的基本原因。对于电视文本来说，存在的真谛在于受众对其进行认知和理解，并给予其生命价值内核，没有受众接受行为的介入，电视文本就永远处于未完成阶段。对于受众与电视文本的相互关系，伽达默尔作了非常精辟的论述："谁进行理解，谁就已经进入了一种事件中，通过这种事件有意义的东西才能表现自身。因此，这便证明了阐释学现象所使用的游戏概念，正如美的经验所运用的概念一样。当我们理解某一个文本时，文本中富有意义的东西对我们的吸引就如美对我们的吸引一样。当我们意识到自身并站在某一立场证明文本向我们提出的意义要求之前，文本就已经确证自身和把我们吸引住了。"① 伽达默尔认为文本并不是单纯处于两者之间的中性客体，"它是需要在特殊意义上进行解释的对象；理解意味着进入文本，理解是一种具有交流性质的事件，无论文本还是理解者都置身于这种事件之中"②。也就是说，文本是生产者与阐释者在事件中进行交流与对话的介质。所以，对于伽达默尔来说，任何文本都是对具体历史和社会现象的提问与回答，是处于问与答辩证关系中的交织体，而对文本的认知和理解就是从问题的答复中寻求新的问题，并实施新的理解，从而将理解行为进行下去的过程。按照这一观点，对文本的认知和理解就成为一个面向历史、面向现实和面向未来的永不停歇的进程。从这一点可以看出，现代阐释学对于文本的开放性的解读是立足于理解行为的历史主义特征的，并且具有相当强烈的主观主义色彩。文本的开放性其实是基于阐释主体一种自由、选择和变化的意义。因此，"当我们与一个文本或一个人对话时，不要去简单地盲目地相信我们被教授或被告诉的内容，而是相信我们可以塑造我们被教授的内容，因为是人决定着传统是什么和它对人们意味着什么，而不是相反"③。

按照以上现代阐释学的观点，电视文本的开放性是与意义阐释的"永无止境"相互关联的。作为理解和阐释的对象，电视文本的意义应当

---

① 李建盛：《理解事件与文本意义——文本阐释学》，上海译文出版社 2002 年版，第 186 页。

② 傅修延：《文本学——文本主义文论系统研究》，北京大学出版社 2004 年版，第 144 页。

③ 程志华：《解释的开放性——伽达默尔阐释学思想的魅力》，《河北大学学报》（哲学社会科学版）2006 年第 3 期。

是主观与客观的辩证统一，这种辩证统一表现为作为客体存在的文本与阐释主体的认知能力的对立统一关系，也即电视文本的意义既有确定性的一面，同时又有未定性的一面，确定性反映的是意义的客观性，未定性体现的是意义的主观性。

从意义的客观性来看，电视文本作为理解与接受的对象，是意义之源，其意义的客观性体现在其语言载体的形式之中。从这个角度来说，作为一种客体存在，文本意义当然具有客观属性，换言之，文本意义客观上具有相对的确定性。这就是说，电视文本表现为一种以话语体系和语言作为方式的客观存在，话语和语言成为意义的负载平台，一旦脱离了文本的话语和语言，电视文本也就丧失了自身的意义空间，因此文本也就谈不上任何意义了。波兰现象学家、接受美学家英伽登对于语言与文本意义的关系，特别是针对文本的意义结构层次进行分析时认为，"作品完成的条件……意味着它一旦被作家完成，就在作家给予它的那种形式中保持不变，所以它的两个语言层次——语音层次和语义层次——都不发生变化……作品之所以成为一个主体间际的对象，主要凭借了它的语义层次"[①]。可以看出，从阐释学流派之一的接受美学角度来看，对于电视文本来说，把握文本意义的核心在于对形成文本的语言和话语内涵的充分认知，而这种认知也就是对电视文本意义客观性的认可，同时也是对电视文本确定性的接纳。因此，电视文本意义的客观性与确定性在本质上是辩证统一的，这是一种基本的对待电视文本的哲学视野。按照这一理论，对话语体系和语言结构的辨析就自然成为电视受众进行文本意义分析与接受的必要条件，也成为实现电视文本意义客观性的前提，这明显属于客观主义阐释学派的文本意义观。

三　电视文本开放性与阐释有效性

如前所述，文本意义具有开放性和未定性，这是否意味着理解和电视文本接受就缺乏有效性呢？依据现代阐释学理论，遵从具体的历史社会语境来进行电视文本的阐释就是受众的语境场这一阐释学观点，并非将阐释

---

① ［波］英伽登：《对文学的艺术作品的认识》，陈燕谷译，中国文联出版公司1988年版，第14页。

行为纳入独断论立场之中。依据阐释学理论，在电视文本的意义理解和阐释活动中，受众与文本的语境都具有典型的历史主义特征，这一特征使电视受众对文本意义的理解和阐释得到了双重的规定和制约，从而能够保证意义理解与阐释的客观有效性。

现代阐释学认为，保证文本的理解和阐释的有效性应当首先从本体论角度出发。伽达默尔对此提出了明确的观点，他对古典主义阐释学将阐释视为"方法论"提出了质疑。他认为："阐释学现象本来就不是一个方法论问题，它并不涉及那种使本文像所有其他经验对象那样承受科学探究的理解方法，而且一般来说，它根本就不是为了构造一种能满足科学方法论理想的确切知识。"① 对于作为本体论的阐释学而言，其根本目的在于阐发理解活动得以发生的基本条件，也即"理解如何可能"的问题。对于伽达默尔来说，理解之所以能够发生，是因为一种基于主体间性的语言活动，而并不是由阐释主体通过主观意志对客体的认识和接受。因此伽达默尔认为，语言是阐释主体认知客观世界的基本途径和平台，对于阐释学来说，真理蕴含在利用语言解释和理解世界的行为和过程之中，这与自然主义理解的真理处于对世界的客观性的把握之中有着本质的区别。

从意义的主观性来看，文本的开放性则表现为电视文本的意义是非自明性的，只有受众作为理解主体对文本进行认知和解读，文本才能具备意义的指涉，否则，就只能是文字符号的堆砌而已。对于电视文本来说，构成文本的话语体系和语言结构的功能在于意义表述和传递，因此，其并非刻意注重概念以及逻辑的精确程度。作为一种媒介意义表达体系，电视文本话语体系和语言结构缺乏精密的逻辑性与程序性，而是强调话语和语言的对事物和意义的描述和摹状，因此电视文本话语和语言有着明显的电视文本生产者的主观意图和情感色彩，而这些主观性特点就使电视文本意义成为相对确定性（客观性）与相对不确定性（主观性）的统一结构。科米萨罗夫通过分析文本内容的语言内容、语境含义和隐性含义三种类别的关系表达了同样的看法，在他看来，文本的隐性含义由文本隐含含义和词汇语义隐含含义构成，而"词汇语义中的隐含含义则有所不同。读者知道，词汇的意义不能涵盖所指物的全部特征，而只是指出该事物的区别性

① ［德］伽达默尔：《真理与方法》，洪汉鼎译，上海译文出版社1992年版，第7页。

特征。于是使事物的称名在交际者的思维中有着众多的联想，这些联想成分通常不是那些区别性特征，因此便构成词汇语义中的隐含含义"①。

因此从认识论角度来说，电视文本语言的意义是客观性与主观性共同发生作用的结果，是矛盾对立与相互调适的结构体，表现为确定性与不确定性的双重属性。按照现代阐释学的观点，电视文本的这种双重属性并不是完全对等和一致的，对于电视文本来说，意义的客观性是不确定性的基础，而不确定性是确定性的衍生物，因此，电视文本从本质上说是不同意义特质的混合体，但确定性是其中的主体性构成因素。而正是由于这种双重属性才使电视文本意义的开放性和未定性得以表征。

那么，电视文本的开放性特征是否会影响到电视文本意义阐释的有效性，另外，意义的开放与意义的阐释能否实现一致性，再者，如果电视文本的开放性产生作用机制，是否会导致受众对文本意义的阐释走向意义的相对主义和理解行为的主观主义？根据现代阐释学的观点，接受电视文本意义的开放性特征是针对文本的话语体系和语言结构而言的，但这并不是说可以脱离电视文本的意义构成而陷入主观主义之中；而接受电视文本语言具有确定与不确定的双重属性是以文本意义的内涵特点为出发点的，这并不是将电视文本接受行为视为对意义的直接仿效和复制。对于电视文本接受来说，文本意义的开放性与和文本接受的有效性这一对矛盾是不能单独将其中任意一方独立进行分析的，而要采取平衡与动态的视野在对电视文本意义确定性中出现的阐释差异化表达认同的同时，对文本词句意义和语境相互影响、相互制约的现实也予以接纳。因此，电视文本的意义的不确定性是建立在客观性基础上的不确定性，不确定性要受到确定性的制约；同时正是源于文本意义的这种不确定性因素，电视文本的意义才获得了开放性特质，这种特质导致了电视文本在理解与接受过程中的差异化结果，而这种结果的影响就体现在使差异化阐释具有客观有效性。

因此对于以话语和语言理解为基础的电视文本接受过程，无论是受众还是文本都处于一种相对主义语境的绝对主义条件之下，这种混杂性特征使电视受众对文本意义的理解和阐释受到了语言和主观性的双重的规定与制约，从而能够保证意义理解与阐释的客观有效性。对此，斯多布尼科夫

---

① 吴克礼：《俄苏翻译理论流派述评》，上海外语教育出版社 2006 年版，第 542 页。

认为:"对文本的理解程度,从文本中完全汲取信息的可能性取决于文本本身的主客观属性。文本客观属性不取决于或者相对不取决于文本的读者,而主观属性则取决于文本读者。"① 伽达默尔也认为:"内涵文本既是不受语境限制却又受语境牵制的。它所以是不受语境限制的,因为文本是自我指涉的,它所以又是受语境牵制的,是因为文本在一种兴趣视界中呈现给读者,这种语境是由读者不明确地带给文本的。这样的语境可以根据文本加以修正,但它终不过是一种偏颇的修正,因为文本语言的内涵性与解释理解中的语言意义呈现的必然历史性之间,存在着基本的不对称。"② 从电视文本的接受过程来说,展现在受众面前的文本意义总是呈现出一种开放性和未定性的特征,这是电视文本意义具有确定与不确定双重性的形态结构特点所决定的,也是文本意义的本质内涵所在。

那么依据这种本体论的阐释学理论,如何保证对于电视文本接受或者解释的有效性?依据伽达默尔的观点,对于电视文本接受或者解释有效性的确认,必须通过一种历史主义的视角对其进行认知,也就是说,必须将电视文本视为历史流传物,从其存在的时空语境中探讨有效性,因为"只有历史意识才使理解提升为一种客观科学的方法"③,而且"谁在与传统的生命关系之外来反思自己,谁就破坏了传统的真实意义"④,这就是说,摆脱了历史观念的任何理解都不具备理解的合法性与有效性。因此,所谓真理,其存在的方式是与阐释主体的存在方式相互关联的,受众的存在必须以对于电视文本及其意义的理解为途径与介质,而正是在对电视文本的理解过程中,受众自身与电视文本的意义进行融合,从而使自身的存在得以实现。因此,任何电视文本都是具有开放意义的结构,而这种结构直接指向了受众,并将后者的特定历史背景带入电视文本的意义构建之中。接纳了受众的电视文本,重构了自身的意义体系,从而在这种与不同的历史受众连续不断的融合中,实现历史的延续与存在。所以,电视文本是受众的存在形式,是其生存状态的描述与摹本。但对于伽达默尔来说,

---

① 吴克礼:《俄苏翻译理论流派述评》,上海外语教育出版社 2006 年版,第 580 页

② [德] 伽达默尔:《哲学阐释学》,夏镇平等译,上海译文出版社 1994 年版,第 89 页

③ [德] 伽达默尔:《真理与方法》,洪汉鼎译,上海译文出版社 1992 年版,第 417 页。

④ 同上书,第 463 页。

受众对电视文本进行历史主义的理解，并非是在主观主义的导引下无视理解的有效性，也即并非会进入一种相对主义之中。相反，在他看来，历史进程具有明显的客观性，而这种客观性是对任何主观主义的限定和约束，电视文本的意思虽然具有历史主义的变化性，但这种变化性是以客观的历史进程为基础的，"因为这种意义总是由解释者的历史处境决定的，因而也是由整个客观的历史进程所决定的"①。所以，电视文本解释的有效性依据客观历史的变化而发展。在电视文本与受众的对话之中，受众对电视文本进行理解，从而进入电视文本，而电视文本在受众的阐释中不断实现意义的再造和重构，并以此获得流传。所以，受众与电视文本正是在这种不断的相互阐释之中得以共存，而前者就不会陷入历史绝对主义之中，从而摆脱了存在的静态性与固定性，并在一种动态性的理解与自我理解之中实现对自我与他者的认知。伽达默尔指出，"真正的历史对象根本就不是对象，而是自己和他者的统一体，或一种关系，在这种关系中同时存在历史的真实和历史理解的真实"②。在伽达默尔看来，电视文本理解的有效性本质上是一种受众在理解行为中呈现的历史实在性。

　　对于"历史实在"这一概念，现代阐释学意指的并不是独立于主体思维和意识之外的物质性存在，也即并不是传统认识论中被主体进行认知的外在客体，而是语言。作为历史与传统的负载，语言一直承担着保存历史文化与传统的任务。因此，对于历史的阐释就转化为对于语言的理解。而对于语言的理解必须通过历史视域来完成，并以此为基础超越个体的具体历史背景，而走向存在的本体论高度。所以，对于现代阐释学来说，文本接受的有效性是统一于主客体的给予理解的主体间性之中的，其具有在本体论意义上的有效真理性。"这是在一个更大的整体中按照一个更正确的尺度去理解的……在对流传物的理解中，不仅文本被理解了，而且见解也被获得了，真理也被认识了。"③ 因此，电视文本阐释有效性的本体论真理观必须与形成电视文本的语言进行关联，并需要以之为媒介，这种真理的获得是以语言为媒介，并以受众和电视文本的"对话"为形式实现

①　［德］伽达默尔：《真理与方法》，洪汉鼎译，上海译文出版社 1992 年版，第 380 页。

②　同上书，第 384 页。

③　［德］伽达默尔：《真理与方法》，洪汉鼎译，上海译文出版社 1992 年版，第 392 页。

的。对于受众来说,语言既是与电视文本进行意义探寻和解读的必要介质和交流不可或缺的工具,同时也是对文本解释有效性的规范和约束。如果受众试图与电视文本进行真正意义上的对话,就必须寻求合适的语言,"所以,不可能存在任何自在地正确的解释,这正是由于每一种解释都与文本自身有关……每种解释都必须适合它所属的释义学情景"①。受众使用的语言对电视文本的理解形成了具体的约束,但又是基于语言,双方才能够进行意义的交流,正如伽达默尔所说:"苏格拉底对话的那种创造性的助产术,即像助产士一样使用语言的艺术,确实是针对那些是谈话伙伴的具体个人,但是它只涉及他们所表述的意见,而这些意见的内在的客观的一贯性是在谈话里被展开的。在其真理中所出现的东西是逻各斯……它是远远地超出了谈话伙伴的主观意见。"②

由此可见,电视文本阐释的有效性问题必须纳入本体论视野之中,同时结合语言的作用机制,在文本理解和文本存在的意义之上才能进行充分的讨论和辨识。对于电视文本来说,对阐释有效性进行限定和确立参照系,是解决这一问题的必然要求。现代阐释学对此进行了充分的回答。伽达默尔认为,阐释的有效性的标准问题的解决必须建立在重新阐释阐释学循环的基础上,在他看来,阐释学循环是导致解释有效与否的重要条件。古典主义阐释学认为,作为阐释学循环,局部的循环与整体的循环是不同的各自独立部分,前者被视为主体的主观意识,而后者被视为独立的客体范畴。所以,理解就成为主体与客体的认识论关系,主体从自身出发对文本进行理解,其目的在于寻求文本的意义,在这一目标实现后,主体就完成了自主性的构建,而不需要重返主体性。在伽达默尔看来,这种对阐释学循环的理解具有强烈的自然主义偏向,认为这将阐释学的职责识别为一种形式上的普遍性法则,因此是将客观主义的认识论嫁接到了阐释学理论之中,但由于这种客观主义排除了历史意识的作用和功能,因而导致了理解的狭隘性与孤立性,从本质上没有摆脱传统认识论的窠臼,文本阐释的有限性不能排除阐释主体的前理解。

因此,对于电视文本接受来说,受众对文本进行理解,就无法回避自

---

① 涂继亮主编:《现代欧洲大陆语言哲学》,中国社会科学出版社1994年版,第145页。

② [德]伽达默尔:《真理与方法》,洪汉鼎译,上海译文出版社1992年版,第472页。

身所具有的前见，或者说偏见的影响，受众自身的价值观念和意识形态体系都可以成为其参与电视文本理解的基本理解参照系，因而阐释并不是客观性的。但与此同时，伽达默尔对偏见进行了限定，不是所有的偏见都能成为理解的预设，"理解完全得到其真正可能性，只有当理解所设定的前见不是任意的"①。在伽达默尔看来，偏见具有合理性与非合理性两种类别。合理性的偏见能够促进阐释行为的发生和进行，其是从整体上对文本的意义进行把控，以形成和推动整体循环和局部循环的统一，而非合理性偏见则有可能阻扰阐释的展开，形成文本理解的阻碍，这主要是因为语言的介入而形成的，"正是我们一般不能接触本文这一经验——或者是本文不产生任何意义，或者它的意义与我们的期待不相协调——才使我们停下来并考虑到用语的可能的差别"②。语言成为横亘在受众与电视文本之间的障碍，使得文本阐释的循环被迫停滞，文本的整体意义被解构。因此，对于电视文本阐释的循环并不是一种形式主义的表现，也不是受众主观意识的产物，更不是纯粹追逐文本意义客观性的客观主义，而是将阐释行为视为作为历史流传物的电视文本与受众之间的结构性内在相互作用。所以，伽达默尔在此基础上提出了文本阐释的有限性的标准："一切个别性与整体的一致是理解的正确性的当时标准，未出现这种一致就意味着理解的失败。"③

需要强调的是，以上对于文本阐释有效性标准的讨论是有着明显的伽达默尔个人理论色彩的，并不是所有阐释学研究者共同接纳的普遍标准。对于伽达默尔来说，受众对于电视文本的理解不是在追求一件无法达到的事情，即试图再现电视文本的原初意义，而是使阐释中的受众视域和文本视域进行最大范围的交互融合。这就将电视文本的阐释行为视为一种具有主体间性关系的理解活动和方式，主观与客观是共生于理解之中的两个并立的层面。故而伽达默尔对于阐释的有效性再作新解释，提出新标准，是试图同时包容本不可分的两个方面，这与柏拉图的"一个命题的形式矛盾性并不必然排除它的真理性"的论断不谋而合。将理解的本质意义从

① ［德］伽达默尔：《真理与方法》，洪汉鼎译，上海译文出版社 1992 年版，第 380 页。
② 同上书，第 344 页。
③ 同上书，第 373 页。

存在的本体论角度予以展示,并将其作为阐释主体意识运动和历史运动的整体效果的实践反映,是伽达默尔对于阐释学的最重大的贡献和最主要的推动。伽达默尔自己也讲道:"如果我们想把握真正的标准,那么我们不应该太挑剔地选择标准。"①

那么在电视文本阐释中如何贯彻伽达默尔对于文本阐释有效性的标准呢?第一,要注意规避对电视文本理解与阐释的任意性。作为阐释主体的受众应当具备实际意义的理解文本的问题视域,并对电视文本的历史视域进行辨识,从而在理解中实现真正的视域融合。也即应当坚持从电视文本的客观存在方式出发进行理解。这就是说,电视文本作为自律性文本,其意义呈现为自身与阐释主体的互动关系,要实现文本的意义理解,就必须将文本视为向阐释主体开放的意义表述者,倾听文本向主体的述说。也即只有在文本与受众对话、交流的视域融合中,实现文本的意义理解,并使阐释成为可能,文本的客观有效性才会产生实践价值。正如伽达默尔认为的,"一个试图理解某种东西的人,就不能以他自己的偶然前见解为出发点,始终顽固地忽视文本的真实意义,直到文本的真实意义消除了解释者想当然的意义而成为可持续倾听的为止。试图理解某个文本的人要准备让文本告诉他某种东西。这就是一种受过阐释学训练的意识必须从对文本存在的敏感开始的原因。但是,这种敏感既不需要把内容视为中立性的,又不需要视为一种自我消解,而是需要突显和同化理解者自己的前见解和偏见。重要的问题是必须意识到理解者自己的偏见,以至于文本能够在其所有他者性中表现自身,如此才能肯定文本自身的真理以反对理解者自己的前见解"②。

第二,要将对电视文本的阐释视为受众通过语言介质与电视文本进行互动的辩证方式。这就要求作为阐释主体的受众充分意识到自身所具有的"偏见"对于电视文本理解的再造性和重构性作用,同时也要重视作为客观存在的文本所蕴含的原初意义,因此,必须从主体间性的角度来辩证地看待受众与电视文本之间的关系。要考虑到伽达默尔所提出的合理性与非合理性"偏见"的界定,当电视受众准备去阐释和理解文本时,便处于

① [德]伽达默尔:《真理与方法》,洪汉鼎译,上海译文出版社1992年版,第435页。
② 同上书,第123页。

一种对于文本意义的期待性状态，并且在这种期待性中文本进入了意义多元化表达的可能。电视受众对于文本的意义期待是可能性和合理性的交织体，但这种意义期待是否具备合理性，则依赖于一种阐释学的自发的实例探究，并且要被这种实例探究所规定。这种"事实探究是从电视受众的前理解对文本本身所述说的真理的探究"①。或者说，电视受众在对文本进行理解和阐释时，必须慎重对待文本的原初意义，探寻其向受众所可能表述的内容，从而以此为依据进行对偏见的误读和误判的订正。因此，电视文本的理解与阐释就是一种历史、现实、未来的动态连续过程，而其本质就是呈现出一种面向未来的筹划过程，阅读和理解就是这样一种不断向未来筹划的过程，电视受众总是在这种筹划中联系着文本和电视受众自己，并在这种筹划中实现理解的可能性和意义的可能性。加切奇拉泽中肯地说道："……读者在自己的视域中再现原文的艺术现实时，有权使用可能在原文中找不到词汇等值单位的文词，这并不影响再创作过程中的真实性。"②

综上所述，理解阐释的有效性必须注意到使用理论方法的历史性，获得真理认知并不是一种方法的实践成果，对于阐释的有效性来说，采纳伽达默尔的方法就必须将讨论范围限定在其语言本体论阐释学基础之上，以此来认识和理解"阐释的有效性"。

---

① ［德］伽达默尔：《哲学阐释学》，夏镇平等译，上海译文出版社 1994 年版，第 78 页。

② 吴克礼：《俄苏翻译理论流派述评》，上海外语教育出版社 2006 年版，第 326 页。

第 四 章

文本阐释与电视受众主体性

主体性是电视文本阐释研究的核心概念之一。主体性问题源自古希腊哲学，被笛卡尔以"我思故我在"的形式确立下来，由此产生了西方哲学一直遵循的主体与客体分离的二元主义认识论观点。胡塞尔的现象学意向性理论开始对于上述主客体分离的观点进行了消解，经由海德格尔、伽达默尔的努力，现代阐释学最终确立了主体间性的观点，将文本的理解视为主体间的交互与共生，从而使电视文本受众的主体性发生了质的变化。

第一节　主体性的话语流变

笛卡尔之前的西方哲学主要的是一种"客观主义"的传统。客观主义认为，世界是完全自在的世界，哲学的终极任务在于追问这个自在世界的"客观真理"，以达到世界的"始基""本源"或"终极存有"。而笛卡尔则从绝对意识出发，将外在实存的理解和认识视为纯粹主体意识的运动的结果。

一　笛卡尔与主体性问题

按照上述客观主义观点，自然或者人的精神世界就是一种数学的宇宙，我们所直观到的现实世界的物体和人的心灵，无非是一种"广延的实体"；而所谓"科学"或哲学也就只能是一种"物理学"，人的灵魂或心灵也就依然像在亚里士多德那里一样，被作为物理学或自然哲学的一个项目予以考察。

17世纪欧洲大陆理性派哲学的主要奠基人笛卡尔对上述客观主义主

体性概念进行了转化，并使西方近代主体性哲学得以确立。笛卡尔是西方哲学史上第一个创建系统的"主体性"哲学的思想家。① 他的哲学沉思及其所创建的"主体性"哲学不仅典型地表达了西方近代的主体性思想，而且典型地表达了西方近代思想家从强调"经验主体"到强调"逻辑主体"的历史进程，在西方哲学史上具有划时代的意义。笛卡尔的"我思故我在"引发了哲学上由本体论向认识论的转向，确立了人的主体性原则。胡塞尔曾强调指出："具有重要意义的是，笛卡尔的这些沉思在某种完全独一无二的意义上，而且恰好是通过回溯到纯粹的我思而在哲学中开辟了一个时代。事实上，笛卡尔开创了一种全新的哲学：通过改变哲学的整个风格，哲学做出了一种彻底的转向，即从朴素的客观主义转向了先验的主体主义；这种主体主义似乎致力于一些永远常新的而又永远不充分的尝试，以达到某种必然的终极形态。"② 胡塞尔认为笛卡尔是整个近代哲学的创始天才人物，他"不仅是近代客观主义的理性主义的创始人，而且也是破除这种理性主义的超验主义动机的奠基者"③。

笛卡尔对客观主义哲学的批判就是其主体性哲学建立的过程，他虽然也认可将各种自然科学还原为"物理学"，但是他超越了这种纯粹物理认知的客观主义逻辑，建立了近代形而上学的根基。笛卡尔的主客体二元论是其形而上学和近代主体性哲学的基本要旨，他认为精神和物质是两种绝对不同的实体，精神的本质在于思想，物质的本质在于广袤；物质不能思想，精神没有广袤；二者彼此完全独立，不能由一个决定或派生另一个。二元论使得物质和精神各自独立，突破了纯粹客观主义的逻辑框架，将科学解决世界的本质问题转入了近代哲学，并成为近代认识论的理论基础。需要指出的是，不应当采取非历史性的态度对笛卡尔二元论进行折中主义或调和主义的解读，因为在笛卡尔提出二元论的历史阶段，从学术理论发展史的角度看，"一元论"并没有明确的理论阐释，而能够代表一元论的哲学观念只有自古希腊以来确定的"逻各斯"精神，而这种精神被外化

---

① ［德］胡塞尔：《笛卡尔式的沉思》，张廷国译，中国城市出版社 2002 年版，第 4 页。

② 同上书，第 7 页。

③ ［德］胡塞尔：《欧洲科学危机和先验现象学》，张庆熊译，上海译文出版社 1988 年版，第 87 页。

为客观主义的物质观和世界观。笛卡尔提出二元论最重要的精神动机在于其对流行于当世的物理主义的理性主义或物理主义的自然主义的批判,以及源于其对将哲学理解为物理学观点的拒斥态度。对于笛卡尔来说,主体自身的精神与心灵领域是迥然不同于物理世界存在的,不能被简单地统摄于具有外延性的物质的其他存在形式。笛卡尔认为,既然所谓实体,无非是"能自己存在而其存在并不需要别的事物的一种事物"①,从这个逻辑上看,客观存在的物质在基本特性上具有外延性,而主体的自我或者精神基本特性则表现为思维,那么具有外延性的客观存在无法思维,具备思维能力的存在就不可能具有广延性,因此主体的精神或者心灵就无法被识别为具有外延性的实体,而必须被理解为一种与物质实体并列存在的实体,因此哲学就不能被简单地理解为物理学的同义词。从历史角度看,笛卡尔主客体二元论的提出是对当时流行的物理主义的理性主义或物理主义的自然主义观念的反拨,具有理论上的创新性和变革性。其理论价值体现在,二元论将人的精神和自我心灵活动赋予了独立运作的性质,而并非是传统认识的依赖于上帝意志的存在,同时也将其视为独立于客观物质和自然的必然性而存在的存在,从而为主体精神领域、心灵自主和自足以及主体意志自由的存在打开了理论空间,为人的主体性的存在和发挥开辟了道路,胡塞尔说笛卡尔开辟了一个"新的哲学时代",就是意指这样的观点。

笛卡尔的"我思"强调的是作为思维主体的人,一个具有先验理性的人。我思故我在即意味着作为主体的"我",因为能思考而在对世界发挥着作用:"我应当把凡是我能想出其中稍有疑窦的意见都一律加以排斥,认为绝对虚假,以便看一看这样以后在我心里是不是还剩下一点东西完全无可怀疑";"当我愿意像这样想着一切都是假的时候,这个在想着这件事的我必然应当是某种东西,并且觉察到我思想,所以我存在这条真理是这样确实,这样可靠,连怀疑派的任何一种最狂妄的假定都不能使它发生动摇,于是我就立刻断定,我可以毫无疑虑地接受这条真理,把它当作我所研求的哲学的第一条原理。"② 笛卡尔的主体性思想不仅借他的二元论把人的精神领域和自我心灵理解为一种区别于并独立于物体实体的东

---

① 〔法〕勒内·笛卡尔:《哲学原理》,关文运译,商务印书馆 1959 年版,第 200 页。

② 《十六—十八世纪西欧各国哲学》,商务印书馆 1975 年版,第 147 页。

西，而且还将其理解为一种优越于或优先于物质实存的存在。在笛卡尔看来，人的精神领域和自我心灵之所以具有这种优越性，最根本的就在于其有一种物体实体所缺乏的自明性。物体实体的存在是需要被重点怀疑的。其理由在于："第一是因为我们据经验知道，各种感官有时是会犯错误的，因而要过分信赖曾经欺骗过我们的事物，也是很鲁莽的。第二是因为在梦中我们虽然不断地想象到或知觉到无数的物像，可是它们实际上并不存在。"① 可是对于主体来说，能够对物质实存的存在合法性进行质疑，但却无法因此而怀疑"自我"或"心灵"的存在。因为虽然我可以怀疑一切，但是有一个东西我无论如何是不会怀疑的，这就是"我在怀疑"这件事情本身。但是，既然"我在怀疑"这件事情本身无可怀疑，则作为活动主体的"自我"的存在也就同样无可怀疑从而是确实可靠的了，这就是笛卡尔所说的"我思故我在"。

笛卡尔建立在主客体二元论基础上的主体性问题，演化成为近代各个学科门类的认识论基础。依据笛卡尔的理论基础，近代认识论对主体性的基本观点是："主体性是指相对客体的被动性、消极性而表现出来的能动性、创造性和自主性。因此，主体的根本特性就是人在和客体的关系中显示出来的主动、主导、积极能动的性质。这一性质不仅能把人和动物区别开来，而且能指明主体在主客体关系中起支配作用的内在原因。"② 这种观点认为主体是某种活动的主动发出者。主体性就是人作为活动主体所具有的本质特性，也就是人在自觉活动中的自主性、自动性、能动性、创造性等，实质上就是主观性或主观能动性。

二　主体性的实践维度

首先，主体性具有实践性特征。从发生学角度看，实践对主体性的产生起到了核心性的推动作用。人的主体性并不是与生俱来的先验性获得，而是通过实践形成的一种主体的自我实现和主体的展示，因此从主客体关系总体上看，人的主体性就是实践性。这就意味着人的主体性是高度的组织性体系，是采取社会化的途径和方式，利用自我意识对物质实体进行能

① ［法］勒内·笛卡尔：《哲学原理》，关文运译，商务印书馆1959年版，第1页。
② 边立新：《主体，主体性及其客观性关系》，《社会科学报》1991年第4期。

动性的实践过程中形成和发挥出来的特性，因此主体性实质上属于借助实践的人的特征，而实践从本质意义上说就是一种物质力量，主体性就是实践的特性。

主体性的实践意义具有典型的主观性。所谓主观性是指表现于人的认识活动中的主体性，包括意识、自我意识等属性。对于人的认识行为来说，主体和客体的逻辑范畴具有实体性、关系性以及功能性等特点。主体作为实体性范畴，应当被视为物质和意识、社会存在和社会意识的统一，因此主体性是自身的本质规定性，是对象性客体进行活动的发动者，也就是说主体的行为活动具有社会意识维度，而意识则是一种主观性存在，所以主体性具有主观性构成特征。另外，从主客体对象性关系结构看，两者之间存在实践关系、意识（含认识、情感等）关系、价值关系、功能关系。实践关系是对象性关系的基础，所以主体性包括实践性，或主要表现为实践性。但需要注意的是，实践活动无法囊括全部种类的主体对象性活动，对象性活动还包括人的精神领域的意识活动，而意识的根本特性是主观性。意识主观性的突出表现：一是反映形式的主观性，意识是由各种反映形式共同组成的完整体系，它包括感觉、知觉、表象等感性认识和概念、判断、推理等理性认识。二是对同一对象的反映存在着个体差异性。受人的主观状态（感情、兴趣、知识结构、价值观念、思想方法等）的影响，个体意识具有差别性。对同一对象，不同的主体会有不同的反映，存在着反映速度的快慢、数量的多少、程度的深浅等区别。这充分地表现了意识的主观特征，个体意识之间的差别性。对于同一对象或同一客观过程，不同的人、不同的主体会有不同的反映，这表现出意识是因人而异的，具有主观性。三是意识的主观性不仅表现为主观映象是对客观对象近似真实的摹写，而且可以创造性地深入事物的本质中，甚至可能表现为同现实似乎毫不相干的、虚幻的、荒诞的观念状态。人在反映客观对象时总是根据实践的需要，带着一定的主观倾向和要求，抱着一定的动机和目的。不仅如此，意识对物质世界的反映是一个创造性的过程。意识不仅能创造性地反映现实的客体，而且能预见、预测未知客体存在的结构、性质及其发展规律和趋势，在观念中建立一种理想的或幻想的客体。意识使科学获得了相对独立于实践发展的能力，这充分体现在意识对客观事物反映的近似性、超前性和虚幻性，它们都从不同角度体现了意识的主观性特征。

三　主体性的自主维度

另外，主体性具有自主性特征。自主性是指主体在实践活动中表现出来的一种自我决定性，包括能动性、选择性、创造性等属性。自主性表现为行为主体按自己意愿行事的动机、能力或特性，自主性是人的品格特性，是人的素质的基本内核。从社会历史结构看，作为一个社会的人，这种基本素质体现在自身特性与社会特性两个方面。个体自身特性方面有主体性、主动性、上进心、判断力、独创性、自信心等；社会特性方面则表现为自我控制、自律性、责任感等。在自主性发展的过程中，这些特性都融会在自主性态度和自主性行为之中，构成一个人的统一的品格特点。自主性是人的主体性构建的基本元素之一，属于由主体自我生命经验和历程所形成的先决条件之一，也是主体与其他客观存在相互区别的核心识别标志之一。对于主体来说，其自我的存在与实现是由自身进行独立判定，并进行独立实施的活动和过程体系。对于主体来说，个体对客观世界进行认知和理解，并在这一过程中进行自我建构，从而对客观世界进行变革或与之融合适应。而对于主体和其他主体的关系来说，主体通过与他者进行对话、交流、沟通，并以此方式来了解人的精神世界和道德价值观念，而主体也在这种认知中对自我精神领域和精神体验进行内省和审查，通过学习与吸纳、表达与反馈、反思与消化的方式来达到对意识层面的理解，而这种理解属于人的自主活动，其实现必然要以人的自主性的发挥为基础。

对于主体来说，认识并意识到自身的实际需求，并将其作为目标进行行动，这是建立在自由自主、独立选择以及自我控制的能力基础之上的。作为主体自身存在和发展的必要条件之一，自主性是人对自身发展实施自决、自为和自治行为和权利的体现，是自主意识、自主能力和自主人格的总和。自主性的特征涵盖了独立性、自愿性、规范性等多个层面。主体个体自主性最重要且最基本的特征是独立性，个人本质意义上的自主首先取决于个体的独立性。独立性从观念角度来说，首先表现为主体意识对于历史与社会的主流意识形态的认同源自主体自身的意志认同，而不是被动型的完全接受和服从；其次，主体意识对于不同于自身的相异观点能够采取包容态度，不是全盘加以排斥，而是能够积极地求同存异，调试彼此以达到协同。独立性从具体行为上看,体现为主体可以从自身的意识判断出发,自主控制自己的行为选择,同时在意识的指引下将这种行为选择外化为具体的行动并加以实施。主体的上述意识和具体行为自主性是一种积极的、能动的独立,而不是无目标的、无规则的、任意的散漫。

自主性的自愿性构成则指自主性的完成是以其自身生命价值的充实与完善为途径的,是在自身意志引导下的行为抉择,即所谓的"法由己出、法由己立"。在自身意志引导下的行为抉择主要是主体自我思维和自我意志作用的结果。主体的行为除自身之外,外在的客观条件也会对其实施不同程度的限定或者推动,但其本质上仍然是自我意志和自我力量决定的结果,而并非完全受制于外界强制和操纵。主体的自愿性在人的不同发展维度上有着相异的运行趋势,在不同阶段也会有着相异的发展水平。主体的自主性水平和程度是主体自我价值实现的要件之一。自愿性与主体的行为和意志自控性程度呈正比,当主体的自愿性程度提高时,其行为可能会呈现出坚定、独立的特点;反之,当主体的自愿性降低时,就会呈现出依赖、缺乏自信和优柔寡断的特点。

对于自愿性的规范意义来说,规范意义与独立意义是互为前提的,独立意义是自主性内生的特性,是内在于自主性的。规范意义则是独立意义在历史和社会关联中的特质,属于有前提和条件基础的限定。规范意义即个体"追求自己选择的生活理想或计划,依据自己确立的价值目标和道德规范,在行动或选择中自我主导和自我掌控"①。虽然主体自主性的自愿性结构重视人的独立自由,但主体总是处于特定的历史、社会背景和关系之下,所以自愿性是基于这些应有的背景和关系而形成的特征。物质客观条件、社会制度环境、文化观念氛围等,都会对主体的自主实现进行限定。因此,主体的自主性是一种建立在价值目标和现有的道德规范基础上的自愿行为和意向,能够被主体自我控制并表征为在主体的反思中能动地实现。倘若与之相悖,就无法实现真正的主体自主,所以规范意义与自主性是互为前提、互相制约的,任何主体都必须在规范意义下彰显自主性,自主和责任是统一的。

---

① 刘擎:《重申个人自主性:概念修正与规范建构》,《学术月刊》2010 年第 9 期。

四　主体性的自为维度

自为性是主体性最高层次的本质特性。自为性以实践性和自主性为基础构成，又超越了这两个层面，在更高层次上实现了二者的统一。自为性涉及自我需要、自我选择、自我创造、自我实现、自我组织等属性，对于主体性来说，把实践性作为主体基本规定性，强调的是主体能动性、自主性的方面，而把包含着的自为性作为主体的特殊规定性，则强调的是客观性、物质性、受动性，这是主体性存在的客观基础和前提。

主体性是以实践性为目的、核心和结果的，也正是通过实践的途径，主体才获得了一种自为性关系，也即主体与客观世界的关系。因而对于主体性来讲，自为性关系是其核心的构成概念，而不能仅仅将主体性限定在主体主观性程度之内，或者说，主体性的核心架构在于从主客体相互关系的自为性中确立。因此，主体性作为主体的内生本质属性，表现为主体将自身与客观世界的关系都处理成"为我而存在"的关系，这是在认识论和实践论上都得到认定的关系。因此，主体性概念的自为性体现在：一是可以促成对象性行为的能动性，二是主体在自为性驱动下产生创新性，三是主体的自主性表征。

上述能动性、创新性和自主性都是从自为性的目的和导向中衍生出的存在性特征，这使得主体成为主客体之间关系的控制者，能够驱动对象性活动的发生。因此，可以将自为性理解为主体在对客体实施的行为中获得的主导型功能，这种功能用以实现主体的基本特性，并使客体具有转向主体化的性质和倾向。对于主客体关系来说，主体可以对客体进行能动的改造，从而将客体的变化方向逐步纳入满足主体要求的趋势中，因此主体性是一种积极的能动，具有超越性，它将主体与客观世界的关系理解成一种为我而存在的关系。

自为性的客观基础在于主体的自身需要，也即主体性是主体对客观世界进行认识和理解，并加以改造的对象性活动中的一种意识活动表现。其总体形式是以主体自身为主，即"总是一切从自己的实际出发"，具体体现在从主体的实际内在需要、自身利益、理念愿望、个性特征和爱好的多元特质出发，同时也体现在从主体自身具备的认识和理解的实践模式出发。对于自为性而言，其目的是主观的，但其实现途径却是客观的，表现为主体通过实践对客观世界进行占有，并以"物的形式"对主体的需要进行对应性满足。所以，主体性的为我性是通过意识活动完成的，而这种意识活动主要是指自我意识，可以将自我意识视为主体性的本质特征之一，倘若摆脱了主体的自我意识，主体性地位将会面临无法说明的危险，这是因为主体的自我意识应当被纳为主体性的内在本质规定。首先，自我意识是主体作为客观世界独立存在的最根本特质，正是这种特质使主体区别于其他类别的存在，而主体才能被看作具有自我认知能力的个体。其次，主体的自我意识使主体的生命经验和行为成为自身自由意志控制的结果，主体因而可以实施自我的能动实践。再次，主体的自我意识能够实现人的社会化，使个体融入并成为社会自觉存在，构建了人的社会化成分，也使主体具备了对社会的认知和改造能力。最后，自我意识能够让主体获得历史性，使其对自身与历史构建之间的关系进行认知，从而将主体的主观意识和实践行为纳入历史主义的发展，以此确立和形成主体的历史脉络。

第二节 古典主义阐释学与电视受众主体性

出于历史与社会的理性主义的现实需求，西方近代认识论哲学将理性视为主体存在的根本特征，确立了理性在主体生命经验中的核心地位，从而对主体性加以合法化。古典主义阐释学遵循传统主体认识论哲学观念，将受众视为意义把控和占有的主体，而将电视文本意义视为文本生产者的意图或文本自身意义的固定性场域。

一 电视文本意义理解的严格性

主体性是近代哲学，特别是阐释学和文本理论的重要命题。出于历史与社会的理性主义的现实需求，西方近代认识论哲学将理性视为主体存在的根本特征，确立了理性在主体生命经验中的核心地位，从而对主体性加以合法化。笛卡尔"我思故我在"命题的提出，将人存在的基础转向主体性之中。康德则对精神与意识活动的主体性进行了限定和确立，将"人为自然立法"作为先验范畴对客观世界的模塑途径而加以论证。黑格尔虽然对主体性哲学内涵进行了倒置，试图将理性从客观主义角度外化为绝对精神以控制历史，形成历史，但其主体性的内涵没有改变。青年马克思的主体性哲学集中于人的历史实践性，重视客观存在与主观意识的实践性存在价值，即"人化自然"或"人的本质力量的对象化"。在主体性哲学的基础上，文本理论对文本或理解主体的主体性进行了充分的探讨。无论是康德、黑格尔，还是青年马克思，都把主体性看作人的本质特征，属于主体对客体进行把握和控制的结果，也即是在主客体分离的关系上，人利用理性去征服客观世界的表现，因此这种主体性概念和逻辑具有明显的近代启蒙理性色彩。

古典主义阐释学也对主体性问题进行了充分的探讨，应该说，其同上述各类启蒙理性主体学说一样，阐释学的主体性论辩具有典型的客观主义和理性主义理论特征。根据其观点，电视文本理解行为属于作为阐释主体的受众克服自我视野限制，摆脱所有主观意识影响，从严格的客观性出发，利用绝对性的认知来把握电视文本意义的过程。其表现为受众主体以一种客观主义范式对电视文本生产者的意义疆域进行探索，以此超越历史与社会环境的过程，在这个超越过程中，属于主体自身的历史主义因素被视为电视文本理解的阻碍，成为电视文本理解中误读和偏见的发生基础。对于古典主义阐释学来说，电视文本的理解是一种如何避免误读的艺术，也即"文本作者中心论"，主张以电视生产者意图为权威，追求文本理解与文本生产者全方位契合，尽可能地探寻文本生产者的原意，而不关注理解的相对主义和历史主义特性，因此对于古典主义阐释学来说，受众主体性主要体现在电视文本理解主体自身如何客观实施对电视文本原初意义的寻找与捕获之中。

在上述理论旨趣下，阐释主体的主体性就具有了从属性色彩。依据古典主义阐释学的理论观念，在主客体的二元对立认识论哲学的影响下，电视文本与受众的关系是由电视文本生产者的地位决定的，这就形成了文本中心论和原初意义中心论，电视文本生产者及其赋予文本的原意成为主体进行理解的终极目标，而电视受众也就丧失了自主决定理解行为走向和文本意义的权利。而电视文本语言也转化为纯粹反映客观实存和观念意识的镜像载体。对于任何受众主体来说，寻求电视文本语言与客观世界的同步性是其存在的意义所在。而只要善于利用文本语言表达的确定性、唯一性和精确性，并合理运用文本理解的规范和规则，受众就可以回溯到生产者的原初意义上去，获得文本欲表达的"唯一正确"的意义，因此可以说，在古典主义阐释学视野下，受众主体性是以电视文本生产者的话语独白为前提的。受众的主体作用体现为对文本生产者业已诉诸文字符码的文本进行透视观照，竭力了解并把握文本所呈示的林林总总及生产者所要昭示的客观世界以及情感世界，借此达到理解的完成。

这种对电视文本理解主体的主体性观点是典型的"作者意图论"观念的反映。"作者意图论"认为，电视文本的意义就是文本生产者在进行文本生产时的观念和价值判断，这是不言自明的，生产者的意图对于电视文本的形成起着至关重要的作用，它作为电视文本生产者创作文本的内在驱动力，涵盖了生产者自身对于电视文本的看法和观点。因此"文本意义中，也不可避免地渗透着作者的意图，对于作者来说，写作文本目的其中一个方面就是实现自己的意图"①。

这种建立在"作者意图论"基础上的电视受众主体性观念是有其古典主义阐释学理论逻辑的。在将阐释学作为一种宗教教义阐释技艺的古典阐释学中，作为宗教经典文本的《圣经》就是上帝意志的文字化表达，体现着上帝的意念，主体对于《圣经》的理解就是利用对文本的阐释以通达上帝意图。可以看出，阐释学虽然经过施莱尔马赫等人的努力而被改造成为精神科学的一般方法论，但古典主义的思想一直影响甚巨，主体对于文本意义的理解在很长一段时间内仍然以文本作者的观念为基础和标准，将作者的原初意义视为文本的唯一确定性意义。在这种观点下，对于电视文本来说，文本的"客观意义"就变成了文本生产者在创作时的主观观念和意图，并通过电视文本语言符码将其诉诸受众面前，受众对于电视文本的理解和接受就是试图直面生产者的意图，也即所谓的"了解一个诗人的作品，我们必得先知道他的意图是什么"②。克罗齐认为将作者意图视为文本意义标准的观点具有代表性，根据他的说法，文本的意义核心在于作者的直觉因素，这决定了文本意义的主要内容，而文本的物质形态和形式特征居于次要地位。这与歌德的观点不谋而合，即文本是否得以正确被理解，取决于其表达作者主观的一致性。"作者一开始打算做什

---

① 殷鼎:《理解的命运》，三联书店 1988 年版，第 5 页。

② 赵毅衡编选:《新批评文集》，中国社会科学出版社 1988 年版，第 209 页。

么？他的计划是合情合理的吗？他在多大程度上把他的计划付诸实施？"①
"作品的作者，当他运用语言时，语言的文义就由他的意图完全确定下
来，施莱尔马赫的意义理论，意义作者的意图来界定作品语言的文义作为
作者意图的表达，其含意从逻辑上讲也已应确定。"② 依据施莱尔马赫的
这一观点，受众只有将自身所有主观性意图摈弃，并将电视文本生产者的
意图观念视为电视文本意义的唯一来源，以一种彻底的客观主义态度进入
电视文本生产的原初历史和社会背景之中，才可以实现对文本意义的本源
性理解，从而获得自身理解行为的意义，也因此确立并实现了自我的主体
性。因此，对于"作者意图论"来说，阐释学的终极目的在于受众通过
自身的理解活动来揭示电视文本的意义根源，而主体性也就成了意义根源
的衍生事物。依据狄尔泰的观点，实现对文本作者心理方式和思维形态的
把握是可以通过"心理移情"的途径达到的，而文本的意义也就在这种
途径中得以实现。因此，如果按照古典主义阐释学的理论观点，电视受众
对于电视文本的理解行为的主体性就具有了绝对主义的特征，这给了现代
解释学批判的理由。

二　"从属性"的电视受众主体

就古典主义阐释学的观念及方法的变迁来说，电视文本阐释主体的主
体性也可以体现为受众对文本意义确定性的追求。在理性主义出现以前，
古典主义阐释学认为对《圣经》的宗教教义的阐释、对社会法律法规的
司法解读以及对艺术作品的概念阐释都是以文本意义的确定性为终极目标
的。施莱尔马赫、狄尔泰都认为，任何文本的意义都是由创造者给予的，
具有排他性和唯一性，因此文本意义的解释与理解不会出现相异的状况，
通过合理适当的方法就可以达到对文本真理的获取。因此，这种客观主义
阐释学所创立的关于文本释义的技巧和规则就是为了获得理解的普适性和
有效性，以避免偏见对于文本意义理解的阻碍。对于客观主义阐释学来
说，文本的终极意义就是作者的原初意义，因此理解文本必须回溯到作者
所处的历史语境，而具体的语法和心理阐释就可以成为洞悉作者精神界面

① 殷鼎：《理解的命运》，三联书店 1988 年版，第 78 页。
② 同上书，第 77 页。

的确定性方法。

古典主义阐释学"主体性"观点形成的重要原因之一是未能充分理解文本作者的意图与文本意义之间的逻辑关系,因为虽然有时对作者意图的把握有助于读者对文本意义的理解,但是文本意义并不完全等同于作者的意图。

对于电视文本来说,文本生产者在文本生产中无法充分实现并表达其主观意图。在文本中首先蕴含的是生产者的创作意图,这是其自身意识在文本中所要求体现的内容;与此同时,电视文本还蕴含着生产者所未能主动察觉的内容和意义,而这些也被文本呈现和表达出来了。因此在一个电视文本中,生产者在创作时具有意义展示的欲望和主观意图,并试图通过电视文本语言符码来实现这种意图;但同时,由于生产者必然受到其所在的历史和社会背景以及知识结构的影响,其往往会在下意识中渗透入自身未能察觉的意义表征。所以电视文本的意义是由生产者赋予并构建的,但文本的意义并不能体现生产者的全部完整性意图,文本意义也并不是生产者在文本中所展示的全部观念。作为生产者来说,其在电视文本创作过程中不一定能够将自身的意图和观念充分和完全地展示出来。电视文本的生产写作是一个系列贯通的过程,具有时间上的延续性。在生产中出于表现形式和表现目标的需要,生产者会依据实际情况对文本的创建进行理念调试,而这种思维层面的细微变化有可能并未受到生产者主动意识的关注。另外,生产者对电视文本的构建是依赖于语言符码的,而由于其自身生命经验和人生阅历的差异化特性,其对于电视文本语言的驾驭与控制能力有着明显的不同,所以生产者利用文本进行主观意志表达的充分性受制于其对语言符码的使用能力。

但需要指出的是,古典阐释学的主体性虽然与多种文本理论共享了哲学理性主义主体理论,但它们之间还是有区别的,特别是与后来的结构主义文本理论的主体性观点。双方的主体性虽然都体现为作为阐释主体的从属性,但前者从属于文本生产者,后者则从属于文本符码意义。虽然结构主义学说出现晚于古典主义阐释学理论,但由于与二者共享了理性主义主体理论观点,因此结构主义同样具有古典主义的观念特征。按照形式结构论的观点,电视文本的意义只存在于电视文本的形式和语言符码之中,与文本生产者的原意无关,这就是说,电视文本阐释者的主体性是在探求文本的语言符码意义之中体现的。这种主体性意义维度主要是形式主义、结构主义以及新批评。维姆萨特和比尔兹利的"意图谬误"与"感受谬见"观点是其典型的代表。对于他们来说，电视文本是与生产者和受众都没有实质性关联的独立体，电视文本的意义只存在于电视文本的语言结构以及电视文本的系统结构之间，对电视文本的意义理解就转化为对电视文本自身的分析。这就是说，电视文本虽然与生产者和受众相互关联，但这种关联是非常松散的，受众对于电视文本意义的理解可以忽略自身的因素，这是因为文本的意义并不会以受众的意志为转移，同样道理，其也不会以电视文本生产者的意志为转移。因此，在结构主义看来，虽然生产者对于作品的产生来说是至关重要的，但这并不是说生产者就是衡量电视文本意义的唯一尺度，其主观意义与意图仅仅能够用来考察电视文本产生的动因，"如果诗人成功地做了他所要做的诗，那么他的诗本身就表明了他所要做的是什么，如果他没成功，那么他的诗也就不足为凭了"①。

形式主义和结构主义的视角集中于文本的语言形式结构而不关心语言的内容。他们认为："文学是一种指涉自我的语言，即一种谈论自身的语言。"② 按照这一观点，形成电视文本的是主体的语言符码体系，而语言符码又是一套具有固定性规则和规范的严密系统，是由特殊的规律、结构和手段构建的完整意义表达框架，因此受众始终处于失语者角色之中，处于文本语言符码意义的遮蔽之下，不能有丝毫的超越，这就使电视文本阐释的主体性笼罩在语言科学分析的光环之下，处于隐身状态，主体性具有典型的客观受动性。

对于理查兹来说，"诗语的意义完全取决于上下文，因而它是诗的内在语言组织的一种功能"③。弗莱则坚持认为，"文本是一个独立自主的文字结构，一个封闭的和内向的王国，它在一个文字关系系统中包含着生命和现实。这个系统与任何外在于它的东西完全没有关系"④。劳特曼把诗的本文看作一个多层次的系统，在这个系统中，意义仅仅存在于上下文的

---

① ［英］特里·伊格尔顿：《二十世纪西方文学理论》，伍小明译，陕西师范大学出版社1986年版，第10页。

② 同上。

③ 同上书，第6页。

④ 同上书，第67页。

关联之中。艾略特的文学批评贬低了文学作品实际表达的意义,"他的注意几乎完全限于语言的性质,感觉的类型,以及意象与经验的关系"①。可以看出,形式主义和结构主义的观点完全切断了电视文本与文本存在的外部环境之间的关联,无论受众还是文本生产者都将电视文本看作独立自主的存在,所以电视文本意义也不应该到电视文本以外去追寻,电视文本意义仅仅存在于电视文本自身,在电视文本的形式结构之间。

对于电视受众来说,电视文本的语言符码就不再是意义自足性的实存客体,其在受众对电视文本的使用中得以生存,而语言符码的规则就在这种使用过程中被构建和确立。也就是说,受众的主体性依赖于生活语言,通过语言,受众了解文本以及客观世界。按照形式结构论观点,受众对于电视文本的理解并不是关注文本的意义,而需要去关注文本的结构方式及所使用的语言规则,但在实践中,受众对于文本语言结构的使用是一种自我遗忘,并不关注文本的形式与语法规则,而更集中于电视文本的内容,以试图理解文本生产者。

依据这种观点,电视文本的意义源于构成电视文本的语言元素的内部结构,因此结构主义倡导对于电视文本意义进行科学主义的客观分析与辨别,这就弱化或者忽略了电视受众自身对于电视文本意义的理解与再造能力,受众成为形式语言符号结构的附属物和附庸体。因此,电视文本的意义必须符合语言的规律性与规范性,电视文本的内在结构特征处于电视文本意义的决定者位置,对电视文本的存在和意义理解疆域设立限定,而受众以及主体性则被边缘化,成为论题之外的概念。对于结构主义来说,电视文本阐释主体性是整体性与齐一性的主体性,是可以随便替换而不给结果带来变化的抽象主体。因此,对于电视文本理解行为来说,受众的主体性也受到语言解读的遮蔽,成为一种简单的语言符码的编码解码过程,甚至成为"镜像式反映"行为,受众不具备任何的重建与再造功能,被视为摆脱了自身条件和能力限定的复写工具。因此在主体性层面的结构主义特征使电视受众主体性被语言的科学主义理解范式所限定,其主体性的主观能动性就处于受限处境,呈现出典型的客观受动性,从而使主体成为电

---

① [英]特里·伊格尔顿:《二十世纪西方文学理论》,伍小明译,陕西师范大学出版社1986年版,第64页。

视文本意义的从属。

三　"主客体二元论"的局限性

如上所述，对于电视文本阐释主体和主体性的研究，研究的切入范式不同，电视文本阐释主体性亦不同，有时甚至截然相反。自理性主义成为近现代哲学理论的主流意识以来，对于主体性的讨论大都建立在主客观二元认识论基础之上，古典主义阐释学和文本理论都继承了近代主体性哲学。可以说，主体性哲学是近代社会不断趋于理性主义与建立社会现代性的需要，因为现代性从根本上说就是理性，而理性主义的最明显的标志就是主体性的确立，也就是对人的价值的肯定。主体性理论对传统反映论哲学理论的冲击具有积极的历史作用。理性主义的目标在于构建和确立现实根基，即以构建现代性为目标，但由于其缺乏批判精神，因而不具有反思的价值理念，这就使得文本主体性的研究处于"只立不破"的单项维度，所以其具有理论上的局限性，即认同主体性，但忽略了主体性的负面意义。首先，这种主客对立二元论的主体性哲学无法回答阐释主体的存在自由本质问题，其原因在于无法合理解决生存的自由本质问题。主体性哲学把主体的生存行为局限在主体对客体的占有，这可能会形成唯我论和人类中心主义。而依据其构建的古典主义阐释学文本理论，可能导致将文本视为阐释主体的自我扩张和自我实现，但自我却无法成为文本的依据。其次，这种主体性是一种传统的认识论，将主客体的关系视为主体存在的基本依托，而忽视了更为本质的"存在"的本体论意义，也即主体间性的关系。因此，文本就被视为对客观存在的反映，其与世界的关系被狭隘地限定为认识主体与对象的简单结构，而实际意义上的文本及其理解应当具有一种生存体验和有关生存意义的价值。最后，这种主体性的认识论无法说明主体的理解活动何以可能的问题。在主客二元论的框架内，主体永远无法确定无疑地占有客体，并且这种科学主义的认识范式也难以适用于精神现象，不能解决生存意义的问题，尤其不能解释文本活动、审美意义、直觉想象、情感意志等涉及理解行为的现象。

因此，要想突破古典主义阐释学视野中主体性所呈现的静态性、反映论的局限性，正确认识电视受众的主体与主体性，就必须超越其在理论层面的单维范式的主体离散性，并与结构主义语言学范式的主体齐一性划清界限,以现代阐释学的实践哲学为指导,运用主体间性的主体理论,将电视受众的理解行为视为一种主体的社会实践,而其主体性既包含主体的主观能动性,又包含主体的客观受动性,是主观能动性与客观受动性的辩证统一。因此在讨论电视受众的主体性时,既要考虑它的主观能动性,又要重视它的客观受动性;既要考虑它的个体特征,也要考虑它的类特征和社会制约性。

第三节　现代阐释学与电视
受众主体性重建

自胡塞尔创立现象学开始、由海德格尔与伽达默尔完善的现代阐释学,使得主体性开始向主体间性哲学范式转变。主体存在被视为主体间的存在,主客体二元分离的理念被交互主体性取代。创立现象学的胡塞尔提出,先验主体可以通过意向性行为而达到体验他者主体的精神活动,这突破了认识论中的"主体中心论"窠臼。而紧随胡塞尔的海德格尔对狄尔泰等人确立的历史主体性进行了批驳,通过对理解的存在意义的分析实现了主体间性的转向。依据这样的理论,电视受众的主体性就从自我主体转化为主体间性。

一　"主体性"的再发现

在希腊语中,"阐释"的词义包含说明、解释和理解三个层面的含义,而法国哲学阐释学者保罗·利科则将阐释划分为以上三重发展阶段,按照利科在《解释的冲突》一书中的观点,阐释学首先是文本阐释学,它将目光指向对历史文本或者文献的释义与注释技巧、规则之中。阐释学发展的第二阶段则将阐释的理论疆域限定在对文本的理解和说明过程之中,这以施莱尔马赫及其撰著的《阐释学》为代表。施莱尔马赫认为,在主体的文化方式中,作为绝对精神主体的人,具有能动的"自我"(ego)的特性,而这一特性正是主体最重要的创造性来源与始基。自施莱尔马赫肇始,阐释学的核心理论指向已经不在集中于被视为理解对象的文本,而是开始关注主体的理解行为本身,这一重大转向为后来的狄尔泰提供了理论思维上的历史铺垫,并促使其将阐释学转化并改造成为研究解释历史文本的学说，从而使阐释学上升为精神科学的哲学方法论形式。这种方法论观念在主体性理论转化演进方面意义重大，它带来的直接观念变革就是主体开始将自身的生命经验外移至对象的生命经验之中，也即主体对于文本理解开始借由对其他主体的理解行为来实现或感受，在"你"之中重新发现了"我"。因此，文本的理解行为被视为一种对话或者沟通的方式，是作为客体的文本与阐释主体的交互行为，也即主体的自我价值生成和自我显现的方式，理解行为就是主体的存在和存在方式，不再是古典主义阐释学认为的阐释主体对于文本的"占有"和"单向涉入"。狄尔泰以后，对文本理解中的主体性问题进行探讨的是海德格尔和伽达默尔，在他们的进一步分析中，主体参与理解行为的重要性更为凸显，对理解行为的探讨路径是将历史和社会存在视为主体参与的结果，而后者的参与行为是以理解为形式的，并在理解中得以实现自我的存在，这就是现代人文科学的研究方法论路径，也是以主体间性为标志的现代哲学阐释学的主体性价值取向。

从学术发展史来看，上述阐释学的主体性观念演变与西方主体性哲学的路径发展脉络是基本一致的，即遵循了前主体性、主体性及至主体间性的发展阶段。古希腊的前主体性哲学强调的是实体论本体论观念，如柏拉图认为，作为存在的价值是非主体性的理式，而亚里士多德则认为存在是客观的物质。及至近代的认识论哲学，才将主体性提升到了新的历史高度。认识论哲学认为主体性在于人对客观对象的掌控和占有行为，存在是主体的历史活动。笛卡尔的我思故我在、康德的先验逻辑、黑格尔的逻辑主体等都是先验主体性的代表思潮，而以狄尔泰、叔本华、尼采、柏格森等为代表的生命哲学则强调历史主体性，所以，认识论的主体性具有先验和历史两个发展阶段。自胡塞尔创立现象学开始、由海德格尔与伽达默尔完善的现代阐释学使主体性开始向主体间性哲学范式转变。主体的存在被视为主体间的存在，主客体二元分离的理念被交互主体性取代。伽达默尔在海德格尔的基础上将主体理解行为视为主客体之间的"对话"与"视域融合"，从而在理解的实践意义上将主体性确立为主体间性。哈贝马斯则从主体的交往行为中将主体性视为在交往互动中的主体基本本质。对于现代阐释学来说，从主体性向主体间性的转变为文本理论提供了重要的理论基础，但需要注意的是，后结构主义或者解构主义理论试图通过文本的意识形态话语体系来消解主体性，这与主体间性的理论范式是不一致的。

从方法论基础看，从近代主体论转向主体间性也代表了现代人文研究方法的范式变革。近代主体性哲学衍生出的传统认识论将主客体进行分离，因此主体对于客体的理解和认知被认为必须通过逻辑演绎、归纳以及假设推理等科学主义手段才能实现。而自狄尔泰建立精神科学之后，人文科学发展路径的学术流派便希望突破认识论以及科学主义的限制，要求重新审视主体的人文意义。如狄尔泰认为，精神科学是独立于自然科学的特殊学科体系，因此精神科学方法论与自然科学方法论具有明显的差异，二者最重要的区别是：精神科学是对主体之间的相互认知和阐释行为的研究。例如，精神科学凸显特殊价值的重要性，而不是强调物体之间的普遍性规律；不对客观世界进行占有形式的理解，而是关注行为意义的解读和阐释。柏格森、叔本华、尼采、克罗齐等的生命哲学关注主体的直觉、意志以及愿望经验；胡塞尔的现象学则力主意识具有意向性，可以通过意向性行为来达到洞悉本质直观的目的；现代阐释学把自己的目光集中于理解行为与主体存在方式的关联。这些事例都证明，现代人文科学关注主体及其行为意义的理解，并试图在主体与主体间的相互关系中寻求真理的存在，这是对传统认识论和科学主义方法论的拒斥，也是主体间性在人文科学领域的价值影响所在。

弗莱德·多尔迈在《主体性的黄昏》一书中指出："事实上，依我之见，再没有什么比全盘否定主体性的设想更为糟糕的了，因为真实的原因在于，我们无法采取一种有意宣布它无效的形式，来开辟超越现代性的通道。"① 根据多尔迈的观点，主体间性是在近代主体性哲学观念上的进一步演绎，而并不是对主体性的完全拒斥，其目的是重构主体之间的相互关系，因而主体间性也被称为交互主体性，它不是对主体性的排斥，而是对主体之间逻辑关系的重新认定和再次架构。应该说多尔迈的观点很有代表性，还有很多学者表达了对于主体间性的肯定，如列维纳斯在《总体性和无限性》中提出应当从他者存在来重建主体性的意见："这本书确实把

---

① [美]弗莱德·R.多尔迈:《主体性的黄昏》，万俊人等译，上海人民出版社1992年版，第2页。

自己表达为是对主体性的辩护，但它既不是在它的纯粹自我中心地对抗总体性的层次上来理解主体性，也不是在它面对死亡时的焦虑的层次上来把握主体性，而是在无限性观念的基础上理解主体性。"①

二 "主体间性"与主体存在

从哲学本体论角度看，主体间性依附于主体的存在方式，因此主体间性就是主体的存在特征之一，属于本体论范畴。不同于传统认识论将主体的生存视为对客体的占有与控制，主体间性放弃了主客体二元的观念，主体不再是通过征服客体而构建自身，而是将自身的存在纳入主体之间的共在性上，存在成为主体自身与他者主体间的共通与对话。首先，对于不同主体之间的关系来说，它们不是一对一的直接认识与理解，而是呈现出间接性特征，即主体之间的交往必须以文化、语言以及社会关系为中介。所以人文科学的关注领域就成为主体之间的关系，而研究对象的客观实存以及精神活动就不再是孤立的、被理解的对象，而是作为另一个主体存在，与自我主体处于对等层面，具有共生性，双方是对话与话语交流关系。另外，对于存在来说，主体也摆脱了仅仅从对客体的占有方式实现自我生存的状态，而是一种真正意义上的自由形式，存在成为不同对等主体之间的共生。客观实存从被认知的客体转化为参与理解的主体，并通过交往行动与相互对话方式消解自身的外在性，从而参与到主体的理解行为之中，实现与主体的共同理解，以此确定为本质意义上的存在。马丁·布伯认为："人持双重态度，由此有双重世界，即我与他之间是有限的经验、利用关系，只有转化为我与你关系，才是纯净的、万有一体之情怀。人通过'你'而成为'我'。从而成为本真的存在。"② 在布伯看来，生存的本质意义不是在实际现实上的存在，而是主体之间共生式的共在状态。在这种共生式的共在状态中，客观实存不是独立于主体的未知客体，而是试图参与理解活动的另一个自我主体。而自我与外在的关联也突破了主客体的限制，成为两个不同主体的逻辑共生，是"主我"与"他我"的关系，在

① Emmanuel Levinas, *Totality and Infinity*, The Hague: Martinus Nijhoff Publishers, 1979, p. 72.

② ［德］马丁·布伯：《我与你》，陈维纲译，三联书店1986年版，第44页。

"主我"与"他我"的不断交往对话中,主体之间产生了一致性的共同存在。因此,主客体二元关系中主体与客体不能处于同等的自由状态,而只有在主体间性之间,双方才有可能实现真正的自由,这是对近代认识论主体性的存在意义层面的超越。

主体间性的第二层面指涉主体同他者、自身同社会之间的关联。也就是说,主体自身并不是孤立的、独自存在的原子,而是能够与他者主体形成同生共在。主体性哲学提升了人的自我主导性与主动性意义,但也使主体开始脱离集群而转向自身的个性化存在方式,导致个体最终成为具有原子式意味的绝对个体。胡塞尔为了消除西方哲学逻各斯主义带来的主客体对立,以及由此产生的自我中心论,提出了人的意识有意向性功能的理论,通过"本质直观"的途径,对主客体分离的关系进行重构,从而利用先验自我的主体意向性将主体性转化为主体间性。在胡塞尔看来,主体性是强调单一个体的所指,而主体间性则是主体通过意向性体验获得其他主体的精神体验的认知,因此主体间性是多元主体的所指,主体存在是以主体间性方式存在的。但是胡塞尔将主体间性完全纳入主体的精神意向领域,因而堕入了先验唯心论的认识误区,这就使主体的存在彻底脱离了历史与社会具体形态,人的生存被从具有实践意义的实存高度抽象为主体的精神领域之中,这就消解了主体间性的群体性与个体性的相互包容关系,使得个体性超越了群体性而存在,这与主体间性倡导的"个体性是群体性的存在形式,而群体性是个体性存在的总体规则"的意指相悖离。主体间性应当被视为主体之间的相互共生性,是不同主体的共生的形态和方式,主体以主体间性存在,但是又以个体性的方式表现,因此,主体间性的本质是不同个体的交互关系。海德格尔指出:"由于这种有共同性的在世之故,世界向来已经总是我和他人共同分有的世界。此在的世界是共同世界。在之中,就是与他人共同存在。他人的世界之内的自在存在就是共同此在。"① 对于实践来说,主体间性难以获得完全的显现,所以主体的交互关系是建立在对个体的约束之中的。依据海德格尔的观点,共在的表现方式有两种:首先,海德格尔认为主体与客体相对立是后来发生的事情。原初的世界是主客未分,浑然一体的。此在与"在者"混在一起,

---

① [德]马丁·海德格尔:《存在与时间》,陈嘉映等译,三联书店1987年版,第146页。

也即海德格尔的"混世"共在，混世共在的方式是非本真的，在这样的状态下个体将自身视为与外在物一样的在者，这样的自我就丧失了个性，成了无个性的"常人"，因此"此在在世"沉沦于日常生活，不是作为自身而存在的，不是处于本真状态。另一种则是超越性的本真的"共在"，共在存在的根本特征是"在世界之中存在"①，海德格尔将世界与此在的个体自身特征结合了起来，世界首先是手边的世界，是熟悉的周围世界和文化世界，是此在当下生活着的这个世界。海德格尔认为"共在"这一存在方式"在本质上就是向来属于我的存在，无论我是否明确地意识到了这点，无论我是否迷失了我的存在"②。海德格尔站在历史意识之上来理解共在，共在的向来属我性与共在的历史性是此在生存论分析的关键，主体同其他主体间存在着自由的关系。因此，主体间性是对主体性的重构和再造，而不是对主体性的完全拒斥和对个体的彻底摈弃。

　　主体间性对于人文科学的方法论原理也进行了推进。建立在主客体分离基础上的传统认识论采纳科学主义方法论逻辑，即假设存在普遍性规律，主体利用归纳、演绎等方法就可以获得对客体普遍性规律的认知和理解，因此知识的获取是建立在理性主义之上的。胡塞尔认为传统认识论无法说明主体认识发生的原因，因为它是"对象化的思维""自然的思维"的形式。胡塞尔力主用主体的"意向性"构建的"本质直观"的主客体共生形式来消解主客体二元论观点，即以在意识活动中的本质真理性取代认识行为中的真理性。所以根据胡塞尔的观点，主体的意识是主体之间的理解条件，而不是主体去认知的客体，精神现象是主体间的现象，而不是主体面对的客体，否则主体就会具有"物性"，会产生主体的客体化与异化。萨特说："我们已知道，他人的存在是在我们的对象性的事实中，并且通过这一事实明确地体验到的。而且我们也已看到，我对自己的为他人异化的反应是通过把他人理解为对象表现出来的。简言之，他人对我们来说能以两种形式存在，如果我明白地体验到他，我就没有认识他；如果我认识了他，如果我作用于他，我就只能达到他的对象存在和他的没于世界

①　［德］马丁·海德格尔：《存在与时间》，陈嘉映等译，三联书店 1987 年版，第 78 页。
②　同上书，第 207 页。

的或然存在；这两种形式的任何综合都是不可能的。"① 因此，要消解上述的主体与他者主体的不适应性，就要将他者主体视为自身主体的投射，以平等的态度看待他者，从而获得一种彼此认可的存在方式。依据这种主体间性的观念，人文科学的方法论开始转向主观主义或者说开始注重对主体生命、行为以及生存意义的把握，主张在主体的对话与交往中实现对知识的理解。主体的意义获得与对客体规律的认知是不同的知识学习方式，对于前者来说，必须采纳人文主义的视野，如精神分析、现象学、阐释学等途径，以期获得对主体意义的理解，而后者则需要主体通过理性来对客体进行逻辑分析以探寻客体的普遍性规律。由于主体是具有精神活动的主体，采取科学主义的方法论往往容易使主体陷入被物化的境地，从而堕入孤立研究的倾向。因此，主体间性的理论要求对于主体的把握必须深入到其内心世界和生命境况之中去，以获得对主体精神和心灵活动的意义理解，这就要求主体向他者主体采取开放性的态度，使得主体能够对他者主体进行充分的体验和感受，从而依据其主体性行动来把握其生命的意义特征。

三　作为"人学意蕴"的电视受众

对于电视文本接受来说，主体间性理论为从阐释学角度研究受众的主体性意义提供了新的学术范式和方法论基础，也使受众的主体性认知发生了新的变动，即从古典主义阐释学层面转向了现代阐释学视野，受众不再是文本意义占有者，而是与电视文本以及文本生产者处于共生的层面，这为更好地理解受众主体性本质提供了新的视野。

首先，对于电视文本来说，其不再是生产者与受众之间进行意义传递与对抗的平台，而是两者共同存在的方式，因此电视文本就不再是受限于生产者或者受众的孤立文本，而是自身获得本真的存在，也即文本在真正意义上成了"独立自由的文本"。这就与建立在传统认识论基础上的古典主义阐释学电视文本观念区隔开来。如前所述，古典主义阐释学将电视文本视为认识论的客体，是主体对于外在存在的认知对象；还将其视为传统价值论的意志对象，是主体的道德价值观念在文本上的镜像反射；同时也

---

① ［法］保罗·萨特：《存在与虚无》，陈宣良译，三联书店 1987 年版，第 396 页。

从实践论意义上将电视文本视为受众对于客观世界的占有。这些观念的本质就是将电视文本物化，而电视文本的理解与阐释也就转化为受众对于客观实存的认知和控制行为，文本成为主体与客体征服关系中的载体，因此文本被赋予了僵化的被动型意义。古典主义阐释学电视文本观念对于受众主体性的讨论总是以对文本的占有为前提的，而忽视了文本之中体现的主体间性意义。对于受众来说，自身主体性存在虽然具有实践意义，是主观实现对客观的把握，但这并不是海德格尔所言的本真的共在，而是处于"沉沦状态的此在"，受众和电视文本并未获得应有的自由的实质性。因为处于二元对立状态的受众与文本无法真正使彼此获得完全的自由存在，受众与文本的对峙是处于支配关系之中，因此始终存在着彼此的压制与被压制的可能。因此从阐释学角度来说，双方均不可能获得自由，反之这种压制关系只是体现了受众对于电视文本的控制能力，也说明了电视受众在文本理解行为中的异化和不自由程度。按照现代阐释学的观点，只有当电视文本也被视为独立的主体之一，与受众的主体进行交互式的存在，或者说两者能够建立在主体间性基础之上的共在，受众与文本才能真正获得各自的主体自由。所以，电视文本并不是受众对于外在客体的占有和掌控，而是受众主体与他者主体的交互理解，是自由意义上的共在方式。对于电视文本生产来说，文本生产者不是将自身的意志与观念强行植入文本本身，而是将自身的生命体验转化为一种主体的观念表征，或者说将作为实践的人的行为意义形成电视文本，使得受众能与之进行对话和沟通。而电视文本的接受行为也不再是受众对于生产者的原初意义的寻找与认知，而是将电视文本视为与自身一样的具有生命体验的主体，进入其内在世界以体验他者的生命和行为意义。因此，电视文本就被赋予了生命的特征，而不再是一种非生命体，不再是孤立的被认知的客体存在，而是受众面对的另一个具备主体资格的存在。这就意味着电视文本成为一种主体的存在方式，是受众与对象主体之间的对话与交往形式，也是双方的主体间的"共在"。所以，电视文本就被视为主体间性活动，这与实践意义上的人际交往不同，其具有整体意义上的主体间性，也即哈贝马斯认为的"完整的主体间性"，所以双方都获得了本真的存在，因而也是自由的存在。这是因为在具体历史和社会关系下，受到实际主体世俗化价值体系的狭隘性限制，主体之间无法脱离传统意义上的认识论影响，也就是说，在现实境况下，主体之间总是视他者为能否为我所用的客体，而对于非生命存在，则更将之视为可供驱使与否的客体。另外，根据海德格尔的观点，处于世俗世界的主体间性是非纯粹性的，因为作为世俗中的主体无法实现充分的、自由的、本真的交往行为。所以建立在这种不充分行为之上的主体间性导致主体无法突破主客体对抗关系，所以主体与客体无法实现普适性的共在，而主体接触到的非生命性客观实存，也会导致最终自我主体的物化。所以在现实中的不充分主体间性难以获得主体之间的本真存在，而只有在消解了主客对立关系，主体间性得以充分实现的条件下才能获得本真的存在。因此，将主体间性引入现代阐释学视野的电视文本接受中，就意味着电视文本将受众与客观实存之间的二元对立进行破解，将双方独立的现实转化为受众主体与文本主体之间的共在关系，以此实现受众与文本的真实的存在。对于电视文本接受行为来说，文本所展示的意义不能再被视为由受众去认识和探寻的外在客体实存，而是与受众进行真实生命体验的他者主体，双方在相互体验中融为共生的结构，并一同成为历史的存在。应该说，受众与电视文本的主体共在并不是对主体性的完全取消，也不是主体对于客体的遮蔽，而是在意义理解的前提条件下，通过受众与文本的自由对话而形成的受众主体与文本主体的主客融合。对于任意的电视文本来说，对其的接受行为本质上是一种从认识论的主体性层面推进到文本间性层面的过程，也就是从狭隘的主体间性层面过渡到整体的主体间性层面的过程，而主体性则在这一过程中得以被克服和超越。具体来说，就是在实际电视文本接受行为中，受众首先保留着自身的主体性和自我意识，并将文本视为外在的客观实存，如同对待其他非生命客体一样，受众是用审视的范式来接触电视文本的。但当文本接受行为实施，受众就开始进入文本的意义领域，自我主体开始丧失，受众对文本意义开始体验，主体观念与文本观念成为对话的彼此，主体与文本的意义实现交融；与此同时，电视文本的客体性也开始丧失，开始向主体性转化，并通过意义实现与受众主体的对话，文本意义进入受众的意义领域，并与之共同构建了文本意义的新的维度。在主体间性的作用下，电视文本与受众实现了主体融合，同时成为获得本真的存在。

主体间性对于电视文本理解的第二层意义在于：受众对于电视文本的理解行为成为不同主体间的活动，而不再是独立的原子式活动。对于电视文本来说，其是个体性意义与主体间性普适性意义的结合体。因此，电视文本就具有了自由与个体性的含义，是主体意识的自由创作物。古典主义阐释学主体性文本观念的薄弱之处在于无法解决文本的个性化与普遍性、主体性与他者性的关系问题。因为如果文本是孤立存在的个体，那么文本之间经验交流和沟通方式如何，以什么样的方式达成有效的意义共识就无法得到有效回答。而在实际意义上的文本具有个体化色彩，是可以彼此交流的，文本同时也具有意义上的普遍性特征。其中最重要的因素就在于文本是主体间性活动。因此，电视文本中实现的主体并非是原子式的独立自我，而是与文本、文本生产者共在的主体。而主体在同对象主体进行文本经验的彼此体验和互动后，有可能达成相互的共识。对于伽达默尔来说，这种达成的共识就是受众进行电视文本理解的前理解，并且这种前理解成为电视文本意义构建的基本条件。所以对于电视文本理解来说，主体的自我意识是前提条件，而对象主体的意识也是前提条件，这就使得电视文本并不是受众对于原初意义的回溯，而是在多重主体共同参与下的互动结果，因此，任何电视文本都是个性化与群体化的意义集合体。

古典主义阐释学文本理论凸显文本的个体化特征，具有一定的正面意义，因为文本必须始终以个性化形式存在。但这种个体化特征却又不能与群体化特征偏离或分割，也即他者主体必须介入文本的存在之中。对于文本来说，其存在于特定的历史文化、社会生活背景中，是社会性主体交往的具体形式和实际产物。对于电视文本理解来说，理解行为也正是对于主体之间社会生活的反映，所以受众与文本主体具有共通的文本意义解读框架和理解范式，从而能够实现文本经验的传递和扩散。因此，电视文本具有的"理解有效性"是存在于受众与文本主体、生产者主体以及其他多元化主体之间的，电视文本是个体化特征与整体性特征的融合体，过分强调电视文本的个体化特征会导致文本共同经验的丧失，而过分突出其整体性特征也会造成文本主观主义的动摇。

主体间性对于电视文本理解的第三层意义在于：受众可以通过对电视文本的理解而达到对人的理解，并在此基础上实现对存在价值的理解。在现代阐释学看来，电视文本是精神科学关注的对象，其本身是主体之间意识的对话方式。古典主义阐释学从传统认识论出发，将文本视为非生命客观实存，也就将文本降低为主观意识试图控制和占有的次级客体。这就将电视文本处理为一种单纯的物质实体，而使其失去了应有的意识主体意义。无论是主体构造客体的"认识论"还是主体反映客体的"反映论"都难以从精神活动层面适当地阐释电视文本意义的传递形式和内容。因此，要彻底理解电视文本，就必须将其视为与受众平等的主体及精神活动，并将其纳入人文科学的视野当中，利用现代阐释学的主体间性思维，对其进行理解，这样才能使受众真正地进入文本的内在世界，体验文本及其生产者的行为意义及生命经验，以此获得对文本真理的把握，并在此基础上获得彼此本真的自由存在。所以客观地看，电视文本理解应当属于主体的精神现象，其不同于科学主义所认为的那种主体控制客体的过程，而是受众与积极开放的文本意义实施互动的过程；同时文本也不是静止的、固态性的物质实存，而是运动的、变化性的精神构造活动，是受众直面的主体领域。探究电视文本的意义就不能使用传统认识论的逻辑归纳与逻辑演绎，并且无法用普遍性的规律和定义、概念对其进行限定和描述，而是通过主体，即受众的自我价值体验，包括直觉、想象、感悟、内省、意志等价值方式进行意义的体验，这是将电视文本提升至主体的高度进行沟通，主体与客体的单向关系转化为主体与主体之间的有效对话、交流，电视文本理解也就自然具有了主体间性的人学意蕴。

构成电视文本及其意义的语言符码为文本的主体间性实现提供了必要条件。对于电视文本来说，其实际形态必须以语言符码来展示，因此语言成了受众与电视文本之间展示相互主体性的介质。但是受众和电视文本生产者使用的语言是普通的社会语言，其受明确的客观性语言规则的约束和限制，因而往往是从意义的实际中高度抽象出来的，具有约定性、固定性和常态化特征，仅限于对客观实存的单向描述和局部的主体间性交往。正如高尔吉亚所说："我们告诉别人时用的符号是语言，而语言并不是给予的东西和存在的东西，而是语言，语言是异于给予的东西的。"[①] 这就意味着，社会性语言是一种难以充分体现主体间性交往活动的工具符码，其对于主体的意义表述和展示是局部的、不完整的和

---

① 《西方哲学原著选读》，商务印书馆1981年版，第56页。

非透明性的，主体间性在社会性语言的作用下可能受到歪曲和偏移，这会影响到主体间性的充分实现。而电视文本语言则突破了社会性语言的限定性和非透明性，将社会性语言符码的抽象性剔除出文本的意义范畴，使用具象性的表达方式来取代社会性语言的抽象性呈现，这就使文本获得了具有主体行为意义内涵的语言符码集合，从而使电视文本获得了与受众一样的主体性地位，因此，受众对于电视文本的理解行为就成为利用具有意义共通性的语言符码进行沟通的过程，从而获得对电视文本的本真性共在。如同海德格尔所言："一种关于语言的言说几乎不可避免地把语言弄成一个对象。于是语言的本质就消失了。"①

---

① ［德］马丁·海德格尔：《语言的本质：海德格尔选集》，三联书店 1996 年版，第 1067 页。

第 五 章

电视文本阐释的"效果历史"原则

古典主义阐释学分为初期阶段和浪漫主义阶段,主要受到历史主义的局限和束缚。从理论的属性看,处于海德格尔理论之前的初期阶段阐释学明显具有认识论与方法论的特征。海德格尔对阐释学进行了实质性改造,将主体以理解方式的存在视为本体论,这使阐释学理论诉求转向了对于精神科学所谓"真理"概念的探讨和关注。伽达默尔对海德格尔本体论理论的阐释学进行了完善,创造出"效果历史"概念,根据这一概念,对于电视文本阐释来说,电视文本与受众主体、电视文本的历史视域与受众的理解视域进行彼此的关联和重叠交织,并在这一过程中实现电视文本的意义界限和内涵,电视文本与受众之间成为相互决定与相互渗透的关系,电视文本的阐释本质上就成为效果历史的现实表征。从效果历史的形式看,其包括辩证结构、经验结构、提问与回应结构等内容。

第一节 "效果历史"与文本

"效果历史"是伽达默尔创立的现代阐释学的基础概念之一,其理论渊源同海德格尔的前见思想、此在的本体论意义以及黑格尔的历史辩证法思想有着密切的联系。对于效果历史原则来说,其实质是本体论现象学的系统化,同时也是历史辩证法在阐释学理论中的引入。效果历史原则使得人们对于文本和电视文本的认知发生了变化,突破了传统认识论和方法论的局限,受众对于电视文本的理解行为转化为其作为"此在"的基本生存方式,电视文本的接受不再是主体受众对于客体文本的占有和控制，而是其赖以存在的基础条件和前提。

一 "效果历史"的理论渊源及其历史性

古典主义阐释学的理论特征始终处于传统认识论和方法论范式影响之下，施莱尔马赫和狄尔泰具有共同的理论视角，即将阐释学归结为对于文本意义的解释与解读，也即始终从主客体的二元分离结构出发，将文本的阐释视为受众对于客观实存的认知和把握，这是典型的传统方法论理论路径，而这一视角也正是现代阐释学对其进行理论批判的核心要义所在。海德格尔在对古典主义阐释学的理论进行了广泛而又细致的梳理后指出，将对文本的理解转化为对理解行为自身的存在论基础具有重大的理论意义，这种认识导致了阐释学从认识论与方法论转向自身的本体论地位。海德格尔实现的阐释学本体论转向直接促成了伽达默尔的现代哲学阐释学的理论确立，并使阐释学的研究领域从对文本意义的具体理解行为的关注扩展至对理解主体生存状态的审视。海德格尔与伽达默尔一样，反对从历史主义的角度来审视主体的文本理解行为。根据海德格尔的看法，主体的存在具有"曾在、此在和将在"三个彼此贯通的阶段，而此在居于主体理解性存在的核心地位，他重点讨论了此在的概念结构并试图说明此在的存在形式和特征，其目的是对存在的历史性进行剖析以确立主体存在方式——"理解"的本体论意义。对于海德格尔来说，阐释学的本体论合法性产生并存在的基础实践逻辑在于"理解"与"理解的前结构"，在这两者的基础上可以得出"本真此在才具有历史性"的结论。因此，应该说海德格尔的哲学理论是一种"历史性"而非历史主义的主体存在论。

基于海德格尔上述观念，伽达默尔进行了理论上的传承和发展，对海德格尔的本体论哲学理念进行了系统化的充实和完善。伽达默尔对古典主义阐释学中存在的历史主义倾向进行了批驳，转而将这种静态的、线性的哲学思维转化为一种动态的、相互性的观念，他对于历史问题进行了高度的关注和审视分析，并由此提出了影响深远的"效果历史"理论。"效果历史"一词在德语中也可被翻译为"有效史"或者"作用史""历史效应""实效历史"等，其意义范畴由于翻译的视角不同而有所差别，但学术界公认的译法仍然是"效果历史"，德语中

"Wirkung"一词不仅仅代表的是"结果、后果"的含义,还具有"延伸、未完成、待充实"等含义。因此,伽达默尔这一术语的意蕴并非仅仅指涉"完结性的意愿或者是具有终结性意味的后果",而是意指对结果之后的影响。

作为伽达默尔现代阐释学的基础概念,"效果历史"实际指涉一种阐释主体与文本的历史性"共生与共在关系"。在伽达默尔看来,文本与阐释主体之间存在一种相互渗透交织、相互影响决定的关系,这种特定的关系使得文本意义并非完全来自原初意义或是文本生产者意图,而是由文本和阐释主体共同界定并形成的,双方共同确定了文本的意义内涵与外延。根据伽达默尔的观点,由于文本和阐释主体都是一种独立的历史存在,所以文本的意义场域是在阐释主体的理解行为作用下不断变化的,意义的形成始终呈现出一种未完成性与持续性,而这种过程就具有了明确的历史性,这种特殊的历史性也即伽达默尔所提出的"效果历史"概念。

伽达默尔的"效果历史"理论与黑格尔和海德格尔的理论思想一脉相承。黑格尔关于理解行为的"事件性"理论得到了伽达默尔的重视和引用,伽达默尔将黑格尔的辩证法思维运用到对于真理问题发生因由的解释上,认为真理得以显现的根本原因在于经验与传统的辩证性冲突。海德格尔对于理解的"历史性"问题的阐述则是伽达默尔"效果历史"理论产生的重要理论先导。伽达默尔依据海德格尔的思想认为,能够被理解的真理只有处于一种过去与当下、曾在与此在的贯通统一与融合中才能得以实现,这就从理解的基本性质角度将以传统时间观念为标准的历史观念进行了彻底的消解,也即对历史主义进行了根本的清算,理解行为成为"此在"的非断裂性存在方式。"效果历史"理论的提出是伽达默尔在"精神科学"领域对于理论思维始基的充分探讨和思考,对于他来说,历史不再是主体认知的相对客体,也并不是可以彻底脱离主体、处于自为自在状态的"孤立存在",而是呈现出"效果历史"的特征,是关联过去与当下的统一体,历史引导并介入了当下的构建,而当下由于历史的充实得以完善和持续。伽达默尔的"效果历史"理论使得对于历史的认知和评判标准发生了根本性的变化,这种观念上的变革对于文本意义理解研究影响甚为深远,在这种历史观念的作用下，文本理解的理论指向就从传统的探讨阐释主体对于文本的意义把握转化为着重分析考察阐释主体理解行为自身的价值意义，这就为文本阐释研究带来新的研究方向。

根据伽达默尔的理论，"效果历史"在文本阐释中的作用机制是显而易见的，阐释主体在对于文本的意义阐释与理解过程中，对于文本的态度不再是试图还原生产的语境或是文本的原初意义，而是通过对所理解文本的重构与充实得以进入文本，参与文本的存在与流传，这一过程的发生有赖于阐释主体的自身视域、生命经验以及被理解的文本自身的统一。所以文本理解的效果历史意义囊括了不同主体之间差异性视域的多重交互与多元重叠，是不同视域对于文本意义的差异化理解的共同作用与融合。按照伽达默尔的观点，文本得以存在和持续，从根本上源自其自身呈现出的"效果"特征，这种特征就是阐释主体对于文本的理解效果，也就是说，阐释主体通过理解行为对于文本的意义场域进行限定，这种限定并不是封闭式的局限，而是一种在不断开放中实现的"相对确定性"。

伽达默尔认为："真正的历史对象根本就不是对象，而是自己和他者的统一体，或一种关系，在这种关系中同时存在着历史的实在以及历史理解的实在。一种名副其实的解释学必须在理解本身中显示历史的实在性。"① 根据这一看法，文本理解的行为就不再依赖于某一孤立的客体标准，也即摆脱了文本自身和文本生产者对于文本意义的约束，而是需要通过处于"当下环境"中阐释主体与存在于"历史环境"中的文本相互贯通才能得以实现，文本的意义理解是在阐释主体对于文本的历史介入中完成的，通过持续性的彼此交融与相互作用，文本成为历史流传物的存在，而阐释主体本身也在这种历史流传物的构建中得以存在，文本理解行为也就此体现出"效果历史"的特征。

二　文本理解的历史性

"理解按其本性乃是一种效果历史事件。"② 作为伽达默尔的现代阐

---

① ［德］伽达默尔：《真理与方法》，洪汉鼎译，上海译文出版社 2004 年版，第 387 页。
② 同上。

释学的基础概念,"效果历史"试图阐明阐释主体存在的历史,那是阐释主体生存的本质内涵,也即阐释主体的历史性存在。伽达默尔认为:"真正的历史对象不是客体,而是自身和他者的统一物,是一种关系。在此关系中同时存在着历史的真实和历史理解的真实。一种正当的解释学必须在理解本身中显示历史的真实。"① 这种阐释主体与他者主体的共在共生关系历史就是伽达默尔所说的"效果历史"。在伽达默尔看来,文本的意义阐释之所以并不是对文本的被动式"复写",而是对其意义场域的建构性充实,其核心原因就在于"效果历史"在理解中的作用机制,或者说"效果历史"主导了文本的意义的发生与型构。基于这样"理解"的认知角度,"效果历史"的观念就应当被视为具有本体论意蕴的观念,而并不仅仅是停留在主观的单纯意识领域,因而"效果历史"意识就"不可避免地是存在而不是意识"②。"效果历史"使得阐释主体与文本的关系发生了变化,处于理解一端的阐释主体始终被置于"被抛"的状态之中,其所有的文本理解行为总是从某一当下的境况出发,这是主体无法避免和摆脱的,并且主体无法对这一境况进行彻底的、完全的反思和审视,主体处于其中得以存在。阐释主体之所以无法进行彻底反思是因为其始终处于自身所谓的"被抛"状态,也即其自身就处于历史的某一阶段或者场域之中,文本理解行为在开始总是具有一种已获得的视域,而同样的道理,阐释主体自身就是历史的存在,主体在实施任何反思之时也处于"被抛"的境况之中,也具有了相对的视域,总是无法达到笛卡尔所谓的绝对的"我思"状态,因此对于效果历史的反思是永远不能完成的,这是由阐释主体的阐释学存在意义所决定的。"所谓历史地存在,就是说,永远不能进行自阐释主体认识。"③ 而处于理解另一端的文本也始终是以主体的方式存在的,并且向一切可能的阐释主体展开和开放,因而文本理解行为就成为主体与文本的彼此作用。"效果历史"的概念从根本上消解了西方传统哲学的主体性观念,笛卡尔"我思故我在"的逻辑基础就此被动摇,因而文本

---

① [德] 伽达默尔:《真理与方法》,洪汉鼎译,上海译文出版社 2004 年版,第 389 页。
② 何卫平:《通向阐释学辩证法之途》,上海三联书店 2001 年版,第 188 页。
③ [德] 伽达默尔:《真理与方法》,洪汉鼎译,上海译文出版社 2004 年版,第 390 页。

理解行为的意义从方法论转向了本体论。

　　根据伽达默尔的"效果历史"理论，对于电视文本意义接受来说，就要求受众对于电视文本的理解采取历史性的态度，也就是在电视文本的理解过程中与作为历史流传物的文本实现对话，受众必须同文本进行相互关联，受众也必须将自己放置于历史的视域之中以实现对于传统主体与他者的视野的局限性的超越，从而从更为普遍的本质视域对文本的意义进行把握和体验。这种超越性的价值在于当受众进入电视文本的意义场域之时，不再是从断裂的时间节点去探寻已定的文本意义，而是从一个更为宏大的视域，即涵盖了历史和当下的整体视域对电视文本的意义进行持续的重构与丰富。

　　作为理解的构成部分，受众与电视文本被视为历史性的存在，因此双方始终处于一种相互完善和重塑的过程之中。电视文本的意义作为一种开放性的场域，其表征的内在含义是无法被具体的边界所限定的，意义总是以"效果历史"的方式突破当下对于其自身的束缚与限定，并在受众的理解下构建和形成自身的历史性，同时对将要出现的未来进行开放。依据"效果历史"原则，受众对于电视文本的理解方式、审美价值、意识形态观念都始终依据历史环境和社会条件的调整而变化，因此受众在进行电视文本理解时的视域、意义框架、思维范式都无法被完全固定下来，文本的意义在受众的接触与解释中不断地遭遇新的境遇，因而处于一种持续的未完成状况当中，意义的阐释成为意义自身不断丰富和充实的生产性过程。按照伽达默尔的看法，历史将文本理解的参与权给予了受众，而又将受众的理解充实到文本意义的整体性之中，理解成了文本的意义持续构建，而意义的完善又为后续理解提供了新的视域。

　　按照伽达默尔的观点，受众对于电视文本理解行为的历史性还涉及如何对文本意义中所表达出的"真理性"标准进行判定的问题。如他所言："历史学的兴趣不只是注意历史现象或历史流传下来的作品，而且还在一种附属的意义上注意到这些现象和作品在历史（最后也包括对这些现象和作品研究的历史）上所产生的效果——就此而言，效果历史并不是什么新东西。但是，每当一部作品或一个流传物应当从传说和历史之间的朦胧地摆脱出来而让其真正意义得以清楚而明晰地呈现时，阐释主体总是需要这样一种效果历史的探究——不是对研究的要求，而是对研究的方法论意识的要求，而这个要求是从对历史意识的彻底反思中不可避免地产生的。"①

　　作为阐释主体的受众与电视文本的意义彼此虽然相互作用和制约，但这并不是说文本意义就由此而缺乏明确的价值判断标准。在伽达默尔看来，电视文本意义中所体现的真理性不能按照传统的认识论标准来判定，也即不能依据受众的意识认知与"文本客体"的一致性，或者说思维与实存的"同一性"程度来进行确认，这也是伽达默尔对古典主义阐释学所持有的传统认识论观念拒斥的根本原因。在伽达默尔看来，文本的世界并不是一种以绝对主义形式存在的孤立状态，也就是说，在电视文本理解中不能简单地以"符合论"或者"验证论"来判断意义的真理价值观。因为以阐释学的观点来看，阐释主体与文本都不是完全独立的主体与客体，所以彼此不具备相互符合和验证的关系。按照伽达默尔的观点，电视文本的意义中的真理性是基于对传统认识论主客体二元分离观念的消解的。受众对电视文本的理解行为本身就是文本的存在和建构过程，而文本的建构又是受众主体获得自我主体性的必要条件，双方对于意义中真理价值的表征和把握是一种公共的相互作用机制。

　　另外，对电视文本意义所呈现出的真理性的把握还必须结合受众的自身历史性。根据伽达默尔的理论，"效果历史"原则与历史主义原则在文本真理问题上的本质区别在于对阐释主体自身历史性的接受与否。对于历史主义来说，所谓的真理必须具有普遍性的确定意义，也即真理必须以一种客观主义的方式存在，排斥任何对于真理的主观偏见和态度；而"效果历史"则强调必须意识到在文本理解过程中的阐释主体主观性，接纳并承认阐释主体自身的历史性和有限性在理解行为中的作用，并将这种作用视为文本意义发生的重要条件之一。"理解按其本性乃是一种效果历史事件。"② 这就表明，电视文本的理解行为是贯通受众主体自身的历史性及有限性与文本意义的相对性及无限性的过程。

　　从电视文本的意义理解来看，受众对文本的意义解读就不再是机械

---

① ［德］伽达默尔：《真理与方法》，洪汉鼎译，上海译文出版社 2004 年版，第 388 页。
② 同上书，第 387 页。

性的试图回溯文本的原初意义或是复原文本生产者的意图，而是对电视文本的意义范畴进行融合与重构，文本的意义理解转化为一种积极的创造性行为。这种创造性的理解行为不可避免地会导致理解中的"偏见"问题。对于伽达默尔的现代阐释学来说，在古典主义阐释学中被拒斥的主体"偏见"却成为阐释主体自身历史性的显著特征。作为阐释主体，其理解行为的发生总是处于当下的某一视域，而自身的状态则是始终处于"被抛"之中，因此对于受众来说，其可以在对电视文本进行理解的行为之中发现并调整自我的偏见，但却不能彻底摆脱偏见的影响。对于电视文本来说，受众的理解其实就是文本自身意义展示的范畴，而对于受众来说，电视文本的意义解读也就是自身存在的方式。偏见对于受众的理解行为的影响使受众对于文本的意义解读始终具有一种相对主义的倾向，文本意义永远无法被绝对化、静态化和封闭化，永远处于一种面向受众的开放状态，文本的理解因此也始终呈现出历史性特征，总是在一定的历史环境中的主体行为，并始终具有持续性和未完成性。按照伽达默尔的观点，理解行为最终代表着"对效果和继续效果的经验"①。这与黑格尔"人不能超出自己的时代正如人不能超出自己的皮肤"的观点一致，基于这样的观念，伽达默尔试图通过对偏见的"肯定与接纳"来对传统理性主义拒斥"偏见、传统与权威"的观念进行反拨。

受西方理性主义影响，传统的文本意义理解观念一直以来要求阐释主体必须在理解行为中保持绝对的客观主义立场，尽可能地排除主观意图对于文本意义的干扰和左右，认为主观意识所导致的偏见等因素会导致文本意义的理解偏差和错误，从而威胁到文本所反映的真理性显现。这种典型的客观主义理性观念受到伽达默尔的批判与否定，在他看来，绝对客观主义的文本意义只是一种主体无法达到的愿望而已，反对偏见的结果就是导致了另一种偏见的产生。客观主义往往将偏见机械地区分为盲目的前见与对权威服从的前见，这两者都必须在对文本的理解过程中予以排除，以达到对于文本的意义真实把握的目的。伽达默尔则认为，不应当对偏见（前见）进行根本上的否决，因为前见属于主体自

---

① ［德］伽达默尔：《真理与方法·下卷》，洪汉鼎等译，台湾时报文化出版有限公司1995 年版，补充和索引第 39 页。

身的历史性表征,是主体参与文本意义理解过程的前提条件,"个人的前见比起个人的判断来说,更是个人存在的历史实在"①。客观主义文本观将理性主义上升到绝对高度,认为一切的权威都应服从于客观主义精神,试图接近并达到对于作为历史存在的文本的真理性,就必须承认理性的绝对主宰地位,而一切的"权威"都应当保持沉默,要通过理性的分析和判断来驱逐主体主观观念和意识的作用和影响,以获得对文本意义的真理性的实质理解。

与理性主义秉承的"绝对客观"观念相反的是浪漫主义文本阐释观念。浪漫主义对理性主义所认为的"历史性与客观性"相互对立的观点进行批判,并试图将历史性或者说传统性视为文本理解的决定性条件,也即"在传统面前一切理性必须沉默"②。但这又使对于文本的理解走向了另一个极端,即对文本的意义理解成为完全放任的主观臆断,从而导致文本的意义无法得到相对的确定性,难以达到对文本意义的共识性判断,使得文本理解走向相对主义的另一极端。以上两种文本理解问题出现的根本原因在于理性主义和浪漫主义都将主体的偏见(前见)视为绝对对立,而且是无法共融的,由此势必导致彼此走向不同的极端。伽达默尔从黑格尔的辩证法视角出发,认为传统与客观并非是绝对性的对抗关系,而是能够进行辩证统一的存在。在他看来,传统就是历史性的表征,是主体生存的实际显现,传统从本质意义上看就是对历史的持有和延续,这种持有和延续可以通过显性方式和隐性方式得以实现,"历史并不隶属于阐释主体,而是阐释主体隶属于历史"③。对于历史的持有和延续从本质上来讲就是如何处理在文本理解过程中偏见(前见)的问题。伽达默尔将偏见或者说传统划分为合理前见与虚假前见,并认为需要对这两种前见进行识别,以确保文本理解行为对于文本意义把握的可能性与确定性。他采取的方式是利用理性批判来对传统进行选择和判定,要求在文本理解行为中保存合理前见,扬弃虚假前见,这就突破了理性主义和浪漫主义对待传统的绝对主义观念,转而采取了一种

---

① [德]伽达默尔:《真理与方法》,洪汉鼎译,上海译文出版社2004年版,第351页。

② 同上书,第363页。

③ 同上书,第357页。

相对主义的观点。正如其所说,效果历史意识"不可避免地是存在而不是意识"①,"首先是对阐释学处境的意识"②。

从整体来看,伽达默尔效果"历史原则"所强调的文本理解的"历史性"是基于哲学阐释学的本体论观念之上的,这是阐释学对传统认识论和方法论超越的结果。文本理解行为的"历史性"说明,对于任何文本意义的理解与解释都应当在"效果历史"的框架之内才能实现,阐释主体必须承认,对于文本的理解,无论主体自身确定与否,"效果历史"总是在潜移默化地发挥着作用。

三 "效果历史"的经验结构

伽达默尔认为,理解"效果历史"概念的关键因素之一在于对"经验"这一概念的结构性分析,"效果历史意识作为一种真正的经验形式,一定反映了经验的普遍结构"③。按照伽达默尔的观点,电视受众作为文本的阐释主体,其"自身经验"要素对于实现电视文本的理解的"效果历史"至关重要。

从伽达默尔的视角来看,受众作为阐释主体的经验范畴是有限的,其无法完全获得对于外在客观存在的所有意义的理解。受众应当明确自身认知能力的限制和缺失,因此其对于电视文本的意义理解与解释始终无法达到完全或者整体层面的绝对把握,文本的理解经验也无法实现绝对的确定性与完全的可靠性,电视文本的意义理解行为始终是一种具有未完成性的动态过程,期待着受众不断地进行新的充实和丰富。这就是伽达默尔所谓的"有经验的人"。但受众能否真正达到经验的"完整性",从而对电视文本的意义进行完整的理解?按照伽达默尔的观点,受众具有的经验的"完整性"并不是指其具有的经验达到了黑格尔所谓的"绝对的知识形式"的标准,而是意指受众的"经验第一次完全地和真正地得到了存在"④。"经验教导阐释主体承认实在的东西。正如

---

① 何卫平:《通向阐释学辩证法之途》,上海三联书店 2001 年版,第 188 页。
② [德] 伽达默尔:《真理与方法》,洪汉鼎译,上海译文出版社 2004 年版,第 390 页。
③ 同上书,第 464 页。
④ 同上。

所有一般的认识愿望一样,对存在东西的认识乃是一切经验的真正结果。但是存在东西在这里不是指这个或那个事物,而是指那种不再可推翻的东西。"① "真正的经验就是一种使人类认识到自身有限性的经验。"② 这就是说,受众在进行电视文本理解时,无法将自身所经验到的文本意义进行完全再现,同时也无法对文本中的意义进行完全主观化的重置,其总是在一定的范畴和界限之内达到对电视文本的意义触及。受众始终是以一种历史性特征而进入文本意义领域的。受众对于电视文本意义把握与理解的实质并不是对特定的、常规的"意义"的认知和体验,而是对于文本意义的界限的感受和洞见。对于受众来说,处于这种界限的场域之内,可以对文本意义的可能趋势进行判断,并对此趋势进行筹划,电视文本的意义因此面向将出现的"将在"彻底开放,文本意义由阐释主体——受众自身的历史性而走向无限性。这就是说,受众的筹划和预期都是具有一定界限的,始终是以有限性的方式出现的,而这种有限性的经验才是主体的本质经验形式,也是真正能够具有理解实践意义的经验形式,是受众对于自我历史性的内在接纳与认可。

伽达默尔认为,"效果历史"原则所强调的"经验"概念可以通过作为历史流传物的"文本"的经验得到有效的验证。从阐释学角度看,经验与历史流传物,也即"文本"具有密切的关联,而文本就是阐释主体经验的主要对象。对于电视文本理解来说,电视文本就是作为历史的流传物而存在的,受众所经验的文本意义不完全是其经验和理解的"具体体验",而是以语言形式存在的"电视文本意义诉说",也就是说,电视文本不再是完全受到受众认知的被动客体,而是一个具有积极意义表达的"他者主体",面对受众进行意义的诉说。因此,按照受众的经验结构,电视文本的属性已经发生了本质变化,其与受众不再是传统认识论上的主客体二元论关系,而是作为受众得以存在的"相关物"而存在的,电视文本与受众处于平等的相互交流关系,或者说,电视文本获得了同受众一样的自身主体性,拥有了自我意义表达的可能与权力。"这种理解根本不是理解这个'你',而是理解这个'你'向我们

① ［德］伽达默尔:《真理与方法》,洪汉鼎译,上海译文出版社 2004 年版,第 464 页。
② 同上书,第 465 页。

所说的真理。"① 依据伽达默尔的观点，从受众的"经验"概念出发，受众与电视文本在理论层面就具有相互关系之上的三重结构，不同的结构都呈现出受众与电视文本的异质性理解方式，而从严格意义上来讲，只有第三重结构在本质上归属于阐释学的观念，前两种结构是第三种结构的衍生和预备，是为第三重开放性结构的实现服务的，双方之间关系最终是以开放性的结构相处，即伽达默尔所言的表达出了"理解的效果历史"。

受众与电视文本关系的第一重结构是将受众对于电视文本的"经验"看作一种"人性认识的形式"。这种结构往往将对"电视文本"的理解进行物化，即将人当作与电视文本同样的物化形式，受众试图通过对电视文本进行观察和理解，从在文本中获取的行为意义表述来推断出普遍性规律，而这种规律被视为对人的具体行为的一般性推论。因此电视文本转化成为受众理解和判定"他者主体"的观察介质，这具有典型的科学主义特征，电视文本并不具有自身的独立意义，而是受众进行自我意图实施的手段和方式。按照伽达默尔的说法，这种对电视文本的"经验"实质就是一种"人性认识的形式"，他认为这其实是"一种模仿自然科学方法论的陈词滥调，这同样也使阐释学经验的本质失去了固有的光泽"②。康德也曾作出相同的论断，人是文本阐释的主体，不应当将人视为工具性的物体，而应当将人自身视为目的，即人具有目的性而非手段性。按照伽达默尔的观点，从手段角度出发受众所获的"电视文本经验"是与作为人的自我价值体验互为矛盾的。导致这种矛盾的根本原因是将作为历史流传物的文本视为缄默的客体，这是对科学主义认识观念的机械挪用，使得受众丧失了对电视文中所包含的历史与传统的主动认识能力，试图从一种绝对的观念出发，以求获得对于电视文本意义的客观主义认知。

受众与电视文本关系的第二重结构则是试图将对"文本"的经验视为对"人"的经验。按照这种结构关系，电视文本是等同于受众的主

---

① ［德］伽达默尔：《真理与方法》，洪汉鼎译，上海译文出版社 2004 年版，第 11 页（序）。

② 同上。

体,而并不是以客观形式存在的物体。也就是将作为阐释主体的受众和电视文本都看作各自具有独立性的"主体",赋予了文本以人的地位和资格,而这两个独立主体都具备表达自身不同意愿的能力和自由,并恪守自我意义标准,不轻易进行妥协和改变。伽达默尔认为,这种结构体现出受众作为阐释主体与电视文本之间的反思景象,而并不是彼此之间直接的关联。在这种结构中,电视文本的意义表达仅仅是将自身的意识投射至受众的主体意识之中,而对于受众来说,要把握文本的意义就必须从自我视角开始理解文本,甚至要比电视文本意义自身更好地理解文本意义。应当说,第二重结构提升了电视文本在文本意义理解中的地位,与第一重结构相比具有一定的进步性,但依据伽达默尔的观点,尽管这种结构赋予了电视文本更多的意义表述权力,但却不能实现文本直接对受众提出意义要求的目的,而这种经验结构就是其所称的"历史意识","历史意识在过去的他物中并不找寻某种普遍规律性的事件,而是找寻某种历史一度性的东西"①。那么对于受众来说,就应当彻底地排除在认识和理解行为中的当下境况与自身的偏见,以一种纯粹的客观方式对文本的"历史意义"进行理解,或者说必须以客观的方式回溯或再现电视文本的"历史原貌",进入其历史语境来理解其意义。这种结构要求作为阐释主体的受众忽略自身的历史性,并在电视文本的理解中拒斥偏见或是传统的价值,因而从本质上看,这种结构仍然是客观主义的一种形变。伽达默尔认为:"谁在与传统的生命关系之外来反思自己,谁就破坏了这种传统的真实意义——历史意识实际上必须考虑自己的历史性。"②

　　受众与电视文本关系的第三重结构才是真正意义上的阐释学结构。这种结构认为,受众对于"电视文本"的经验处于一种相互开放的状态。作为阐释主体的受众对于文本的意义场域始终呈现出接纳与进入的态度,文本不再被视为受众进行占有时的被动客体,面对受众时也不再保持缄默的状态,而是回归其自身,受众面对文本是为了接受与理解文本自身表达出的意义诉说。按照这种结构,受众与电视文本处于彼此的

①　[德]伽达默尔:《真理与方法》,洪汉鼎译,上海译文出版社 2004 年版,第 468 页。
②　同上。

开放和接纳之中，电视文本的意义表达展示着包括真理在内的可能性开放，"谁想听取什么，谁就彻底是开放的。如果没有这样一种彼此的开放性，就不能有真正的人类联系"①。不同于以往主客体二元关系中电视文本的被动地位，受众与电视文本必须在相互承认和相互肯定的条件下才能完成意义的传递和理解，文本获得了真正意义上的自由和平等地位，作为阐释主体的受众一方面必须先向文本敞开，才可以获得意义的理解机会，同时也要试图促使文本向受众敞开，以使其获得意义充实和展示的权力。依据阐释学理论，当电视文本与受众处于相互敞开的阶段，彼此的视域才有可能进行合理的融合，而达到融合的视域才是获得文本意义真理性的必要途径和方式。受众与电视文本的相互敞开关系从本质上说就是"效果历史"在文本理解中的展现和应用，这是受众自身对电视文本取得的真正意义上的经验，受众保持对于传统的接纳性，但必须在文本意义的统筹下实施，其必须尊重文本的意义表达，并随时对与自身不同的意义理解标准和内容进行接收。电视文本不再是受众去实施判断与评介的目标，也并非绝对意义的独立存在，而是被认定为一个具有"经验"的行为主体，面对所有可能理解它的受众进行意义的筹划和表达，"谁以这种方式对传统实行开放，谁就看清了历史意识根本不是真正开放的"②。这使阐释主体联想起历史主义中历史意识的朴素性，因为当它要求历史地理解文本时，总是试图消除传统对阐释主体的影响，并不是对传统采取一种开放的态度。而"效果历史"意识要求自身经验传统，从而达到传统对阐释主体所诉说的真理保持开放，即传统就像是一个取之不尽用之不竭的源泉为阐释主体的理解提供更多、更具生命力的真理可能性。可见，对于伽达默尔来说，"阐释学意识并不是在它的方法论的自阐释主体确信中得到实现，而是在同一个经验共同体"③。借此，"效果历史"意识的特征才能用经验概念更精确地刻画出来。

---

① ［德］伽达默尔：《真理与方法》，洪汉鼎译，上海译文出版社 2004 年版，第 469 页。
② 同上。
③ 同上书，第 470 页。

第二节 电视文本意义阐释的问答逻辑

按照伽达默尔的哲学阐释学观点，"效果历史"原则强调真理需要在理解的过程中展现。对于电视文本来说，意义理解的过程从形式上看是一种由电视文本和受众构成的问答逻辑，双方在相互的提问与回应中使得文本意义的内涵得以展现和构成，文本向受众的发问是其自身意义的形塑，而受众对于文本的回应则是其进入文本意义领域的基本途径，这是"效果历史"原则在电视文本理解接受中的应用和体现。另外，电视文本中所蕴含的真理性也不是客观主义所认为的孤立存在，对其的揭示与展露也是在文本与受众问答的过程中实现的。

一 文本理解与真理的"辩证法"

伽达默尔认为，对于文本的理解过程来说，"效果历史"原则的实现在形式成因上是一种文本与阐释主体的"问答逻辑"，而这又是关于主体的"经验"形式，其主要是阐释理念、逻辑理念以及阐释理念辩证法的融合与贯通。

"辩证法"的观念是阐释学意义阐释过程的基础核心理念，文本意义的展示和文本真理的显现均是依据这种观念而成为可能的。伽达默尔从对古希腊苏格拉底论辩术思想与德国哲学家黑格尔辩证法的分析中确立了阐释学的问答逻辑理念。在伽达默尔看来，古希腊的哲学思维为辩证法的出现提供了最基础的理论资源，并且这种哲学思维已经蕴含了明确的逻辑性特征。"辩证法"的词源意义本是意指在主体之间的对话辩解，以及论争中的技艺、技巧与方法，但其自身具有着相对稳定的逻辑法则和规律。在古希腊的哲学思想家中，在利用对话方式来取得真理方面最为突出的哲学家是苏格拉底，他在与不同主体进行真理性意义问题的探讨中充分展示出了问答辩证法中的逻辑性。苏格拉底的问答辩证法具有明显的逻辑结构，而这种结构往往是以重复或者再现的方式内生于问答过程之中。为充分审视和分析要研究的对象，苏格拉底会首先向与之对话的主体提出关于研究对象的本质问题，在对方对此进行答复和反馈之后，苏格拉底又提出相关的辅助性问题，这些辅助性问题的作用是使对方的回答与第一次的回答产生逻辑上的冲突。在认识到答案的逻辑冲突后，对话主体不得不对自身的答案进行更正，但苏格拉底又对这种更正进行新的发问和质疑，这就又导致了回答上的逻辑矛盾，对话主体只能进行进一步的答案更正。苏格拉底就是在这样不断的问答过程中引导对话主体不断深入所要探讨的问题，从而使得对于问题的理解不断深入下去。在伽达默尔看来，苏格拉底的论辩术虽然往往由于目的的不明确性而导致无法形成真实的终极答案，但却并不能将它视为"诡辩之术"，认为它将使问答走向相对主义和虚无主义。对于伽达默尔来说，正是因为前者的论辩术中包含着"问答逻辑"，才使论辩中的反诘与质疑等否定性因素具有了肯定的效果。因此，问答逻辑在苏格拉底这里是一种否定与肯定的共生，其本真的意义在于通过否定与肯定的更迭推动主体向真理无限接近。

另外，伽达默尔还对德国哲学家黑格尔的辩证法思想进行了审视和讨论。在他看来，黑格尔的辩证法不应当被视为需要抛弃的僵化思维，伽达默尔对黑格尔的辩证法理论进行了充分梳理后认为，辩证法是黑格尔为后续哲学思想提供的重要理论遗产，应当对其加以继承和发展，伽达默尔积极地将辩证法思想引介入了哲学阐释学的问答逻辑观念之中，以解释和展示文本理解行为的形式实质。伽达默尔认为，"黑格尔从概念中揭示了自我意识的辩证法。这正是黑格尔思维辩证法的最杰出之处"①。在黑格尔那里，"理念是自在自为的真理，是概念与客观性的绝对统一"②。"真理就是概念在现实事物相互联系中的实现，因而真理是现实的、具体的。"③ 对于伽达默尔来说，真理就是同一性与差异性的辩证统一，是主体的肯定性认识与否定性判断的相互共生、相互转变、相互依存，是在有效理解和解释基础上的充分融合，对立和矛盾不应被视为终结事物真理的条件，反而应当是促成真理出现和展示的基础要件，因此真理就是事物发展变化的整体过程，其自身就是辩证法的显现。伽达默尔认为，在黑格尔的辩证法思想中，"历史性要素赢得了它

① ［德］伽达默尔：《科学时代的理性》，国际文化出版公司 1988 年版，第 46 页。
② ［德］黑格尔：《小逻辑》，贺麟译，商务印书馆 1981 年版，第 397 页。
③ ［德］伽达默尔：《真理与方法》，洪汉鼎译，上海译文出版社 2004 年版，第 370 页。

的权利"①。应该说,利用黑格尔的辩证法观念以拒斥静态以及线性的
"历史主义"和"主观主义",从而实现真理的确立,是伽达默尔对黑
格尔哲学思想的杰出传承。

对于伽达默尔来说,依据苏格拉底论辩术和黑格尔辩证法,阐释学
自身就应当充分意识到文本理解中蕴含着主体之间对话的特质和问答的
结构,"某个流传下来的文本成为解释的对象,这已经意味着该文本对
解释者提出了一个问题,所以解释经常包含着与提给我们的问题的本质
关联。理解一个文本,就是这个问题"②。也就是说,作为文本理解主
体的阐释者,如果试图去探寻文本的本真意义和真理意蕴,就必须逆向
地回溯和寻找文本话语的隐藏内容,必须以文本问答的方式对文本提出
的问题进行回应,通过获得文本问题的视域来进入文本的意义场域,以
真实地理解文本意义。但需要指出的是,对于文本的发问会出现不同的
回应,这种回应既包含着确定性和肯定性的答复视域,也包含着隐晦性
和否定性的质疑视域,这些视域往往超越了文本自身所具有的具体陈述
性的话语意义范畴,因此伽达默尔认为,"精神科学的逻辑是一种关于
问题的逻辑"③。

伽达默尔将主体观念的逻辑性结构区分为三个层面,分别是科学主
义的"自我中心"逻辑、黑格尔主观唯心主义的"论辩性"逻辑以及
哲学阐释学的"问答"逻辑。第一种观念逻辑是建立在传统认识论基
础上的理念范式,对于伽达默尔来说,自然主义科学研究主体往往将外
在的客观实存视为自身试图控制和掌握的对象,主体需要在理性主义的
支配下对研究客体进行分析和审视,彼此关系是主动性与被动性的结
合,主体不需要对客体进行任何精神层面的互动与交织,因此科学主义
所要实践的内容是通过"自我中心"和"自我独白"的形式来超越主
体世界,使用客观的标准来认定和区分客观物质世界,研究主体成为世
界的中心,一切外在于其的客观存在都处于被注意的位置,处于被决定
的地位。在伽达默尔看来,黑格尔主观唯心主义的"论辩性"逻辑同

---

① [德] 伽达默尔:《真理与方法》,洪汉鼎译,上海译文出版社2004年版,第375页。

② 同上书,第373页。

③ 同上书,第319页。

"自我中心"逻辑类似，本质上仍然属于从自我中心出发的观念。黑格尔认为苏格拉底的论辩术使得辩证法仅仅是一种形式上的展示，而非理论的表述，因此必须从精神层面将辩证法表达出来，以获得对其完整的把握。按照黑格尔的思想，肯定与否定的辩证必须统一到所谓的"整体"之中，而整体的意义则反映了作为超越客体的绝对精神的确立，在这种确立中异质性被消解。伽达默尔认为黑格尔的"论辩逻辑"仍然没有超越科学主义的视野。在他看来，隶属于阐释学经验的"问答逻辑"才能真正实现不同主体之间的对话性，超越主客体对立的僵化观念，"解释学的任务就是要把科学的独自逻辑融入交往意识之中"[1]。可以说伽达默尔的问答逻辑是以对古希腊论辩术和黑格尔辩证法思想的回溯，而其中尤以古希腊的对话结构为基础构成的。

　　阐释学的"经验"使得伽达默尔关于文本理解的逻辑结构呈现出明显的"问答"模式。对于这种问答逻辑来说，文本之所以能够成为主体的阐释对象其本质在于文本自身的发问性特质，文本介入理解过程的方式总是以提问者的身份面对阐释主体的，而对文本的理解就成为阐释主体对于文本提问的回复与反馈。"理解一个文本意味着理解这个问题。"[2] 对于阐释主体来说，理解文本的意义关键在于进入文本的视域，而对文本提问的响应必须在文本自身中实现。文本的问题视域是具有历史性的视域，而阐释主体自身视域也具有相对的历史性，问题的回答就成为双方不同视域的结合与融合，这就使得文本的理解过程成为主体和文本的视域融合过程，主体面对文本的发问，并不能以自身标准为中心进行直接答复，而是必须在自身的视域内对文本的发问进行重构，这种重构就超越了文本问题发问的视域，而由此产生的答案也必然突破文本发问的问题指向，这样的直接结果就是使文本的问题和阐释主体的回答都偏离了自身最初的范畴与界限，而这在伽达默尔看来就是理解的本真意义所在。"理解一个问题就意味着问这个问题。理解一个观点就是把它理解为一个问题的答案。"[3] 伽达默尔的问答逻辑本质上就是一种围

---

① 何卫平：《通向解释学辩证法之途》，上海三联书店 2001 年版，第 301 页。
② ［德］伽达默尔：《真理与方法》，洪汉鼎译，上海译文出版社 1992 年版，第 350 页。
③ ［德］伽达默尔：《真理与方法》，洪汉鼎译，上海译文出版社 2004 年版，第 356 页。

绕着文本与阐释主体彼此视域而展开的对话方式，并在对话过程中超越了两者原有视域而使得文本的意义在一个全新视域中得以无限扩展，文本自身成为意义的构建者和提供者。应该说，伽达默尔充分提升了文本在理解行为中的主动性和创造性，但从另一方面说，这也使得文本的意义理解出现了阐释过度的可能，从而呈现出强烈的主观主义和相对主义色彩。

依据以上论述，伽达默尔建立在阐释学"经验"基础之上的问答逻辑使得文本理解行为以对话的形式而展开，这充分体现了古希腊苏格拉底和德国黑格尔的哲学理念。从阐释学角度看，这种问答逻辑是将文本意义及其真理性负载于一种主体间的互动性之上，并通过问答的方式来助推其的产生，因此文本的理解就是与文本的对话，意义的达成就是对文本提问的响应，而真理的展示则转化为对话双方在意义场域中的相互承认和彼此充实，这也就是伽达默尔"效果历史"原则的具体形式，也是"问答逻辑"的核心要义所在[①]。

二　电视文本发问与"意义的呈现"

依据伽达默尔的观念，电视受众关于电视文本所有与意义理解相关联的"经验"都具有问答逻辑和对话性结构，这是一种经验的开放性特征，表现为受众在回答文本发问时所展示的问题视域过程，也就是说，经验的开放性触发了文本的意义敞开，使得受众将电视文本中具有意义的内涵内化进自身的意义场域空间，并对之实施不断的反思与检验，从而将文本的意义场域真正地展示在文本自身面前。"理解一个问题，就是对这问题提出问题。理解一个意见，就是把它理解为对某个问题的回答。"[②] 这就意味着，从问答逻辑出发，电视文本的存在必须给予受众与文本交互性共生与合作，在彼此的交流行为中形成意义的张力和框架，受众对于电视文本的意义解读行为需要首先将自身的"具体经验"进行"悬置"，使得文本意义进入受众理解视域而获得受众的注目与审视，并在一种历史性的经验更迭中完成不断的对话，并对于对话所

---

① 何卫平：《通向解释学辩证法之途》，上海三联书店 2001 年版，第 314 页。

② ［德］伽达默尔：《真理与方法》，洪汉鼎译，上海译文出版社 2004 年版，第 487 页。

产生的经验进行持续的调试和修正，通过精神层面的运作方式来扩展电视文本的意义疆域，探寻出未知的意义领域，以此不断完善和充实受众的理解视域，达到对文本意义的真正体验，从而在实现电视文本意义构建历史性的同时实现受众理解行为的历史性。

伽达默尔认为，要体现出阐释学的问答逻辑，就必须克服客观主义对于理解行为的传统认识论影响。对于电视文本受众来说，如果从客观主义立场出发，理解文本过程从形式上看就成为受众自身充当理解问题发出者和思维者的自我互动，或者说似乎受众替代了电视文本充当了发问者，文本理解成为受众同自我进行内在交流的过程，文本似乎并非一个真实的提问主体。这显然是排除了电视文本意义展示的现象学和阐释学观念，将文本剔除出了理解的过程，同时导致文本意义的完整开放性转变为局部限定性，这使文本在理解中始终处于缄默的尴尬境遇，意义的创作变成了意义的机械复原。伽达默尔拒斥了这一客观主义立场，"谁想理解文本，谁就得准备让文本讲话"[1]。受众对于电视文本的理解过程，是试图提升电视文本的主体性高度，将其放置于与自身平等的层面进行解读和对话，并在对话中形塑出更为广阔的意义视域，这种过程既不是受众自身脱离文本意义视域的自我独白，也不是受众视域和文本视域试图去覆盖对方的过程，而是通过共同的讨论引发电视文本意义的一种"协同性"与"创生性"的平衡。

电视文本意义的生命力也体现在这种问答逻辑上，如同姚斯认为的，"假如文学文本首先需要成为一种回答，或者假如后来的读者首先在其中寻找一种回答，这决不暗示着作者自己已经在其作品中给出了一个明晰的回答"[2]。对于电视文本来说，其可以被看作一种处于"曾在"状态的文本存在，与对其试图解释的受众具有一种历史性的关联，双方共同构成了理解的结构模式，但在这种结构中，文本不具备恒定的意义价值。在这种结构中，电视文本总是具有无数的意义未定空间，这些未

① ［德］伽达默尔：《诠释学Ⅱ：真理与方法》，洪汉鼎译，商务印书馆 2010 年版，第75 页。

② ［德］姚斯、［德］霍拉勃：《接受美学与接受理论》，周宁等译，辽宁人民出版社1987 年版，第 87 页。

定空间就是文本向受众进行发问的问题，期待着获得受众的关注与积极响应，而受众通过响应就开始进入了文本的意义场域，并对文本意义持续地进行着理解层面的充实，使文本意义获得非断裂性的生命动力。这也就是说，电视文本向受众进行提问，在得到受众的回答后会立即产生新的提问，双方在这样不断的问答过程中将文本的意义进行延续，这种延续既是受众自身经验调试的过程，也是经验进行叠加和重构的过程，按照伊泽尔的看法，"新的经验从对我们曾经储存过的经验的重新构造过程中显现出来，这种对旧经验的重新构造把形式赋予了新的经验。但是，只有当过去的情感，观念，以及价值被唤起、并且和新经验一起出现时，在这个过程中实际发生的东西才能再一次得到人们的体验"①。受众关于电视文本的理解经验伴随着理解的不断深入而持续增长，而处于历史阶段的"曾在经验"与处于现在的"当下经验"之间的矛盾与合作就会以更为明确的方式展示出来。"曾在经验"不再被认为是制约和限定新的文本意义理解的阻碍，而成为转向新的"当下经验"的动力和前提之一，伴随着这两种经验在电视受众与文本不断地问答过程中的交替，受众不断地获得文本新的意义体验，而文本也不断地通过向自身的敞开而获得更为广阔的意义领域，问答逻辑由此成为电视文本意义生命力得以发生和持续存在的根本驱动机制。

对于受众来说，电视文本的接受理解都是试图对文本意义生命进行一次新的建构过程，也是受众自身理解经验的充实过程。这个过程的重复性并不是完全机械性的累加，而是呈现出明显的历史性特征，也即每次理解经验都是在一定的"历史经验"的基础上得以实现和完善的，受众的经验不会出现历史的反复和绝对再现，而经验的范畴则随着理解的拓展而获得更为广泛的场域。通过这种经验的连续与衔接，电视文本与受众就成为理解链条上的关联部分，双方彼此的互动成为文本的意义创建基础，文本的意义创生与受众的主体行为相互交织、相互作用以致意义变得无法穷尽，成为广域的历史空间。另外，电视文本的意义和受众的理解总是处于新的期待和新的行为发生时刻，因而文本总是获得新

---

① ［德］沃夫尔冈·伊泽尔:《审美过程研究——阅读活动:审美响应理论》，霍桂恒等译，人民出版社 1988 年版，第 179 页。

的意义的启示和发现，而受众也总是直面未曾触及的新的境遇和认识对象，受众在文本理解中就会脱离其先在的历史视域，而将文本的意义表达需求引入自我的理解世界之中，因此电视文本的意义理解就随着每一次文本需求的介入而产生全新的内容和未知的拓展，而文本意义也不断获得新的充实而得以持续，电视文本的生命力总是以一种不断转化的方式得以延续。所以，电视文本的意义理解就在暗喻与明示、肯定与质疑、分裂与整合的辩证统一的关系中获得动态的调试与发展。

从电视文本理解行为的历时性角度看，电视文本与受众的问答逻辑就是文本阐释发生的现实起点。阐释学的理论关注点就在于认同"文本的意义方向得以规定的问题境域"①。因此，电视文本的发问是受众阐释行为的初始原点，同时这样的方式也统摄于受众整体的文本理解行为过程当中。需要说明的是，对于文本的"问题境域"而言，发问的是作为历史流传物的电视文本，而对于问题响应的是受众主体，但这种形式上的传统认识论表述方式不能将问答逻辑认定为是主客体分离的，也就是说不应当从笛卡尔理论的主体的"主体性"意义角度来看待文本的理解问题，而必须从基于共同的场域空间中的交互主体视域融合、文本意义的张力关系中来分析判定双方在理解中的不同作用。如同伽达默尔认为的，"我们理解，只是因为我们被给予了理解"②。如果按照海德格尔的看法，甚至应当将受众的理解视为"被抛"状态，也就是一种"被动性"行为方式，理解无法经由受众的选择而发生，作为生存的理解是受众先验的存在方式，受众无法摆脱，受众能够自主决定的只是如何理解和更好地理解，而不能够选择是否进行理解。如果从理解发生的问题场域看，受众的理解也是发问，是电视文本向阐释主体发问，同时也是主体向文本意义发问，"为了回答这个向我们提出的问题，我们这些被问的人就必须着手去提出问题"③。因此从本质上看，电视文本与受众的彼此发问是依赖于语言的结构进行的，在向对方逐步展示对于意

---

① ［德］伽达默尔：《伽达默尔论柏拉图》，余纪元译，光明日报出版社 1999 年版，第475 页。

② 同上。

③ ［德］伽达默尔：《真理与方法》，洪汉鼎译，上海译文出版社 2004 年版，第 480 页。

义的观念的同时也不断地趋向于与对方的融合。

需要进一步分析的是，处于电视文本与受众的问答逻辑中的"问题境遇"具有什么样的结构？根据伽达默尔的观点，这种问题境遇是由双层内涵构成的。第一，电视文本的发问确定了文本意义的趋向；第二，电视文本与阐释主体的受众视域殊异。对于第一层次的内涵来说，电视文本的意义虽然是开放性的，但并不代表其是完全没有任何目的性的无序扩散，这就意味着文本的发问不是任意的，而必须在一定的范畴之内进行，这一范畴的限定是依据受众和文本自身的"理解视域"而确立的，这也就是说文本的发问必须在与受众融合的视域中实施，受众对于问题的回应也应当依据文本发问的趋向进行。必须明确的是，作为理解行为施动者的受众，其理解的出发点不能被看作理解行为的原点，因为这会落入传统认识论的窠臼当中，但依据伽达默尔的观念，如果认同"理解是境域的敞开或者说理解是先在的"① 的观点，那么在这一观点下，受众还是具有主体的"主体性"与"能动性"。这是因为对于问题的境域来说，在这样一个层次上，伽达默尔还是同意主体的主动性的。在问题境域里，受众从形式上看是处于问题的接受者地位，但在具体的文本意义理解过程中主体却又呈现出主动性。电视文本的发问带动了受众的响应取向，受众必须依据文本呈现的意义的方向进行理解和回应，而这种理解和回应又使文本能够获得新的意义内涵，又可以转化成为向受众主体新的发问依据。"问题的本质包含，问题具有某种意义。但是，意义是指方向的意义。所以问题的意义就是这样一种使答复唯一能被给出的方向。"②

需要指出的是，如果严格按照伽达默尔的观点，即将电视文本意义的"问题境域"的开放性视为文本意义的唯一性特质，就会导致对于理解行为认识上的狭隘主义。从电视文本被理解的实践看，文本实质产生的意义展示方向和扩展方式是多元化的，伽达默尔也意识到了这一点，"在理解按照各种不同的实践的兴趣或理论的兴趣被区分之前，理

---

① [德] 伽达默尔:《真理与方法》，洪汉鼎译，上海译文出版社 2004 年版，第 477 页。
② 同上书，第 465 页。

解就是此在的存在方式，因为理解就是能存在和可能性"①。应当看到，伽达默尔的观念将受众的理解行为视为存在的方式，但他也在此基础上走向了主观主义，即将受众的理解行为中蕴含的可能性化为了现实性，使得理解的未发生性变成了受控的确定性，从而排斥了文本意义的多元性存在价值。因此应当认识到，电视文本的意义多元性是基于理解实践的，文本的发问是在多元性的维度中抽取了某一向度。

"伽达默尔的理论将电视文本阐释的问答逻辑视为类似于主体之间的'我'与'你'的交流与沟通。"② 问答双方在彼此的对话中实现了问答的过程，但必须指出的是，电视文本与"你"的同质性只能处于阐释学框架之内，仅仅是一种相互类比的关系问题，"对流传物的理解并不把流传的文本理解为某个'你'的生命表现，而是理解为某种脱离有意见的人、'我'和'你'的一切束缚的意义内容"③；"'我'与'你'的关系中，必须保持一种善意的伙伴关系，而不是无条件的你我对立或冷漠的关系"④。"我"与"你"的对话就具有了明确的辩证法性质，双方在辩证中逐步地阐明问题，并不断地靠近问题包含的真理本质。"辩证法的进行方式乃是问和答，或者更确切地说，乃是一切通过提问的认识的过道。提问就是进行开放。被提问东西的开放性在于回答的不固定性。被提问东西必须是悬而未决的，才能有一种确定的和决定性的答复。以这种方式显露被提问东西的有问题性，构成了提问的意义。被问的东西必须被带到悬而未决的状态，以致正和反之间保持均衡。每一个问题必须途经这种使它成为开放的问题的悬而未决通道才完成其意义。"⑤ 正如伽达默尔所认为的，问题的理解和处理是一种具有持续渐进性的过程，问答双方的发问和响应始终以彼此吸引与调适的张力关系存在，从而体现出辩证法的特征。因此电视文本阐释的问答逻辑并不是单纯的形式概念，而是过程概念。同时，在关注问与答的整体性

---

① ［德］伽达默尔：《真理与方法》，洪汉鼎译，上海译文出版社 2004 年版，第 334 页。

② 这里的"我"和"你"是伽达默尔为了说明问答双方关系而使用的一种形式上的传统认识论表述，并非是普遍意义上的主体与客体概念。

③ ［德］伽达默尔：《真理与方法》，洪汉鼎译，上海译文出版社 2004 年版，第 460 页。

④ 同上书，第 465 页。

⑤ 同上书，第 466 页。

的同时,不能忽视局部性问题,因为问答本身就是由无数局部对话构成的。语言游戏是辩证法的实质,也是探寻和拓展电视文本意义的根本载体,"它的基础是在矛盾中思考"①,因此必须在处于局部性的对话中开辟意义的趋向,而不能仅仅承认理解的最终整体内容,这往往会导致出现唯目的论的风险,消解辩证法的实践性。

三 受众对于真理性的探寻

从问答逻辑中突破传统认识论理解行为的局部性而获得对文本意义的整体性把握,这是现代阐释学对传统哲学思维的继承与发展。苏格拉底不断地与古希腊人进行论辩,试图以此来"助产"真理的发生;而柏拉图也认为,两个主体接近并掌握真理的有效途径就是以彼此询问和回应的方式,任何一个单独个体试图以自我探寻的方式获得真理都注定是无法实现的。问答的过程是参与双方思维融合的过程,并能创生出超越已有内容的全新理解和智慧。因此伽达默尔将问答逻辑视为接近并获得阐释学真理的有效方法,如其所言,"凡是想认识某种东西的人,不能满足于单纯的意见,也就是说,他不能对那些有疑问的意见置之不顾,讲话者总是一直被要求着,直到所讲的东西的真理的最后出现"②。也就是说,只有依据问答逻辑,才能确保文本意义的开放性,使得意义的场域始终处于未定的、待充实的状态。只有从这个意义层面出发方可维持真理的本质,也即精神科学的开放性,因为精神科学的真理始终具有一种可能性,而这种可能性往往是非确定的,是待决定的。

客观地说,伽达默尔的问答逻辑突破了传统认识论的局限,使真理问题得到了阐释学理论上的合理解决,因为以精神客体为对象的真理认识问题无法获得前者的有效回答。伽达默尔的做法是试图在异质化的不同概念框架体系之间保持非断裂性对话而使阐释主体获得真理的感悟和体验,主体能够不断充实自身的理解"经验"而超越以往认识范畴的有限性,进入文本意义更为通达广阔的场域之中。但是从文本意义理解实践来看,影响理解行为和效果的因素并非仅仅存在于文

---

① [德]伽达默尔:《真理与方法》,洪汉鼎译,上海译文出版社2004年版,第102页。
② 同上书,第461页。

本和阐释主体双方之内，文本与阐释主体的问答逻辑无法涵盖的另一个事实是：除去文本，阐释主体还应当同他者主体进行持续的交流以获得更为完整的真理内涵。因此从这一视角来看，苏格拉底、柏拉图以及伽达默尔所强调和突出的问答与对话形式，实质上是试图从某一局部性场域和角度出发来囊括真理的全部意义群落，这就出现了实践的局部性与目的的整体性之间无法弥合的裂隙，导致难以全面地描述真理，因而无法真正达到真理。这种现象的出现源于上述理论都在对真理问题的阐述中背离了问答逻辑的现实实践性，这使问答逻辑从本质上成为纯粹理论和观念上的思辨，并由于无法在理解实践中得到验证而走向了"约定主义"。

对于电视文本意义真理性问题的阐释学探讨，应当注意到伽达默尔理论的这一主观性特征，不能将单纯用于处理主观层面思维问题的范式机械凌驾于电视文本理解实践之上。也就是说，为了使电视文本意义理解的真理性问题得到有效解决，必须突破问答逻辑方式在阐释学理论上的纯粹观念性，将真理问题的探寻与电视文本理解的实践关联起来。但需要注意的是，也不能将理解的实践性确定为真理问题的唯一逻辑起点，因为理论的启示作用会对理解的研究实践产生作用机制。因此作为阐释主体的受众，其电视文本理解行为必须建立在实践基础之上，这是通达文本意义真理领域的必然途径。

按照以上的理论观念，受众在电视文本意义的理解行为过程中，问答逻辑就不再是伽达默尔所言的仅仅发生于电视文本与受众之间，而是同时涵盖了受众与其他受众主体的问答关系，这两种问答逻辑是相互关联并相互制约的，在共同牵引和张力作用下引导受众接近并把握文本意义的真理性。对于电视文本来说，取得受众理解对象的合法性地位表征着受众开始介入文本的意义场域，并在此捕捉到了理解实践中需要解答的问题的线索，由此形成了通向文本意义真理性的探寻脉络；另外，这也表明电视文本给予了受众解决真理问题的、可资利用的思维要件。而对于受众来说，通过电视文本理解的实践，可以不断构成新的理解视域来审视文本意义，以获得新的意义解读。受众与电视文本具有殊异而又关联的视域，电视文本的视域是由生产者的历史社会背景所决定的，而受众也有着自身视域的历史性，因此理解并不能够产生明确的现实性，受众必须充分关注"当下"的境况和条件，在自身的理解行为中对文本的发问进行重构和再现，采取与电视文本适应的对话形式来揭示和显现文本意义内涵，这种基于差异性融合的行为要求电视文本具有与受众平等的对话身份，并能够达成有效的沟通。

按照上述观念，处于电视文本理解实践范畴之内的还包括不同受众主体之间的问答逻辑，这也是接近和展现文本意义真理价值的必要条件之一。文本的意义是相对于整体受众而言的，而不同的受众在思维范式、价值体系、认知能力等层面都具有不同的差异性，在理解同一电视文本时，其理解的程度和对真理的把握必然会出现个体特征。那么这是否又会导致伽达默尔理解局限性与真理整体性的冲突？也就是说，受众的理解行为总是从当下的某一视域出发，而真理的获得却又必须从一个完整的结构上去把握。对这一问题的认识可以说是主观主义阐释学与客观主义阐释学一直以来争论的核心，任何一种走向极端的观念都会导致理解本质主义的产生。而这一问题的可能解决途径是将不同受众的理解行为进行整合，对各种理解的有效因素进行实践上的分析和类别化，同时力图突破不同理解行为的局部性特征，抽取各种理解行为中的共同特质，并以此作为一种相对的确定性意义内核，并将之视为真理的物质负载。实现这一目标的方式必须充分地将辩证法应用于不同受众的理解实践中，一方面注重不同主体理解行为的特殊性与历史性，另一方面要关注其共通性与确定性，以此实现不同受众主体之间问答逻辑的合理性，从而为文本的意义真理性取得提供更充分的保证。

从总体来看，处于实践中的电视文本与受众、不同受众主体之间的两种问答逻辑并不是在具体的理解行为完成后就终结的，而是伴随着主体存在而持续显现，通过理解实践的实现，受众与电视文本以及与其他受众主体之间的不可调适性才得以消解，为电视文本意义的展示提供了实现的可能，因而阐释学的问答逻辑是受众主体存在方式的一种表征，处于问答中的文本与受众不断地超越自身已有视域，在彼此的融合中通达真理。

第三节　电视文本理解的"时间间距"

从时间概念到时间性的转变是伽达默尔对于文本理解行为分析的重要理论框架。在他看来，理解可能发生的基础条件之一就是时间间距在文本和受众之间的作用机制，时间成为阐释主体借助文本理解行为而沟通"曾在"和"当下"的介质，而主体理解的经验也随着时间的转化而不断充实。可以说，从时间到时间性的视角转变，是确立主体阐释行为得以实质发生的哲学思维基础。胡塞尔和海德格尔首先对时间性概念进行了讨论，伽达默尔则对二者的理论进行了引介和创新，使文本理解的过程在时间间距的作用下得以实现。

一　"时间性"问题与"时间间距"概念

对于阐释学的文本理解来说，时间概念是无法回避的基础性问题之一。古典主义阐释学就已经触及了这一概念在文本理解中的作用机制，例如，施莱尔马赫认为，阐释主体对于文本意义的洞察能力在某种程度上可以超越文本作者的原意，也就是说处于时间后续维度的理解行为可以克服时空阻隔而获得对于文本原初意义的整体把握，时间间距成为衡量阐释主体突破理解障碍以把握文本意义能力的标准。而海德格尔和伽达默尔等人则在此基础上对时间和时间间距问题提出了新的看法，使时间及其相关问题对于文本理解的影响作用获得了不同于传统观念的解读。"后来的理解相对于原来的作品具有一种基本的优越性，因而可以说成是一种完善理解——这完全不是由于后来的意识把自己置于与原作者同样位置上（如施莱尔马赫所认为的）所造成的，而是相反，它描述了解释者和原作者之间的一种不可消除的差异，而这种差异是由他们之间的历史距离造成的。"[①]

作为伽达默尔时间性理论的核心观点，"时间间距"概念肇始于海德格尔对于主体"历史性"与"时间性"的分析。海德格尔的重要成就在于突破了时间的传统概念，将线性的时间观念转化为以存在论为基准的

_____

① 　[德] 伽达默尔：《真理与方法》，洪汉鼎译，上海译文出版社 1999 年版，第 380 页。

"时间性"观念,从而使对主体生存状态的理解和认知在时间的视域中实现,对于哲学阐释学的影响十分深远。海德格尔的《存在与时间》一书就是从"理解"的本体论形成角度对"时间"概念进行的整体分析,因此海德格尔将时间性界定为主体的存在本质,而由此引发的时间间距概念问题就成为伽达默尔哲学阐释学确立理解本体论构成的重要原因。海德格尔的这一理论是对传统形而上学的拒斥和消解,使主体的存在摆脱了以自我为中心的独断论方式,转而成为一种借助于时间性而得以实施的理解本体论。伽达默尔对于海德格尔的时间性概念进行了充分的吸收和哲学思维引介,使哲学阐释学的理解理论具有了时间性的分析维度,主体的存在被视为一种时间性的存在,而理解行为被看作主体生存的本质价值,因此时间性成为"此在"存在的本体论成因之一。伽达默尔对海德格尔时间性理论的传承在于以下两个层面:其一,对存在的时间性特征进行详细的论证;其二,从时间性着手对主体的理解行为进行分析。伽达默尔认为,海德格尔的"此在本身就是时间"①的论断,是为主体的理解性生存方式确立了时间性的逻辑根基,使主体的理解行为与时间性相互关联,并成为文本意义出现与阐释发生的必要条件,或者说,时间性为理解何以可能提供了视域上的条件,主体的理解行为也因此具有了实施的观念条件。

在伽达默尔看来,依据海德格尔的观点,时间的概念不能被视为物理和观念上的传统意义范畴。也就是说,从电视文本阐释的角度看,时间并非横亘于受众与电视文本之间无法超越的鸿沟,也并不是阻碍和限制受众接触文本意义,介入文本意义场域的阻隔。伽达默尔认为,将时间视为电视文本意义理解障碍的观念是典型的古典主义阐释学理论思维,对于哲学阐释学来说,时间间距应当是沟通电视文本与受众的合理介质和载体,是理解行为得以发生和实现的基础要件,时间间距确立了文本意义阐释的可能性,同时又激发了文本意义理解的开放性。时间间距能够从本质上确立阐释学本质意义上的理解行为反思,有了时间间距的介入,受众理解行为中的"合理前见"才能与导致理解错位的"虚假前见"得到区分,更好地促进电视文本视域与受众视域进行融合,以形成文本意义的开放性,使理解更趋同于文本意义的真理价值。

---

① [德]马丁·海德格尔:《存在与时间》,陈嘉映等译,三联书店2010年版,第306页。

历史是伽达默尔分析"时间间距"问题时的重要参照因素,他往往利用历史的视角来说明时间问题导致的存在论因由。伽达默尔认为,"历史"概念并非具有单纯的时间距离属性,而是充满了存在性的本体论特征。"历史性这个概念要说的并不是关于某种的的确确就是如此存在的一种事件的联系,而是关于人的存在方式,这样的人生活于历史之中,在他的存在中。"①也就是说,传统的古典主义阐释学将历史视为外在于阐释主体的客观实存,仅仅是审视主体行为进程的物理标尺,而哲学阐释学则为历史赋予了"历史性"内涵,给予了阐释主体的存在可能,主体凭借历史性而得以生存,并在其中得以延续。从这个维度上说,当理解行为被看作凭借历史性而实施的受众主体行为时,受众对于电视文本的意义阐释就具有了开放性的意蕴,其主要理由在于历史性使理解行为成为一种视域上的不断扩充和充实的过程,理解不再被看作静态的意义捕捉,而是处于不断调整之中的视域融合与调试状态。电视文本的理解也因为历史性而使受众持续地从当下的理解视域出发,向文本意义的场域不断地介入和靠拢。因此,时间间距引发的历史性往往使理解行为超越了客观实存的物理性维度而通达主体的本体论维度,也就是说凭借历史性,电视文本与受众获得了意义交汇的可能。与此同时,历史性一方面使得文本的意义场域不断地处于重塑和型构过程之中,另一方面也导致受众的理解视域不断地修正与调适以契合文本意义场域的变化。对于电视文本来说,这种理解双方相互作用的结果就是使意义获得永恒的开放性,文本意义始终面向"将在"开放,而受众主体也在这种对于文本意义开放性的探寻中获得存在论的终极意义。

需要特别指出的是,伽达默尔在分析上述"时间性"的内涵问题时,特别强调了如何看待时间中的"延续性经验"与"流逝性经验"的差别问题。按照他的观点,"延续性经验"指的是受众获得理解经验的历史贯通性,也就是说,受众的理解经验获得是一种无法进行分割的连续性行为,始终处于不断完善和充实的进程之中,是处于"曾在""此在"与"将在"阶段的整体流程统摄,因此延续性经验可以被视为受众内在主体意识的不断充实,它始终保持着未完成性与待完善性。"延续性的经验与

---

① [德]伽达默尔:《真理与方法》,洪汉鼎译,上海译文出版社 1999 年版,第 352 页。

时间的不断流逝的经验相比,具有某种完全不同的基础"①;"虽然一切都过去了,但一般地并没有消逝。历史意识的真理达到其完美状况只在于,在消逝中总有变化,在变化中也总有消逝,并且总是从各种变化的没完没了的洪流中建立历史联系的延续性"②。

而对于时间的"流逝性经验"而言,伽达默尔则认为这是古典主义阐释学对于理解行为的认知特征。施莱尔马赫和狄尔泰都认为,历史本质上是一种线性的延续流动,具有无法回溯性,始终带有断裂的意向,或者说历史总是无法倒退的,理解行为在获得文本的"意义"之后就处于终结和停滞的状态。因此,"流逝性经验"是一种具有终结性意味的理解体验,它伴随电视文本的意义产生而起始,并伴随文本意义解读的完成而终结,这与古典主义阐释学对于理解行为的认知观念是一致的。伽达默尔的哲学阐释学则试图回避这一点,在他看来,利用"延续性经验"取代"流逝性经验"是阐释学对受众理解行为提出的根本理论诉求,也是确保受众主体理解存在论与电视文本开放性论断合理性的实践支撑。

二 "疏离化效应"与电视文本意义凸显

需要特别指出的是,虽然上述讨论表明伽达默尔对于古典主义阐释学的时间概念持反对态度,但这并不表示他完全排斥"时间间距"造成的文本与阐释主体之间的间隔化状态。也就是说,虽然不能将时间间距完全视为文本与理解之间的物理性阻隔,但也不能忽视其带来的文本与阐释主体之间的"疏离化效应"。按照伽达默尔的观点,"视域融合"与"时间间距"是效果历史原则的重要构成部分,也是洞悉这一原则的基本切入点。按照伽达默尔的观点,时间间距导致的电视文本与受众主体之间的"疏离化效应"是具有理解行为层面的肯定性意义的,这种"疏离化效应"是助推受众进行电视文本意义理解的必要因素,正是这一效应的存在和作用机制,使得电视文本的理解超越了狭隘的古典主义阐释学线性的历史观,受众的理解行为才能始终面向电视文本意义的"将在"开放,理解行为因而被注入了本体论的内涵。正如伽达默

---

① [德]伽达默尔:《真理与方法》,洪汉鼎译,上海译文出版社2004年版,第332页。
② 同上书,第335页。

尔所言，"经验的辩证法的完成不在于确定的知识，而在于由经验本身激起的对新经验的开放性"①。因此对于古典主义阐释学来说，由于将文本意义的理解行为看作对作者意义或者文本原初意义的回溯与验证，时间间距就具有消极作用，可能会导致对文本的误读，理解被视为克服时间间距以通达文本原初意义或是作者意义的行为。而本体论阐释学则认为，时间间距的存在使受众获得自身历史性，接受传统或者前见的影响，而前见正是电视文本意义理解得以发生的基础，理解成为借助于时间间距而贯通受众视域与文本视域的过程，因而时间间距自身带有了促进理解实现的积极意义。"重要的问题在于把时间距离看成是理解的一种积极的创造性的可能性。时间距离不是一个张着大口的鸿沟，而是由习俗和传统的连续性所填满，正是由于这种连续性，一切流传物才向我们呈现出来。"②

理解"疏离化效应"对电视文本意义产生和凸显作用的关键在于把握以下两个层面的内容：其一，要充分考虑时间间距在文本意义和受众理解意义的差异化形成中的作用机制；其二，要从时间间距与电视文本理解"前见"之间的关联进行分析。

对于电视文本理解来说，文本与受众之间视域融合的发生是文本意义产生的先决条件，而这种融合的实现必须以双方之间视域的殊异性为前提。按照伽达默尔的观点，视域间殊异性的存在正是时间间距作用的结果。保罗·利科认为，"效果历史意识本身就包含着距离因素。效果历史正是在历史距离条件下发生的历史"③。应该说，阐释学关于理解问题的讨论和分析，正是基于时间间距导致的阐释主体与文本自身对于意义的不同把握。

传统认识论的历史观念要求受众彻底摆脱前见影响而以一种纯粹的客观主义态度面对电视文本的作者或是原初意义，其不承认文本意义与受众理解意义之间的差异性，而将双方视为同一性存在。但是伽达默尔认为："历史方法的潜在前提就是，只有当某物归属于某种封闭的关系

---

① ［德］伽达默尔：《真理与方法》，洪汉鼎译，上海译文出版社1999年版，第394页。
② 同上书，第384页。
③ ［法］保罗·利科：《解释学的任务》，《哲学译丛》1986年第3期。

时，它的永存的意义才可客观地被认识。"① 对于伽达默尔来说，客观主义历史观念泯灭了文本作为历史流传物的意义本原，使意义成为一种已定的僵化存在，意义的变动性与丰富性被消解，同时意义中蕴含的真理性也成为一种独断论的表征。这种观念难以化解和通融文本理解中所遭遇的历史性问题，并导致受众对文本的理解陷入绝对主义的危险之中。

按照伽达默尔的观点，电视文本自身意义的视域在时间间距的作用下始终保持对受众的开放性，因而总是处于悬而未决的状态，这确保了其始终与受众的视域保持差异化。"在我们经常采取的对过去的态度中，真正的要求无论如何不是使我们远离和摆脱传统。我们其实是经常地处于传统之中，而且这种处于决不是什么对象化的行为，以致传统所告诉的东西被认为是某种另外的异己的东西——它一直是我们自己的东西，一种范例和借鉴，一种对自身的重新认识，在这种自我认识里，我们以后的历史判断几乎不被看作为认识，而被认识是对传统的最单纯的吸收或融化。"② 时间间距使得文本自身的意义处于未定性场域，而这种特征成为文本视域区隔受众视域的根本动因，文本意义始终处于不断摆脱文本原初意义和作者意义的束缚的状态，要求受众对其的理解不再是对"已定"的再现和复写，而是对于"未定"的期盼与追寻。因此，"每一时代都必须按照它自己的方式来理解历史流传下来的本文，因为这本文是属于整个传统的一部分，而每一时代则对这整个传统有一种实际的兴趣，并试图在这传统中理解自身。当某个本文对解释者产生兴趣时，该本文的真实意义并不依赖于作者及其最初的读者所表现的偶然性。至少这种意义不是完全从这里得到的。因为这种意义总是同时由解释者的历史处境所规定的，因而也是由整个客观——历史进程所规定的"③。"在艺术的历史传统中，一部过去作品不断延续的生命，不是通过永久的疑问，也不是通过恒久的回答，而是通过疑问与回答、问题与解决之间的动态的阐释，才能够激发一种新的理解并允许重新开始过去与现在

---

① ［德］伽达默尔：《真理与方法》，洪汉鼎译，上海译文出版社 2004 年版，第 385 页。
② 同上书，第 364 页。
③ 同上书，第 380 页。

的对话。"①

而对于受众来讲，由于时间间距的存在，作为在电视文本之后的存在者，其是无法对文本生产的历史背景和内在含义进行完整和真实的回溯的，受众在准备对电视文本的意义进行把握时，必须将文本视域引入自身当下视域中，因此，从当下出发的前见就被时间间距给予了合法性地位。"时间距离本身具有一种沉淀的作用或澄清的功能：它可以让特定的不再有意义的前见消失，让正确、合理的对理解起促进作用的前见出现。这样时间距离便具有了一种解释学的批判功能，它有助于将真假前见区别开来。"② 可以看出，受众的文本理解行为本质上是对于前见意识的反思过程。

根据伽达默尔的观点，时间间距对于受众进行电视文本理解的另一个作用是为理解行为确立了标准，文本意义的理解迟滞于文本的"当下性"，或者说，对于文本意义的理解始终落后于文本产生的历史环境，只有后续的理解才可能获得对意义更为真实和完整的把握。"这些前判断与前提使这些现代创造品具有一种外在的共鸣，这些共鸣并不就符合于它们的真正内容和它们的真正意蕴。只有当它们与现时代的一切联系都消失后，它们的真正本性才显现出来，从而对它们中所言说的东西的理解才有权自称是本真的和普遍的。正是这种经验导致了历史研究的这种观念：只有一直有某种历史距离，客观的认识才能达到。确实，一件必须说出的东西、它的内在内容，只有当它逸离了它的现实性之短暂环境时，才第一次显现出来。"③

总体来说，伽达默尔提出的时间间距的"疏离化效应"使对电视文本理解行为的审视发生了质的变化，彻底超越了古典主义阐释学的客观主义理解观，其观念在阐释学意义上的创新可以归纳为以下几点。

首先，从受众主体意识性层面解读理解的主观时间性质使阐释学突破了传统认识论的二元主义观念，摆脱了阐释主体与文本客体在理解行

---

① ［德］姚斯、［德］霍拉勃：《接受美学与接受理论》，周宁等译，辽宁人民出版社1987年版，第68页。

② ［德］伽达默尔：《诠释学Ⅱ：真理与方法》，洪汉鼎译，商务印书馆2007年版，第75页。

③ 陈永杰：《伽达默尔时间距离的诠释学意蕴》，《哲学译丛》1986年第3期。

为中的不平等限制，因而从理解的方法论层面转向了理解的本体论层面，文本理解也从一种对意义的解读与分析上升为阐释主体自我存在的方式，文本得以获得同等的主体性地位。

其次，"疏离化效应"使得时间的内在构成发生了根本的变化，"曾在""此在"以及"将在"三个阶段在理解过程中被统摄为一种持续的贯通关系，这就改变了传统认识论和历史观将时间视为单向流动的线性模式结构，因而可以对时间在理解行为中的作用机制进行新的分析。

最后，"疏离化效应"使文本阐释摆脱了具体历史环境的限制，而面向无限的未来，大大拓展了文本阐释的可能性与无限性。这种效应将文本理解置于充满未定性的"将在"面前，期待阐释主体的介入与充实，从而保证了文本意义的开放性，也就从理解实践层面印证了阐释学理解理论的现实性意义。

三　语言与电视文本理解的时间间距

按照伽达默尔的观点，处于电视文本与受众之间的时间间距，其功能是促成双方视域的融合，以形成文本的意义开放性，从而确保理解的本体论本质。而从时间间距的具体表现形式上看，其是以语言符号为外在形式并在文本的理解中发挥作用的。因此，要充分洞察时间间距对于电视文本的影响作用，还必须对语言与时间间距的关系进行分析，以从理解的现实维度来审视时间间距的作用机制。

如上所述，时间间距的外化形式乃是语言，因而在电视文本理解现实中真正起作用的是电视文本和受众使用的语言体系和符码结构，语言导致了双方在视域上的重大差异，同时也为文本的理解提供了充分的可能性与无限性。

语言是历史的经验负载，其具体内容与之相互匹配，语言的形式与内容具有共生性。作为电视文本的理解工具，语言的外在形式与内容意义结构相互融合，共同形成了完整的意义群体，以实现对文本的表征。所以，从阐释学角度说，语言是文本的意义负载和展示，但其并不是用以描述和说明文本及其意义的工具，而是文本得以存在的载体，文本正是以语言为寄托，从而具有了自身的意义视域，并以此为方式来面对受众的理解行为。

由于时间间距的介入，表征文本意义的语言总是处于不断的能指和所指变化之中，语言自身因为时间原因而始终处于调整状态，不再具有恒定的意愿指涉。对于受众来说，电视文本的意义理解必须在利用语言的基础上才能实现。语言的变动性一方面使受众接近电视文本的意义初始场域变得困难，另一方面又使受众缩短了与自身当下视域的距离。电视文本意义的不确定性、待充实性产生的根本原因在于文本语言的非固定性，或者说阐释学电视文本意义的场域界限是受语言的历史性限定的。因此，从语言的变动性出发，就对理解的本质提出了根本的要求，即受众的文本理解行为始终具有未完成性和不可终结性。如何才能确保这种特性，伽达默尔的解释是通过视域的开放性来实施，而时间间距正是文本意义开放性得以发生的基本条件，语言就从逻辑上和时间间距概念确立了关联，也成为理解文本意义必须考虑的核心要素之一。

在电视文本的理解中，语言成为受众获得理解的"经验"的介质，对于电视文本意义的探寻和获取，都是通过语言来完成的，语言是文本和受众得以确立理解的基本结构，促使双方形成并获得对话的可能，让潜在与未知的意义内涵通过受众对于语言的理解而呈现出来。因此，对于电视文本意义的理解必然依赖于对语言的认知和利用，而被理解的意义也正是受众在对语言的把握中得以实现的。"在文字流传物中具有一种独特的过去和现代并存的形式，因为现代的意识对于一切文字流传物都有一种自由对待的可能性。"①

---

① ［德］伽达默尔：《真理与方法》，洪汉鼎译，上海译文出版社 2004 年版，第 504 页。

第 六 章

电视文本意义理解的"前见"机制

现代阐释学对于电视受众接受研究最重要的启示之一就是提供了文本理解的"前见"概念，并以之作为受众对文本理解行为发生的可能性条件之一。前见这一概念的原初逻辑思考来自海德格尔，并由伽达默尔对其进行了深入而系统的阐释和说明。前见的概念范畴及其类别区分总是处于各种解读和层次划分相互交织、相互影响的状态，受文本以及电视文本接受理解研究的现实需要的影响。对于电视受众来说，自身具有的任何前见都是面向"当下"的前见，是指向其所存在的确定性意义的，同时前见又是面向"将在"的前见，其囊括了可能发生的任何意义的理解。作为当下的前见，表明受众理解行为的意义稳定性，但也呈现出僵化性特征；而作为将在的前见，则表明受众理解行为的意义开放性，但也体现出一种无序性。

第一节 "前见"机制的理论阐发

作为现代阐释学的核心概念之一，从总体上看，前见问题是将理解行为的发生纳入自身存在的必然性之下，前见的逻辑肇始于海德格尔，后经伽达默尔、姚斯等现代阐释学者对其概念范畴和意义界定进行了不同层面和角度的说明。由于理解角度不同，前见机制的理论表述和含义表征显得多元化，从而使该概念的意义内涵与外延显得非常复杂。

一 "前见"的理论释义

由于海德格尔、伽达默尔等现代阐释学家对于前见概念的阐述和意义范畴的说明并非完全一致，这一概念的解读一直呈现出多元化特征。从概念内涵看，前见既包括历史、文化、意识、精神等恒定价值因素，也属于一个开放性、未确定的概念领域，甚至被海德格尔视为与理解行为一样的主体存在方式。另外，对于前见概念的类别划分也存在不同标准：从文化层次的区分上看，前见具有"历史性""经验性"以及"当下性"三重意义区间；从心理层次的区分上看，前见又可被分为理解主体的"潜意识性""前意识性"和"意识性"三种类别；从阐释主体的观念方式的区分上看，也可被划分为"谨慎的实在前见"与"浅薄的虚性前见"两类。现代阐释学对前见理解的视角殊异，使其概念范畴处于各种解读和层次划分相互交织、相互影响的状态。因此，出于电视文本接受理解研究的现实需要，有必要对这一概念进行理论上的界定，以期为后续的讨论确立概念范畴基础和边界。

依据本书第五章的论述，传统认识论导向下的古典主义阐释学文本理论认为，任何文本的原初意义，即文本生产者赋予文本的意义是该文本的核心和唯一意义，而阐释主体进行的意义解读和理解行为必须以此为标准，且要以此为终极目标。所以传统文本理论往往重视从文本自身或者从文本生产的历史社会背景、政治经济、文化传统等结构出发，探讨文本理解行为以及文本意义接受。比较有代表性的有英美新批评、俄国形式主义、结构主义等文本理论。但从文本理解行为的本质上看，这种传统文本理论将文本置于认识客体位置，阐释文体与文本属于主客体的单维度关系，忽视了文本作为意义交流体系的功能和作用。海德格尔的"先在结构理论"首先对上述文本理解的观念进行了批判，而后，伽达默尔通过对文本主体性的人性化提升，以及创立"效果历史"概念，使得文本理解接受行为的研究开始关注历史观念与交往观念的逻辑重要性。在现代阐释学看来，任意文本都应当是处于主体间性的、动态的以及开放性的时空维度之中，文本始终具有历史性、实践性以及与阐释主体的交融性，并非古典主义阐释学认定的文本是原子式、僵化的意义载体。所以文本理解行为不但属于不同主体之间的交往活动，更是一种能动的、富于变化性的过程，是文本对于曾在、此在以及将在三重走向的统摄。这种观念突破了传统文本理论研究的视域与方法，为文本理解行为研究提供了新的视角，特别是其将文本研究从注重理论层面的探究转向实践意义维度的探寻，因而为文本理论拓展了更为开放的学术领域和学术空间。

作为现代阐释学的基本概念,前见的核心意义就文本理论框架而言,是指在阐释主体的文本理解行为产生之前就具有的一种理解框架和导向结构,这种结构涵盖了主体自身已经拥有的历史、文化、性格、观念、价值、态度、身份以及对于文本意义的期待等多重范畴,而这些范畴会对文本理解接受行为产生包括约束、限定以及引导等在内的多重影响。因此,对于阐释主体来说,在真正的文本接受和理解行为发生之前,自身的主体意识、价值体系、观念构成、思维定式等都会自动发生作用,这实质上是阐释主体自身历史背景和社会属性影响作用在理解行为中的内化,使主体已经形成的历史性和社会性特征通过主体的文本理解行为被表征出来。金元浦认为:"前见状态先于主体与客体区分的自觉意识,任何文学作品的理解都只能从这种前见状态开始,而不是由主体开始。语言、经验、记忆、动机、意向,包括情感、直觉、潜意识等构成了前见的本体性因素。"①

二 海德格尔的"先在结构"论

前见概念的形成是具有理论上的逻辑和思维演化过程的。海德格尔最先提出了相关的思想,其在《存在与时间》一书中对前见的概念进行了初步而有效的探讨。在他看来,文本的理解与阐释行为发生于"此在"在面对文本意义呈现过程中的可能性投射。对于海德格尔来说,文本阐释行为过程具有结构上的三个维度,即问之、限之与构之的过程统一。这确立了主体对于文本及其意义的投射取向、形式以及对意义的确定认知。这三个维度形成了理解的"先在结构"。根据海德格尔的分析,先有、先见、先识是"先在结构"的组成部分,"我们之所以将某事理解为某事,其解释基点建立在先有、先见与先识概念之上,解释决不是一种对显现于我们面前事物的没有先决因素的领悟"②。按照这一逻辑,文本的意义就可以被看作主体向文本投射而所存在的物质,而这种意义是由海德格尔所谓的先有、先见和先识三个维度形成的先在结构决定的。

---

① 金元浦:《接受反映论》,山东教育出版社 1998 年版,第 407 页。

② [德]马丁·海德格尔:《存在与时间》,陈嘉映等译,三联书店 1987 年版,第 68 页。

先在结构的不同维度对阐释主体理解行为的趋势和指向形成了导引性作用。从先有的概念含义看，其首先认为阐释主体是特殊性与普遍性共生的存在主体，具有自身的限定性，用海德格尔的术语讲即主体是"此在"的形式。其次先有指涉阐释主体对于文本的意向所指，也即文本与主体的相遇状态，阐释主体对于文本意义理解的一种发问过程。从先见的概念含义看，其指阐释主体在理解行为发生之前所拥有的历史、社会、文化、身份、道德、价值观念等可能影响理解效果的基础性因素，也即主体的生命经验和阅历，本质上是先有的外化形式。从先识的概念含义看，其指阐释主体与文本进行互动理解时所掌握的与文本关联密切的认知因素，这些因素可以通过文本被主体所利用，以便将新的维度和内容引入理解行为的过程之中。先在结构的"先有、先见、先识"是被按照理解行为的发生逻辑有机统摄于理解之中的，并作为文本理解的先决条件之一。"正是先有、先见、先识等前见构成了人在历史中的存在，正是前见介入了理解，才使理解成为可能。前见是我们认知主体的历史存在形式，并时刻为理解的发生过程作着起点，它是一切理解的条件。"① 值得注意的是，如果对前见进入文本理解的方式与途径问题，以及阐释主体在文本理解中获得意义认知可靠性等问题进行讨论，就会出现一种逻辑上的循环。根据海德格尔的观点，文本的理解是主体面对文本的一种"筹划"，或者说文本理解行为就是理解行为本身，那么文本意义面对阐释主体的那种开放状态其实已经被客观实际所操控了。对于主体来说，文本的意义就成了被自身前见所决定的范围和内容，而这些范围和内容其实已经是前见中的实存了，阐释主体面对文本的筹划就可能丧失其开放性与未确定性的特征。那么，前见为文本理解行为的内容获取是否还有意义，或者说文本的理解与阐释是否就成了一种早已有了明确结果的过程，这样就未能给主体面对文本意义展示时的投射留有足够的实施空间。

对于这种循环，海德格尔肯定了其存在性，并进行了辩证的分析。在他看来，对于循环的接受应当采取一种辩证的方式，既不可完全忽视其存在，也不能被其所压制。在他看来，循环并不是一种在认识上被刻意标签化的不良因素，而是具有推动文本理解行为发生的能动性。这种能动性必

---

① ［德］马丁·海德格尔：《存在与时间》，陈嘉映等译，三联书店 1987 年版，第 55 页。

须在从文本自身的意义出发，在先有、先见和先识的正确实施形式中才能得以真正理解，而不是在三者被通常理解的常识性方式中。如同伽达默尔所讲的："虽然对象确实是我们的兴趣所在，但对象只是通过它在其中向我们呈现的方面而获得它的生命。我们承认对象有在不同的时间或从不同的方面历史地表现自身的诸不同方面；我们承认这些方面并不是简单地在继续研究的过程中被抛弃，而是像相互排斥的诸条件，这些条件每一个都是独立存在的，并且只由于我们才结合起来。我们的历史意识总是充满了各种各样能听到过去反响的声音。只有在这些众多的声音中，过去才表现出来。这构成了我们所分享和想分享的传统的本质。现代的历史研究本身不仅是研究，而且是传统的传递。"①

将这种循环性放在语言符码与存在的关系中进行解读，可对其内在成因予以说明和解释。对于任何一个文本阐释主体来说，其固有的前见都是以在自身所处历史社会环境中所使用的语言符码为形式而存在的。因此对于阐释主体来说，语言符码的变动性使前见具有不稳定性，或者说语言符码的特定性导致了前见的具体性，而这种具体性会依据语言符码的历史性与社会性条件改变而呈现出多元表现形态。语言符码的历史性与社会性会随着主体实践活动而被调整和形塑，其意义内涵是一个永远处于开放性的体系，无法进行任何的限制和绝对化界定，只具备相对主义的固定性，而前见据此拥有了历史性与社会性，阐释主体面对文本的筹划从逻辑上也具有了开放性与未确定性的特征。

三 伽达默尔的"前理解"观念

在海德格尔的"先在结构理论"基础上，伽达默尔对前见概念进行了规范而详细的全面阐述，确立了概念的完整范畴，并解释了如何以明确的形式进入理解的循环。对于伽达默尔来说，阐释最核心的要件在于前见，前见是源自客体实存的衍生和联系体，前见对意义阐释进行了一致化统摄，由此实现对先有的实践。前见的含义在于可以实现阐释主体对于文本内容的理解，这早已在话语使用层面得到论证，文本内容的前理解就属于主体前见意义范畴。按照伽达默尔的看法，文本阐释的前理解是前见的

---

① ［德］伽达默尔：《真理与方法》，洪汉鼎译，上海译文出版社 2004 年版，第 98 页。

主要内容，而这些内容意指文本阐释主体自身所先行具有的意识和观念体系，后者往往会以惯习化的形式对文本阐释主体理解行为进行介入与发生影响。

但是对于伽达默尔来说，前见含义也具有多重性，其与"前理解""先见""前见解"等表述既有联系又有区别。伽达默尔将"前见解"的意义表述为主体在计划实施理解行为时的临界状态，也就是当直面理解对象文本时，前见解就已经处于理解的发生前端了。这说明前见解具有个体主义特征。其对于前见的表述则是，"实际上前见就是一种判断，它是在一切对于事情具有决定性作用的要素被最后考察之前被给予的"[①]。"与传统相联系的意义，亦即在我们的历史的——阐释学的行为中的传统因素，是通过共有基本的主要的前见而得以实现的。阐释学必须从这种立场出发，即试图去理解某物的人与在流传物中得以语言表达的东西是联系在一起的，并且与流传物得以讲述的传统具有或获得某种联系。"[②]

对于伽达默尔的理论体系来说，前见与前见解的概念关系是既有区别，又有联系。按照他的观点，两者共同之处在于前见和前见解都是客观存在，是阐释主体自身无法回避和摆脱的，而且无法通过主观辨识将具有促进理解发生的前见和可能阻碍理解并引发偏见的前见解进行区分。此外，前见又可以被划分为"谨慎的实在前见"与"浅薄的虚性前见"，当阐释主体在文本理解行为中面对"谨慎的实在前见"时，就不用将前见解刻意认为是文本理解的障碍物，而要做的就是对自己所持有的前见解的正确性与合理性进行识别，或者说阐释主体仅仅需要对前见解的有效性进行判断就可以达到对文本的意义解读。

从两者的不同来看，前见意指作为历史和历史流传物中的意蕴以及阐释主体的贯通关系，具有一种客观性的存在特质。而前见解则更强调主体的认知价值和认知态度体系，是主体自我意志和意识的表现，因而前见解的主观性要强于前见。前见是可以帮助主体实现理解行为的历史因素，具有共通性，主体间可以共享；而前见解则并不是固定流传下来的共同因素，具有比较明显的个人主观主义色彩，主要作用体现在对文本意义理解

---

① ［德］伽达默尔：《真理与方法》，洪汉鼎译，上海译文出版社 2004 年版，第 78 页。
② 同上书，第 292 页。

的引导性上，或者说偏移性上，可能对文本意义的理解产生阻碍并引发偏见。

　　类似概念还有"前把握"，也就是海德格尔所言的先识。伽达默尔将前把握视为文本阐释的出发点，同时又认为后续的把握会不断地对前把握进行替换和更迭，以更为适合的方式对文本进行意义管控，这种过程被他称为"连续的筹划过程"，也就是伽达默尔理解的"文本阐释和意义接受的行程"。前把握也是从主体自我意识和自我意志主观层面出发，将文本及其意义持续不断的筹划贯通起来，形成文本理解行为，由此使理解成为人存在的常态。所以前把握是文本理解行为发生前的主体一种具有"等待"特征的心理状态。伽达默尔认为前把握具有历史性与社会性，是理解行为发生的特定条件，也是每一个主体自身理解行为与其他主体相异的原因，是主体在特定历史阶段和社会环境下与自身先前阶段和环境下理解行为差异性的根由。前把握往往会采取一种共通性来协调和引导阐释主体，将其从先验的文本意义指引至主体自身的理解过程之中。在伽达默尔看来，这种先验的文本意义指引是文本意义自身所蕴含的真理内容，而阐释主体理解文本意义的本质所在就是依据这样的真理内容去继续探寻自身和文本的存在。可以看出，前见、前把握、前理解等概念虽然类别众多，意义殊异，但主要功能实质上分为两个大类，第一是有助于实现文本理解行为的类别，能够助推阐释主体对文本意义进行解读和分析，并促使文本中蕴含的真理得以展现；第二是一种与真理无关的类别，这些内容往往不会对文本真理的显现提供帮助，并会导致主体在文本理解时夸大理解行为及其内容的相对主义维度，导致主体偏见理解产生。

　　伽达默尔对于文本的态度始终是出于所谓筹划方式的。在他看来，当阐释主体面对文本时，没有必要将主体自身具有的、与文本相关的前见解和主体的自我意识观念进行彻底抛弃，需要做的就是采取一种筹划的方式。这可能从理论上将与文本相关的前见解回溯到文本自身上去，而主体的自我意识和观念却又成为主体自我构成的元素。应该说，伽达默尔的两类前见不是纯粹理论上的划分，而是主体自身的判定，在他看来，历史意识往往能够使主体关注到有助于发现文本真理的前见，文本作为历史流传物因此得以延续。伽达默尔的本质意思在于要求承认文本理解中主观主义与客观主义共生的合法性，这种合法性是文本理解发生的根本性条件之一。其中客观主义因素使文本理解能够源自真理，而主观主义因素则使文本理解产生特定性与具体性。

在伽达默尔看来，无法将文本理解行为彻底视为主体自我行动，而必须将其视为历史进程中的行为，并且这种行为将过去、此在、未来三者统一于文本理解之中。"效果历史"观念是对上述观点的进一步拓展和延伸，通过这一概念伽达默尔将传统和文本理解行为结合起来，在实践意义上阐明了文本理解的先在、此在和将在的自我筹划。从伽达默尔的理论分析路径看，视域是确立效果历史的切入点和阐述角度。根据他的观点，视域就是所谓主体观察的界限和疆域，这一界限和疆域确定了主体从一个视角出发所能捕获的所有时空内容和意义范畴。对视域来说，其边界、维度、时间性等都可以成为判明主体理解行为发生的方位和层次。"一个根本没有视域的人，就是一个不能充分登高远望的人，从而就是过高估价近在咫尺的东西的人。反之，具有视域，就意味着，不局限于近在眼前的东西，而能够超出这种东西向外去观看。谁具有视域，谁就知道按照近和远、大和小去正确评价这个视域内的一切东西的意义。"① 对于伽达默尔来说，理解作为一种历史主义的行为，其主体视域不能被狭隘地限定为时间层面的意义，即用具体常识领域的自我态度和观点来理解文本，而应在主体自身的历史视域中进行文本观察，只有以这样的方式才能直面文本本质，才能接触文本所蕴含的历史流传物的东西。但需要指出的是，如何在不脱离前见基础上实现对前见的超越而直面自身过去，伽达默尔对这一问题进行了详细说明。

伽达默尔从曾在与此在的关系的角度进行了分析。在他看来，作为曾在的过去和作为此在的当下是一种相互的敞开关系，即曾在处于对此在的存在之中，而此在又囊括了曾在，过去是当下的过去，而当下又是持续的过去。这就从前见在理解行为中的处境角度说明了其意义所在，并使曾在和此在在阐释主体的筹划行为中被统一起来。这一过程可以被解释为，阐释主体为达成对文本意义的理解而进入文本之中，并通过经验性体验来感知文本的存在状态。根据这一境况，阐释主体并不一定要与文本主体的意义进行"同一化"也可以完成意义理解。何以实现这一理解行为？伽达

---

① ［德］伽达默尔：《真理与方法》，洪汉鼎译，上海译文出版社 2004 年版，第 80 页。

默尔通过视域融合的方式进行了说明。伽达默尔认为，文本阐释主体首先具有一个自身存在并生活于其中的此在视域，同时，还具有一个自身出于文本理解需要而应当进入的历史视域。伽达默尔认为，人的存在基本性就在于通过这两个视域的融合而达成，即所谓的"人类此在的历史运动"。按照这一理论，当阐释主体的此在视域面对和介入不同类别的历史视域时，主体并非迈入了一个与自己缺乏关联的陌生环境，而是通过这些视域融合构建了一个由自我驱动的、进行演变的更广阔的视域，这个广阔视域突破了此在边界而囊括了主体自我观念的历史维度。对于主体来说，这种广阔视域也是仅有的视域，涵盖了一切在历史意识中蕴含的内容。

在伽达默尔对前见加以阐释之后，接受美学的姚斯将这一概念推向了文本接受领域，并进行了创新和变革。姚斯对海德格尔、伽达默尔等的观点进行分析后认为，在文本领域，前见概念对应的是"期待视野"这一概念。前见呈现为文本接受主体在实施理解行为时的一种意向性预期，这种预期具有确定性场域和界限，而场域和界限使得文本理解具有无法任意蔓延的框架，同时也使理解具有了限度的标准。在姚斯看来，当阐释主体的文本体验与自身期待视野重叠时，主体对于文本的认知会因为文本缺乏新的意义吸引而降低兴趣；反之，当阐释主体的文本体验超越了自身期待视野时，主体会被激发文本兴趣，并认为自身文本阐释能力得到肯定性认可，从而有可能获得新的价值标准。"一部文学作品在它发表的历史时候以何种方式适应、超越、辜负或校正读者的期待，显然为确定它的美学价值提供了一种标准。"① 姚斯将特定文学文本视为一种无法完全独立而纯粹存在的形式，其出现必须以预示、开放、秘密的方式或者符码来表达，这些符码为试图进行文本阐释的主体提供可供驱使的暗示，将主体理解行为导入趋向性方向之中。主体的历史理解性记忆体验可能被激活，并被其导入具体的感情和意识状态之中，将后续可能发生的期待纳入理解的轨道，期待在文本理解过程中将文本的历史特征和意义标识进行继承、演化、分解、重构甚至消解。期待视野的指向很明确，就是指由文学作品的类型风格或形式传统构成的、能够唤起读者头脑中已经形成的印象、经验的思维定式，文学作品通过唤起读者的期待视野而实现"客观化"。可以

---

① 张首映：《西方二十世纪文论史》，北京大学出版社 1999 年版，第 277 页。

看出，与伽达默尔比较而言，姚斯的期待视野更加具体。（霍拉勃对期待视野也作出了判断，认为期待视野是指超越主体性的一种系统或者期待结构，属于主体理解文本时可能具有的观念构成。）

对于伽达默尔来说，视域是主体此在与曾在一起融合和构建的结果，而姚斯的期待视野则更强调阐释主体的主观性因素，这一因素分为两个层面，其一指阐释主体在历史文本接受中建构的文本接受体验，其二指阐释主体的历史和社会存在体验，包括道德标准、认知方式、观念体系等内容。姚斯认为，这种主观性因素组成的期待视野具有文本接受行为的层级化意义，即所谓由个体的审美趣味、理想、情感倾向，时代要求和审美趣味以及民族心理和文化传统的积淀构成的"三级阅读视野"。

第二节　"前见"在电视文本意义理解中的作用机制

前见内涵维度具有三个层面，第一，前见具有主体的自我能动性；第二，前见是作为意义表征介质的语言符码体系；第三，前见是阐释主体根据此在的实际历史境况为了理解而限定的理解条件，或者说理解预设。对于电视受众来说，这三重层面将前见限定为一种具有非确定性、自主性的文本意义理解框架系统。

一　"前见"机制的三重话语维度

根据上述分析，受众的电视文本意义理解行为也是建立在前见基础之上的，但前见仍然只是理解的前提和基础，涉及具体的电视文本理解，还存在一个以前见为起始点，并向理解展开的过程。因此，对电视文本理解的讨论，还应据此为基础，对其内涵进行辨识。如上所述，前见概念的内涵维度具有三个层面，首先是主体的自我能动性，也即海德格尔所说的"先在"，这涵盖了主体的意识、经验和观念等主观性元素；其次是作为意义表征介质的语言符码体系，这一体系负载着文本作为历史流传物所具有的真理内容；最后，则是阐释主体根据此在的实际历史境况为了理解而限定的理解条件，或者说理解预设。对于电视受众来说，前见是一种具有非确定性、自主性的理解框架系统。所谓非确定性，意指前见是电视受众自我能动性的载体，可以帮助受众面对实际境况确立理解的需求和期待目标，并对主体使用的语言符码进行选择和甄别，因此，电视文本意义的历史回溯与未来筹划都是作为可能而存在的。自主性则意指前见具有相对限定性，可以激发起历史与语言符码在电视文本理解中的灵活性与积极性，但并不是对两者的肆意放纵，而是通过受众意向性行为使其以一种相对确定的方向进行运作，并最终促使文本理解行为获取一个意义范畴。对于电视受众来说，自身具有的任何前见都是面向当下的前见，指向其所存在的确定性意义，同时前见又是面向将在的前见，其囊括了可能发生的任何意义的理解。作为当下的前见，表明了受众理解行为的意义稳定性，但也呈现出僵化性特征；作为将在的前见，表明了受众理解行为的意义开放性，但也体现出一种无序性。因此依据伽达默尔的观点，受众的理解行为就是在这两个不同指向的前见维度上开始的，与此同时，前见也开始向理解过渡并展开。

在通常的看法中，受众的主观意识往往居于电视文本理解中的首要地位，并且意识会对理解所介入的前见类别、方式等条件进行选择，但意识并不会主动发生作用，而是要在一定条件下被引发出来，从而产生作用机制。对于受众来说，电视文本理解行为的发生必须满足三个维度的要求，首先是有意义内涵的电视文本，其次受众具备思维能力，最后则是存在使文本和受众实施关联的实际"场域"。这三者各有独立特征，又具备同质化特质，能够最终被受众的意识维度一起统摄于理解之中。简单地说，作为处于历史性进程中的主体，受众既是与历史相关联的当下实存，又是与之相区隔的自我实体，而承担将受众与历史区隔，并使之成为独立主体，但又将其植入历史之中任务的，只能是受众的自我意识，或者说，受众的自我意识通过反思与体验而使自身得以确立。需要指出的是，这并不是将受众与历史按照主客体关系范式进行分割，而是一种简单的比喻，说明受众既在历史中成为自我主体，又与历史其他主体形成主体间性关系，并一同存在于历史当中。也就是说，不能用传统认识论的主客体关系来简单判定受众与历史的关系，前见可以被看作受众自身的主体意识界定行为，这种界定作用是通过回溯和拓展两个相反但又共生的方式实施的。

电视文本理解行为开始之前，受众已经从自身经验中获得了一定的认知能力和观念价值体系，因此，受众的理解行为就具备了"筹划"能力，并以此为途径将文本意义理解向某种可能进行倾斜，受众借用自身理解能力实施回溯与拓展，从而对电视文本意义进行判定和明晰。这是因为通过前见的回溯，受众与电视文本初始形成的完整结构必须被破解，受众意识必须通过意向性运动来与文本进行再次关联，但这种关联必须首先将受众意识与电视文本进行彼此分割才能实现。另外，前见的拓展也是向理解行为过渡的另一维度，当受众意识与电视文本关系第一次脱离时，文本与受众之间就会形成一个空白场域，而这个空白场域会形成感性的先验，也就是电视文本可能确立的意义空间。按照伽达默尔的观点，受众与电视文本的区隔是以时间间距为介质实现的，时间间距不应当被机械地理解为时空维度上的历时性延续，而是作为存在得以可能的基础，因此，时间上的连续性是一种曾在、此在和将在的一致性，是理解可能性的基本条件。时间由历史和传统进行填充，而不是具有物理意义的断裂体，因此在时间的阐释学意义上，受众与电视文本相互区隔，但又共存于历史之中。

受众意识对于前见的触发应当体现以下特征：意识往往是以某种主动性的回溯而获得的一种"距离感"，并在这种距离感之外对电视文本进行审视。对于电视文本接受来说，意义的获取与呈现应当是对文本开放与拒斥的辩证法，受众需要向电视文本发问，文本会对这种发问有所回应和诉说。发问可以被视为受众自我能动性的呈现，也即受众的自我开放，而这种自我开放应当具有自我存在意义，也就是说，在电视文本的回应和诉说没有发生之前，意识已经存在了，并以确立自我历史的方式确立了自我，而且有可能对电视文本意义呈现的趋向进行确立。因此，不是前见对电视文本进行了界定，也并不是电视文本构建了前见，而是双方通过受众意识的功能实现了彼此的界定和构建。电视文本理解活动的可能，首先是意识活动的结果，是意识对前见在不同维度的阐发，而这仅仅是意向层面的，受众理解和文本仍然处于未达成状态，对于电视文本理解实践来说，就必须超越意向层面，而对理解活动展开进行分析。

电视文本理解中的回溯在本质上意味着受众觉察到前见的作用。受众作为主体进行回溯，并不是按照线性时间概念返回到历史中的某一具体时刻，而是将意识暂停于"现在"，这种暂停能够使受众的传统被显现出来，对于电视文本来说，是意识对其进行筛选的过程。首先，受众在理解文本时，其自身的理解行为会随着自我调试而出现改变，在观察文本时会从不同的角度和方向接触文本；同时，文本自身也因为内在与外在的结构变化而表现出多样性。回溯所构建的场域则可以使受众以一种历史主义的方式，或者说采取审慎的、未定的态度来看待文本意义的可能性。当受众与文本的意义处于某种现实利益关联时，受众就会因此而受限于这种利益关系，而受众在关注现实利益时，其意识也会自主地进行接纳或者拒斥，因而不能从本质上把握文本的意义和内在。回溯可以通过"时间间距"的作用，对文本的"现实性"意义进行悬置，也即胡塞尔所谓的为此在"加括号"的方式，将受众的视域从局限的现实表象中抽离出来，从而摆脱肤浅而虚假的前见，从相对的意义维度对整体意义加以把握。这就是伽达默尔所谓的时间间距对于前见的作用。在他看来，任何文本都需要从历史的方法来洞察其真正意义所在，文本必须置于与当下阐释主体存在时间间距的位置才可能呈现自身的意义维度，因为时间间距可以对现实利益关系的局部性层面进行消解，使阐释主体摆脱虚假的前见，而使真实的、有效的前见进入理解行为之中。

依据上面的论证，电视文本只有在受众将其当下的存在现实条件彻底摆脱后才能得到理解，所以对于当下的受众而言，文本的意蕴就始终无法在当下被获得，这就使受众永远无法获得对电视文本意义的真实理解，而这种真实理解只可能在将在的理解中发生，而将在却是受众一直无法到达的终点。故而，必须确定伽达默尔所言的时间间距在何种程度上能够确保受众获取电视文本意义的有效性，而对这一问题的回答只能从以下层面实施：文本意义的理解无法具有绝对主义范畴，而只具有一种相对主义的效果。因此，电视文本的理解是持续而不会完结的过程，受众无法通过文本理解行为获得真理上的结论。

二 "判断与预期"对电视文本理解的影响

在前见向理解展开的过程中，还必须对判断和预期的作用进行分析。对于前见的解释与分析集中于概念的历史与意识等确定性层面，判断与预期却指向了前见的未确定性层面，这一层面涉及受众在电视文本理解行为发生之前，对于意义可能在将在发生的筹划。受众电视文本的理解过程从本质上看就是从前见的始初出发，在文本的意义期待指引下进行文本接触，在前见向理解过渡的那一刻文本的原初意义开始显现。当理解发生时，原初意义开始与受众自身期待进行融合，从而走向真正的文本理解。因此，筹划可以说就是预期，并且是预期的延续化，它紧密伴随文本意义理解的结果，对理解双方的不同进行调试，直至自身与文本的意义理解趋向同一维度。

从理解过程看，文本始终都是受众进行理解的对象，电视文本具有和受众一样的主体性，因而文本始终在准备进行诉说与表达。在理解行为中，受众对电视文本意义和自身前见都进行了"悬置"，以便将前见中内蕴的主体理解应力释放，对文本和历史中的各种开放性元素进行重置，并在重置过程中实现意义的再造与重构。因此，受众的理解其实就是以预期的形式给予文本以特定的视域。而预期自身就拥有着开放性的特征，当受众面对电视文本时，总是带有一种不确定性的质询来审视后者的存在、意义范畴、形态表征以及其是否如其所是。受众预期并不是对文本意义的整体覆盖，而是对这种意义整体的质询和指向。在质询和指向中，文本意义处于未定性的开放之中，受众对这些意义及其构成部分分别进行辨识和分析，最终形成对文本意义的一种认知，实现在相对主义名义下的意义理解。

从理解的实际发生基础要件看，前见还应当与语言符码与阐释主体相关，并在理解的具体过程中担任了两者的中介角色。根据海德格尔的理论，主体的前见中囊括的"先有""先见""先识"层面是与其对语言的分析息息相关的。对于海德格尔来说，语言符码是一切前见存在的基本形式，阐释主体所拥有的前见都是语言符码的内化，因而阐释的可能性发生受制于语言符码的可能性发生。但海德格尔并未从语言符码的角度对阐释如何给予主体的前见在理解意义层面的拓展进行论证。

从语言符码对于前见的构成来看，这一问题应当属于语言符码的能指与所指的关系范畴。结构主义语言学的确立者索绪尔认为，语言符码能指与所指的关系是自由滑动的，对于使用它的语言社会来说，又是强制的。语言能指与所指的关系是非自然的，是可以改变的。能指既是意义又是形式。在形式方面它是空洞的，在意义方面它又是充实的。因为空洞，能指与所指的关系有偶然性，是约定俗成的。因此可以看出，语言符码的能指与所指的关系是确定性与非确定性的结合。从语言符码社会化的过程中可以发现，能指和所指在最初阶段是完全融合的关系，而随着其社会性使用的发展，两者开始出现了区隔和差异性，最终完全走向符号化形式。对于语言符码来说，能指层面的意义是相对固定的，但对于阐释主体来说却是非稳定性的。社会性语言的意义非稳定性往往源自符号本身的多重意义指涉特征，如何进行意义阐释，则由语言使用的语境来决定。

从电视文本接受来看，文本语言符码能指与所指的关系强度是受到受众主体存在制约的，而主体存在是一种面向曾在和将在的双重维度展开过程。因此分析语言符码与前见、受众的关系就要基于受众的当下存在状态。语言符码是前见的基本结构，并制约着前见的存在形式，但前见通过受众的文本意义筹划又可以反哺和填充语言符码，前见处于语言符码能指和所指滑动之间的平衡场域，而受众则在这个场域中实现当下存在，这种存在形态与这个场域有着密切关联，当场域由能指和所指的同一性控制时，受众对文本的意义进行确定性判断；当场域由能指和所指的相异性控制时，受众对文本的意义就处于开放性判断，语言符码与受众主体关系的焦点即在于此。

受众的电视文本理解呈现为对文本当下意义与生命经验的感受。这种感受是语言符码能指与所指的辩证关系，也是受众作为理解主体存在的本质意义。文本的当下意义和生命经验与语言符码自身既有的意义指涉与情感性因素是不同的，前者必须建立在受众作为实际存在的基础之上，即在存在论维度才有讨论价值。语言符码自身意义指涉与情感性因素只是一种被外在力量赋予的内容，而无法与主体存在等同。因此语言符码构成的前见如果不进入主体理解过程中，就是空洞而无意义的，只有当主体作为存在的理解行为发生时，语言符码能指与所指构建的意义体系才得以整体实现。

对于受众来说，前见要在理解行为中发生作用，语言符码要与受众作为此在的本质存在进行意义上的同步，就必须将语言符码和受众的当下境况关联起来。保罗·利科认为，语言一旦离开了其所赖以存在的语境，就会出现能指的扩散，也即会出现语义上的多义性可能，因此，要理解语言在某一方面相对稳定的含义，必须在语境还原下才可以实现。而对于这种稳定意义的识别过程就是文本的阐释行为，也即受众作为理解主体对电视文本语言符码上的多义性进行筛选，从而探寻符合自身理解筹划趋向的、相对确定性的文本含义，这不但是阐释的过程，也是理解行为的首要目标。对于语言来说，其存在的当下环境始终处于变动之中，语言由此变动而不断获得新的意义空间，并被受众所理解和使用。但需要指出的是，语言新的意义空间是现存语言可以解释并说明的，这是由语言的使用者，也即受众在对文本意义当下境况的阐释中创生出来的，而并非语言符码自身结构自行运动的结果。

另外，语言与主体存在状态的结合是一种不稳定关系，或者说，语言符码与主体理解行为之间总是具有非恒定的交织。当语言符码受历史或是社会惯习的影响，形成某种固定化表述方式后，其所表征的意义范畴就被限定了，而其所蕴含的、面向新的意义空间的可能性就丧失了，随之而来的就是意义的僵化。对于电视文本来说，这就意味着文本一旦形成固定的模式，其意义就必须回归语言形式之中，意义转化为历史的观念又返回到语言自身了。对于受众来说，这种转化实质上又为自身提供了新的前见内容。所以语言与主体存在状态结合的不稳定关系终究会导致两者的区隔，而区隔的语言符码又仅仅具有字面的意义和被固定化的情感意义，这些内容被抛向了已有的前见之内，成为其补充。受众前见中具有的并不是生命经验的意义，而是以经验形式存储的语言符码，这些符码所具有的意义在受众后续的电视文本理解中会被主体融入新的生命经验之中，以促使新的理解发生。语言符码的真实意义必须在受众和电视文本进行主体间对话的状态下才得以显现，也只有当受众前见产生对新的意义质询时才能介入受众的理解行为中，这时，前见开始转向作为筹划的理解。

三　电视文本理解行为的差异性

从理解的最终目的看，受众理解电视文本与主体理解历史具有明显的差异性。对历史的理解总是将获取到的认识和判断在当下的视域内进行解读，而与主体自身的前见悬置无关。但对受众来说，电视文本的理解与历史的理解是不同的，其理解的终极需求并不是去获取文本的具体意义，而是以理解性存在，以在理解中实现根本的自由为目标，是为了实现受众成为受众主体的目的。对于具体的历史理解来说，不同的理解最终都指向一个限定性结构，而这种限定性是与受众最终获取的自由状态相互矛盾的。

受众要获得作为存在的本真自由，就必须通过上述限定性结构，并在其中寻找具有无限性的精神本质，这种本质才是通向纯粹自由境界的驱动力。无限性的精神在阿恩海姆看来就是造成表现性的、基础的"力的结构"，这种"力的结构"能够使阐释主体认知到自我在实存中的位置，并感受到作为存在的世界的统一性。因此，历史理解的前见构成有着许多虚假的因素，其可能受到理解判断的过滤和拒斥，而对于探寻受众自由存在的电视文本理解则趋同于释放理解能力的"力的结构"。

从本质上看，理解历史行为中的前见与理解电视文本中的前见其初始状态是一致的。但当前见面对历史与电视文本这两个有差别的理解对象时，主体的理解行为就会依据差别而对理解趋向作出不同的要求，在这样的要求下，前见开始分化，调整自己以适应两种不同理解的不同目的需要。受众理解文本的前见与理解历史的前见都是以语言符码为结构存在的，都蕴含了以往积淀的历史传统、道德观念以及价值体系等，并都由主体意识对需要在理解中应用的层次与范畴进行选择和识别。其差异性在于受众电视文本理解的前见并非以探寻意义为最终目的，而是以理解为形式，试图在与文本构建的主体间性中获得存在的价值和体验，因此其并非有着主体进行"索取"的意蕴，受众自身产生的期待是一种非功利性的意向行为，并不会因为主动获取功利性的目标而偏移了自身纯粹性的存在方式。

受众电视文本理解的前见中所包含的意义预期，应该说是受众通向自由存在的途径与方式。根据英伽登的看法，在文本理解的最早阶段，也即前见开始向理解转向时，前见就体现出意义预期，这种预期是一种"原始情感"。其之所以是原始的，是因为预期中充斥着主体的期待与探寻意向，而理解会从这种预期中发展出来，形成对文本意向性的理解结构。所以在面对电视文本时，受众的状态并不是一定要去捕捉或者查找蕴藏在文本之内的意义，也不是将理解作为理解而实施，而是在与电视文本的对话之中实现自我的存在，以获得对于纯粹自由状态的本真体验。受众前见将理解行为转化为对自身的审视，而不是将文本视为自我的占有目标。对于受众来说，自身主观的、具有特定目的性的意义理解倾向在纯净的理解面前消解，而受众也在这种纯净的理解中清晰地直面自我，通达了内在的生命本质，实现了真正精神的自由状态。理解行为转化为受众的生命体验，并趋于无目的性，体验置换了理解行为，自由状态就在这种体验之中和之外不断涌现。作为存在的理解是浑然一体的，受众对于特定目的性的摆脱是借助于电视文本的开放性，前见中具有的历史传统、道德观念以及价值体系等各种元素都处于自由存在的状态，不再受意识的管控，并不再构成理解的某个具体侧面，而是以完整的形态展示着受众的意向性，前见成为所有意义出现可能性的始作俑者，从而将功利性从理解中剔除，受众在理解中实现自我理解与存在。

但需要指出的是，受众并非在前见这种临界状态前停滞自身的意识活动。前见中所呈现的显性意义与隐形意义被理解行为进行了完整的、澄明的展示，但受众意识并未消亡，受众也没有完全受限于意识，而是通彻地直面自身。这些意识是由受众的预期引发的，但其不再会对受众理解产生引导性影响，而是受众作为实存的生存状态的外显与象征。另外值得注意的是，受众理解前见中所蕴含的文本可能意义的自我显现，不是文本自身意义运动而产生的内生性现象，而是受众与文本主体对话与交流的结果，在这种主体间性的不断对话中，文本意义可能呈现出不同的多样性类别和趋向，但理解并非被最终导向某一个具体的方向。对于受众来说，理解的终极目标在于对文本意义发生可能性以及意义类别的审视，以及在这种审视中洞察到的，各种引发上述可能性与类别的原初驱动力。对于受众来说，获得存在体验的唯一途径就是彻底摆脱文本意义的控制，而使自身进入纯粹的体验之中，以获得精神的完全敞开，并在这种敞开中得以存在。不同受众对于同一文本的理解可以是任意的，但这只能是理解自由程度的展示，是从不同侧面展示了文本意义的可能性，对于理解的本质来说，这种意义理解的任意性最终却都被归结于受众自我存在的实现之中，理解的终极意义不是去占有文本的意义疆域，而是在与之对话的过程中实现自我的澄明。

第三节　电视文本理解的"前见"意义反思

对于现代阐释学来说，前见问题不但是本体论中的研究范畴，而且具有方法论层面的研究意义,可以说,阐释学理论本身就是隶属于精神科学的方法论。电视文本的意义理解与接受需要从方法论层面对前见进行反思和考量,其目的是通过反思这一过程获得对电视文本意义理解和接受过程中形成的认识论价值,以完善和开拓电视文本阐释研究的理论维度。

一 "前见"的方法论意义

上述关于前见的讨论,都是从伽达默尔建立的现代阐释学基础上进行的,也就是说,是从本体论意义角度展开的。自伽达默尔以来,作为本体论的阐释学已经广泛影响并介入文本理论研究当中,自古希腊以降形成的逻各斯中心主义因此受到严重消解,代之以文本主体间性的非中心化,同时古典主义阐释学遵从的传统认识论文本主体性也转向了生存论文本主体性。文本理解与接受几乎丧失了阐释的方法论意义,特别是对于"前见"问题的讨论也逐步被理解行为的存在论范式全面覆盖,但是否在本体论的学术视野下前见问题就丝毫不具备方法论的意蕴,或者说,前见是否仅仅纯粹为了主体作为存在方式的理解行为而存在?从阐释学自身发展看,对前见进行方法论意义层面的反思仍然是有价值的。

古典主义阐释学创立人施莱尔马赫坚持阐释学是一门摆脱对文本及其意义偏见与误读的学科,认为必须回到文本作者及文本生产的历史社会背景中才能对原始意义进行正确理解与把握。这种阐释学方法论观念认为文本生产者与阐释主体具有不同的理解视域,但双方的视域并不是后来伽达默尔认为的融合关系,而是相互遮蔽和覆盖的关系,二者是无法共生的。倘若阐释主体利用自身的视域对文本进行理解,则其获得的意义范畴就会偏移甚至超越文本生产者的意义界限,导致对后者视域的覆盖;同样,倘若阐释主体无法突破文本生产者的意义界限,则其对文本意义的领悟就会受到文本生产者的遮蔽。所以在文本的理解和阐释中,阐释主体应当对自身的理解视域进行调整,通过将自身置换为文本生产者,并依据后者的思维方式和意义标准对文本进行理解,以获得文本的"正确意义"。对于古典主义阐释学来说,文本与阐释主体之间的理解之所以能够发生,其基本因由就在于两者的视域异质性,这种异质性也即阐释学认为的间距。施莱尔马赫认为,上述异质性与间距是可以消解的,这就突破了先前依赖语法性规则的阐释和线性的历史阐释窠臼,将文本生产者居于理解的核心位置，并试图通过心理学的"移情机制"将阐释主体纳入文本原初意义场域之中，以达到对文本生产者意图的回溯与呈现。这一过程是文本生产者视域对于阐释主体视域的遮蔽与覆盖，使阐释主体的主体性显现为一种文本生产者的附属之物。

对于这种视域之间的覆盖与遮蔽，现代阐释学却认为是不可行的。在其看来，阐释主体前见的存在是无法回避的，这使得阐释主体完全放弃自身视域成为无法实现的目标，主体在理解行为中是无法获得自身独立视域的。对受众来说，在电视文本的理解中形成的前见，并由此构建的视域是自身主观意识的产物，但并非全部受制于受众自身主观限制，受众自形成之日起，就先天地获得了不可抗拒的认知范畴、概念体系、观念价值等一系列内容，并依据这些内容开始存在，从这些内容开始构建新的存在方式。受众所接触到的这些具有共同性、异质性的历史流传物，以及自身具有的独特历史社会背景，促使其成为不同的存在性主体，所以受众的理解行为必须建立在前见基础之上并得以展开。在现代阐释学看来，前见是受众电视文本接受理解的基本前提，有助于其对文本意义进行筹划，并且可以使理解得以推进。这就与古典主义阐释学所持有的认识论观念相互抵触，前见在后者那里成为文本理解和解释活动的阻碍，并且现代阐释学认为摆脱受众主体自我视域而去寻求文本生产者原初本意是无法达到的目标。因为现代阐释学的本体论思想是将文本理解视为阐释主体认识自我并实现自我生存的根本存在方式，而并非出于获取文本生产者意义目的的功利性行为。在这一点上，伽达默尔对古典主义阐释学的艾米略·贝蒂坚持的方法论主张提出了明确的不同意见，"提供一种关于解释的一般理论和关于解释方法的独特学说"①，他"不想炮制一套规则体系来描述或指导精神科学的方法论程序"，"也不是研讨精神科学工作的理论基础，以便使获得的知识付诸实践"，而是要揭示一种理解和解释的生存论，"什么东西超越我们的愿望和行动与我们一起发生"②。在伽达默尔看来，脱离自身的视域而去完全感受文本生产者的视域是不可想象的，文本的理解必须是一个建立在主体间性中的视域交

---

① ［德］伽达默尔：《真理与方法》，洪汉鼎译，上海译文出版社 1999 年版，第 8 页。

② 同上书，第 4 页。

织与融合的行为。

虽然从整体上看，现代阐释学还是把理解行为作为主体的生存本体论，其仍然是基于理解行为中的主体间性的视域融合来说明主体存在的，但是依据对理解的本体论解析，现代阐释学却未能对如何实现受众主体与文本主体的"视域融合"进行充分的方法论讨论，并绕过了这一问题的分析。需要指出的是，这一问题却明确地提出，对于受众来说，理解与阐释行为的发生必须关联一个具体而明确的电视文本，也即理解行为最终必须以一种对象性指向的形式出现。另外，受众行为并不是随机的、盲目的，而是受到其主体意识和观念的控制与影响的。所以对于理解来说，受众始终需要采纳一种方法论意义的理解实施形式，必须将电视文本视为某一对象，这就使理解带有明显的方法论意味。按照海德格尔对"阐释学循环"① 的理解，对于电视受众来说，理解行为并不是刻意排除方法论的意义，而是如何解决其理解行为指向的问题，因此，简单地利用伽达默尔的视域融合的本体论解释无法对这一问题进行有效回应，必须对实现视域融合进行方法论层面的探讨。

对于电视文本理解来说，受众不可能摒弃与生俱来的前见理解框架和视域的制约与影响，文本阐释必须在自身前见构建的视域之内实施，并在此基础上超越前见的界限，从而与文本主体的视域进行融合，以获得文本意义理解的可能性，从而引发文本新的意义空间的产生。所以，对于受众主体和文本主体来说，电视文本意义理解过程就是两个相互对话和沟通的主体一同构建整体性的过程。古典主义阐释学秉持的方法论观念在电视文本理解中对受众的意义解读能动性进行了剔除，将其置于被动型的意义接受者地位，从而使文本主体与受众主体的主体间性关系被拆解。需要指出的是，一味强调受众主体的文本意义能动性解读能力，有可能会遮蔽电视文本自身对于意义的展开，所以，对于文本的理解必须建立在文本主体和受众主体的相互对话与沟通基础之上。但需要说明的是，阐释学观念下的主体间性并不是完全内生的，其必须在一定的方法论意义下才能得以实现。海德格尔与伽达默尔的本体论阐释学认为无法彻底而纯粹地回溯到文本生产者的初始意义中去，但利用方法论的途径可以使主体之间的视域融

---

① ［德］马丁·海德格尔：《存在与时间》，陈嘉映等译，三联书店1999年版，第179页。

合实现得更为适合与融洽，也即可以将文本主体与受众主体的相互视域融合得更为可行与具有成效。对于受众来说，电视文本理解行为始终是一个具有明显实践色彩的存在方式，电视文本的理解最终必须在实际文本理解行为中实现，电视文本主体与受众主体的对话与交流就应当超越文本内部界限，进入受众进行理解的阐释学境况的内省中，这样才能将电视文本理解过程中的"意义敞开性"引发出来，以获得文本的意义阐释可能，而这正是阐释学的方法论意义所在。

从方法论上看，语义学理论为提升文本与受众双重视域融合提供了分析视角，文本的语义层面与受众主体的阐释行为因此结合为一体。电视文本生产的主要驱动力来自文本生产者对自身意图与意识的展示需求，电视文本是生产者历史与社会生活经验的体现，负载了受众主体体验文本主体生命经历的介质，因而由语言构建的电视文本就成为双方进行主体间性方式存在的中介。所以要实现主体之间的视域融合，就要对电视文本的语义学进行辨析和识别。

对于阐释的方法论来说，语义学范式成为优先选择。亚里士多德曾在自己的《释义篇》中探讨过语义方法问题，《圣经》的宗教教义释义学所言的"阐释学循环"原则[1]，也可以被视为文本阐释过程中的语义学循环原则。另外需要指出的是，伽达默尔并非完全拒斥阐释学的方法论意义，他表明，"完全不是想否认在所谓精神科学内进行方法论探讨的必要性"，并认为 E. 贝蒂在阐释学的方法论建构方面的工作是"卓越的"。[2]

二 电视文本意义界限的非重叠性

依据现代阐释学观念，视域融合的成效性首先与电视文本主体意义和受众主体阐释的一致性相关，还与文本意义与生产者原初意图一致性关联。电视文本的意义界限与生产者的意义界限是没有完全重叠的，保罗·利科曾经以"文本间距化"来描述这种意义上的差别性。"文本所意味的东西不再与作者所意指的东西一致，语词的意义和精神的意义具有不同的

---

① [德] 伽达默尔：《真理与方法》，洪汉鼎译，上海译文出版社 1999 年版，第 227 页。
② 同上书，第 5 页。

命运。"① 所以在关注视域融合的成效性时，应当考虑电视文本与生产者的意义界限问题。

电视文本主体意义与受众主体意义的阐释一致性受制于受众对于文本主体的语言环境重现，这种重现是在电视文本理解中实现的。从重现的类别看，首先是从文本角度对原有语言环境进行复写，即将电视文本与文本生产者生产的其他文本进行比照，同时将电视文本与同一时空环境下其他文本生产者创造的电视文本进行比照。通过这种独立文本与关联的类似文本的相互印证，对文本进行意义的阐发，从而达到对文本生产者原初意义形成的主观维度回溯。其次，需要对具体历史和社会背景进行复写，通过实际历史存在物对电视文本创造时的客观实际环境进行再现，利用与文本意义生成相关的历史作品、社会存在等客观物料分析研究来重构文本生产者的存在物质环境，以窥探文本生产者的主观意识与历史语境的相互生成关系。最后，需要对电视文本生产者的精神领域进行复写，也即重构和再现生产者创作文本时的精神活动场景。文本生产活动是生产者依据自身精神意识对客观世界进行认知后的重构，因此其中具有生产者主观意识对客观世界的反映和描绘。通过对这些因素的回溯，可以充分地领悟生产者意识状态、心理机制以及情感活动等要素的作用，获得对生产者精神世界的把握。对于生产者精神领域的回溯是一种主观性与客观性结合的过程，必须考虑到主体主观意识结构与能动性，同时要注意生成这种结构与能动性的客观实存环境，两者共同作用才构成了文本生产者主体意义的发生。因此，对历史与社会背景的复写凸显了电视文本与客观实存的关联，电视文本原有语言环境的复写则凸显了文本与客观意义的关联，而对生产者精神领域的复写则捕获了电视文本与生产者主观意识的关联，这三类具有方法论意义的复写实践都是提升视域融合有效性的有力措施。

对于视域融合来说，文本主体和受众主体的两种视域的交织与互动，分别代表了不同主体对于文本意义展示的基本视角和观念，二者相互融合才能构成新的文本意义的创生。但是在关注两个主体视域的同时，必须注重从受众主体立场来分析视域融合的实施。现代阐释学的视域融合由于坚持秉承本体论观念，因此对视域融合的有效性未能进行分析，但文本阐释

---

① 洪汉鼎：《理解与解释——阐释学经典文选》，东方出版社 2001 年版，第 464 页。

中的文本意义创生结构，使得从受众主体维度考察视域融合的有效性成为可能。"视域融合度"不仅顾及文本和作者的立场，更重要的是，还必须从接受的立场来分析。虽然伽达默尔的"视域融合论"囿于其本体论视角而未能深化到对"视域融合度"的考察，但他倡导的文本理解和解释中的"意义创生"维度，却为我们从受众立场思考"视域融合度"问题开启了思路。伽达默尔强调要从文本阐释的过程中发现问题的重要性。按照他的观点，电视文本理解要想达到本质成功，取决于受众发现问题的能力，即主体是否可以捕捉到具有意义的问题，并通过这些问题将文本的共性特征与受众的个性特征相互贯通，这种贯通决定了电视文本理解中文本意义开放性的出现。因此受众要寻求具有意义的问题，就必须从自身所处的阐释学环境切入，并进行相当程度的反思。只是对电视文本进行文本层面的关注，是难以获得对意义问题的终极把握的。另外还要注意的是，必须考虑从电视文本与客观实存的联系层面展开对视域融合有效性的讨论。受众对于电视文本的理解行为同主体自身存在的阐释学环境息息相关，这就是说，视域融合的有效性总是同文本与受众的存在环境相互影响。贝蒂曾经分析过"理解的现实性原则"，按照他的观点，从阐释学的这种法则看，"解释者的任务是回溯创造过程，在自身之内重构创造过程，重新转换外来的他人思想、过去的一部分、一个记忆的事件于我们自己生活的现实存在之中；这就是说，通过一种转换调整和综合它们于我们自己的经验框架内的理智视域里。这种转换是基于一种有如我们能重新认识和重新构造那个思想的同样的综合"①。他甚至谈到了历史学家与作为他的理解和解释对象的历史现象所蕴含的精神之间的"对话"。②贝蒂试图利用伽达默尔哲学阐释学观点对古典主义阐释学的方法论意义进行变革，他将文本阐释视为文本主体与阐释主体间各自生命经验和主观意识的相互契合，这可以说是视域融合的另一种表现形式。但需要指出的是，同伽达默尔一样，贝蒂未对文本与客观实存相互关系的形式进行实际分析，同时也没有阐明能够提升文本主体与阐释主体之间视域融合有效性的具体形式，贝蒂的方法论思考也没有能够清晰地解释文本主体与阐释主体之间的相互制

---

① 洪汉鼎：《理解与解释——阐释学经典文选》，东方出版社 2001 年版，第 134 页。

② 同上书，第 144 页。

约、相互影响、相互促进的互动机制。

三 电视文本与客观实存的反思关联

一般来说,电视文本与客观实存的联系往往体现为阐释和反思关系。前者指电视文本同客观实存之间是以阐释方式而相互存在的。宗教释义范畴的阐释学、施莱尔马赫创立的古典主义阐释学都将文本与客观实存视为阐释关系。从电视文本理解来看,这种关系试图让受众主体对电视文本的意愿进行阐释,对文本生产者的原初意义进行探寻,并将获取的原初意义视为当下对于电视文本意义的理解,也即将此意义视为理解实践性维度结果。电视文本理解行为将获得的意义进行实践维度应用,是阐释的关系在电视文本与客观实存之间的表现。在这种表现中,历史性的电视文本成为受众主体进行现实理解的参照系,也成为受众对于当下存在进行阐释的视角和切入点。历史文本转化成为理解现实的依据,而当下现实却转向成为电视文本的印证,并参与到对电视文本的说明和展示之中。

与阐释关系相对应的是反思关系。其意指电视文本与客观实存之间需要以反思式的范式进行关联。电视文本是文本生产者依据自身生命经验对历史客观实存的反映和展示,这种历史性使电视文本与当下阶段具有阐释学维度的间距和区隔。但由于电视文本同当下客观实存难以实现完全重合和叠加,彼此无法覆盖对方,所以受众主体的电视文本理解行为就存在着可能的反思性意义领域,即通过电视文本对客观实存的彼此切合,实现对电视文本的反思,同时实现对当下客观实存的反思。电视文本与受众在阐释学意义上的客观实存构建了两个不同而又相互关联的层面,对于电视文本来说,其具有共同性与普适性的层面,而对于受众主体来说,其具有个性化和独立性的层面。这两个层面通过受众主体理解行为相互契合,同时又从各自角度自行运动,形成了意义生成上的相互作用机制。所以,电视文本的阐释与应用并不是常规性时间意义上的历时性结构,而是交织在一起的同步方式。

另外需要注意的是,上述两种结构关系必须共同进行解读和并列,才能获得电视文本主体与受众主体视域融合有效性的合理提升。倘若电视文本与当下客观实存之间仅存在阐释关系,那么双方在电视文本理解过程中实现的视域融合有效性较低,因为受众对于理解的起点从实质上看仅仅实现了视域置换，而前见的作用就成为可有可无的效果，这就无法使电视文本实现意义上的敞开，也就无法获得意义阐释的可能性，受众也无法实现面向将在的意义筹划。因此，必须同时在电视文本与当下客观实存之间确立可行的反思关系，才可以使文本主体与受众主体的视域融合有效性得到提升，以促进文本意义的敞开，实现电视文本的意义展示。

　　按照阐释学的观点，对电视文本意义与文本生产者意图进行一致性探求的理解行为属于合理的阐释过程，但并不是具有实践意义的合理阐释。因为阐释的实践意义要求：在对电视文本意义与文本生产者意图进行一致性探求基础上实现电视文本的意义创生，同时要能够使阐释具有受众主体的本体论存在意义维度，要能够形成受众的生存方式。这是与受众阐释学境况关联的价值探讨，有别于纯粹认识论层面的物理性探讨。对于物理性探讨来说，电视受众与文本生产者原初意义的一致性维度参照系是基本类似的，虽然在电视文本与受众之间存在着相对的间距化，并且受众主体多元性也会导致电视文本语义意义和生产者意图无法达成共同认知，但总的来说，其在意义客观性层面还是具有共通性的，如此才有了电视文本理解偏见、误读的现象出现。因此，获得电视文本意义上的一致性就是物理性探讨要实现的目标。而对于价值探讨来说，客观实存的参照系却并不是单一和绝对化的，而是一种多元性的结构。异质性的受众主体存在并生活于多样化的阐释学境况之中，其生存方式具有个性化特征，而电视文本阐释就不得不同这些受众多元存在进行契合，以此来解决电视文本共同性、普适性与受众主体单一性、特殊性的融合现实。采取同一性判断体系难以评判电视文本意义阐释与形态各异的当下的契合程度，所以保持差异性就进而成为电视文本阐释的价值讨论基础。对于多样化的客观实存来说，受众多元主体性可以接受同样形态的历史文化、价值观念的普遍性意义，但是不可忽略的是，普遍性意义在具体历史与社会环境中却无法形成完全一致的外在形态，而是以一种多元形式出现的。电视文本的普遍性意义可以成为文本主体和受众主体进行意义沟通的依据，那么差异性意义则是两者进行对话的可能条件之一，只有在差异性基础之上才能使不同视域进行融合，形成创生性的、新的文本意义领域。

　　依据上述分析，电视文本理解行为中的前见是具有双重意蕴的概念。对于古典主义阐释学来说，前见处于传统认识论的否定性观念之中，也即在这种将理解识别为主体对于客体意义的占有形式中，前见被认作导致电视文本生产者主观意图偏移、误读的偏见和非正常的诱导因素，理解行为则成为一种时间上的先后顺序，具有线性特征，这种理解是一种封闭的、僵化的主体意识与实践活动。伽达默尔拒斥了这一固定性的认识观念，并通过将前见视为转向理解行为的起始点，对前见进行了阐释学意义上的解读，从而赋予理解行为以能动性。

视域融合使受众主体的阐释维度大为拓展，并允许受众通过自我经验对电视文本意义实施创生性展开，以统摄理解过程的区别性与同质性，并开创了解释者的阐释空间，使得受众可以根据自己的实际情况对电视文本进行创造性的理解，这就承认了理解的差异性与合理性。同时，从客观时间上的意义看，视域融合是理解在某一具体侧面实现的融合，当这一侧面实现了融合的闭合时，电视文本理解就暂时完结。但这种暂时的完结只是在电视文本的理解行为某个具体时间节点上的终结，而不是整体的绝结。对于电视文本理解是一种不断视域融合的连续进程，因此必须从时间的历史意义上对前见进行分析。伽达默尔认为历史并不是纯粹客观的实存，而是与阐释主体共同构成的"历史"，因此历史就成为一个主体意识和客观存在共同形成的事物。对于电视文本理解则意味着，受众的文本理解是一种历史行为，主体与客体共同存在于历史之中，并在受众的不断言说中进行延续和流传。电视文本成为历史的流传物，而受众则转化为历史流传物的言说者与构建者，并且这种言说与构建不是对电视文本意义的绝对化镜像复写，而是赋予其新的意义领域和意义空间。这就使真正意义上的历史进入受众文本理解行为中，并在其中不断地发生影响，推动历史的延续，同时也使受众得以进入历史，成为新的历史的言说者。这意味着历史具有一种有效性，这种有效性正是以前见为起始点，在向理解转化过程之中发生的，用伽达默尔的术语表述，这就是由前见引发的效果历史的概念。因此，效果历史建立在受众主体自身理解行为创生性特征之上，它一方面表明了主体自我意识对于历史形成的构建性功能，另一方面表明了理解行为的客观性，即主体对于历史形成的构建性是以其主观意识对客观历史存在的辨识与再造为前提的。

第 七 章

电视文本意义理解的规定性

电视文本意义理解的规定性讨论受众对于文本意义理解的不足和过度问题。文本意义阐释约束问题与全面客观分析文本理解行为有着密切而重要的联系，古典主义阐释学和现代阐释学两种流派对文本意义阐释约束问题都进行了讨论和审视，并且都认为在文本的意义理解过程中，对理解的限定和约束是不可回避的因素之一，要达到对文本理解行为有效的认知，必须对这一要素进行充分的重视和考量。

第一节 文本意义理解的规定

古典主义阐释学对于文本意义阐释约束问题的观点是以施莱尔马赫和狄尔泰的传统认识论理念为基础的，作为阐释主体的受众，其主观的感觉、知觉对于文本意义的体验都是仅仅围绕着文本的表面现象层面展开的。而对于文本来说，真正的意义是蕴含在这种表面之下的，因此阐释主体就必须透过多样形式存在的表面意义去探寻其本质意义。对于现代阐释学来说，文本意义理解的规定性则与受众主体的主观意识相关联，在这种联系下，电视文本意义理解的规定性被划分为互文性原则、连贯性原则和经济性原则。

一 文本原初意义对于理解的制约

从施莱尔马赫、狄尔泰的古典主义阐释学到海德格尔、伽达默尔的现代阐释学，对于文本理解研究都是采取一种绝对主义的态度，即文本阐释的出发点是从文本意义确定性与非确定性两极出发的。这就是说，要么认为文本意义是确定的,例如施莱尔马赫与狄尔泰就认为文本意义是属于文本的初始意义的,作者意图成为文本意义确定性的保证,这与后来客观主义阐释学派的赫施、贝蒂以及却尔等人所持的文本作者中心论的观念是同一路径的;现代阐释学派别则认为文本的意义是不确定的,海德格尔、伽达默尔、姚斯、伊瑟尔、罗兰·巴特以及解构主义学者保罗·德曼、雅克·德里达等人都认为文本意义具有开放性本质,文本意义都属于构建和创生的结果,因此意义是始终处于变化和表征状态的。可以说,这种从文本意义确定与否的两类非此即彼的绝对主义性质的研究,一直以来是文本阐释的主要研究态势。但需要指出的是,这并不是对文本意义理解与阐释的完整研究,对文本理解的一个重要领域,即文本意义的阐释约束问题,这两种理论虽然有所涉及,但没有加以应有的充分讨论,而文本意义阐释约束问题同全面客观的分析文本理解行为息息相关。因此,应对这一问题进行学术审视,以期更全面地把握电视文本理解行为的基本机制。

古典主义阐释学很早就在研究中涉及了文本意义的阐释约束问题。施莱尔马赫和狄尔泰都秉持典型的传统认识论理念,认为阐释主体主观的感觉、知觉对于文本意义的体验都是仅仅围绕着文本表面现象展开,而对于文本来说,真正的意义是蕴含在这种表面之下的,因此阐释主体必须透过多样形式存在的表面意义去探寻本质意义所在,而这个本质意义是不会随着文本的演变流传与主体意志变化而转移的,也即文本意义是确定性的、绝对性的、稳定性的存在。在这种认识论导引下,古典主义阐释学将以《圣经》为首的宗教文本、法律文本、文学文本等历史经典文本视为恒定的、稳固的意义载体,其意义属于不可替代的,而作为意义释义技巧的文本阐释方法可以将这种恒定稳固的意义解读出来,如同阿佩尔所说,"深受这种传统影响的施莱尔马赫和狄尔泰的阐释学总是预先假定宗教、哲学和文学传统中的伟大文本都具有不可替代的活生生的意义,关键可以利用语文学批评的所有手段和方法,使这种意义重新在当代世界中展现出来"①。因此,古典主义阐释学坚持认为,文本意义具有明确的确定性,这一特性构成了文本意义的界限和范畴,而这一界限和范畴都指向了文本

---

① [德]卡尔·奥拓·阿佩尔:《哲学的改造》,孙周兴等译,上海译文出版社1997年版,第3页。

的原初意义，因此文本阐释的约束从根本上看必须服从于对文本原初意义的绝对遵从和完全接纳。

施莱尔马赫对19世纪的释义学阐释学进行了充分的改造，使其超越仅用于文本局部阐释的局限性，而转向了适用于任何文本阐释的普遍方法论，阐释学也就被改造为普遍阐释学。作为浪漫主义的宗教哲学人物，施莱尔马赫分别从语法语义层面和心理层面对普遍阐释学的使用进行了规范，并制订了明确的阐释规则，以从文本阐释的操作机制角度为再现经典文本的原初意义奠定基础。释义学阐释学往往认为文本的意义理解是一种直截了当的行为，文本意义的误解并不是理解的常态，因此，《圣经》、法律典籍以及荷马史诗等文学典籍才会有阐释的需求。但施莱尔马赫认为，误读与误解并非具有偶然性，而是一种常态的存在，这是由经典文本的作者与阐释主体具有的历史社会背景、语言结构、文化观念等方面不可调和的差异所导致的。文本的误读和误解不但会在经典文本的理解中出现，也会成为一种普遍现象存在于主体的日常生活中，即施莱尔马赫所言的"哪里有误解，哪里就有阐释学"。因此阐释学就超越了对特定文本的解释，而适用于任何事物的解释，也就从《圣经》阐释学、语文学阐释学和法典阐释学摆脱出来，而成为普遍阐释学，并从释义的规则与技巧层面走向方法论层面。从出发点来看，施莱尔马赫普遍阐释学的动因是通过消解文本理解中发生的误读与误解现象，并利用反思文本阐释的规范和要求来澄清文本的原初意义，以达到比文本作者自身更好地理解作者的目的。

按照施莱尔马赫的观点，电视文本的意义受制于时空的间隔，受众对于文本的理解一定会出现意义上的误读与误解偏差，受众需要以批判反思的方式来探究电视文本的原初意义，以达到真正理解文本意义的目的，电视文本意义阐释发生误解将会普遍存在于受众理解行为中。既然有误解会发生，与之相对应地就必须承认文本意义的正确性，而这种"正确性"也正是受众应当还原的文本初始意义。按照这样的逻辑，受众电视文本理解行为就超越了与生产者由时空异质性导致的对文本意义认识上的区别，并积极地消解自身理解行为中出现的误读和误解，从而合理适度地捕获电视文本的原初意义。因此对于受众来说，文本意义阐释的约束就是电视文本的原初意义，这种约束既是理解所要达到的目标，也规范着受众对于文本意义理解的方向,并将排除自身的误读和误解看作正确把握文本意义的基本保障。

如上所述,受众与电视文本生产者在历史社会背景、语言结构、文化观念等方面具有不可调和的差异,因此二者对于文本意义表达的范畴与指涉的空间都有着不同的理解,但是依据施莱尔马赫的观点,从心理学和语义学两个层面可以消解这种不同,从而使受众达到对电视文本原初意义的根本理解。从心理学角度看,按照施莱尔马赫的观点,阐释主体具有能动的创造性直觉,这种能力可以让其复写和再现文本作者的意义结构。在他看来,作为主体的人是一种具有主体能动性的自我,这充分体现在主体的精神领域,并且这是主体先天具有的,因而是绝对内生并固化在主体精神之中的,无论阐释主体还是文本作者都具有这样的特性。虽然不同的历史和社会主体都有着自身的领悟和理解,但是在这一领悟和理解基础之上,主体可以通过直观的方式来洞察文本的作者意义,从而把握对文本意义的真实理解,这就是施莱尔马赫所谓的阐释的心理学意义所在,因此受众是可以通过直观体验的方式来还原电视文本生产者的意义内容的。另外,施莱尔马赫认为,语义学也是实现文本原初意义的一种途径。在他看来,文本原意的凸显应当是一种实践过程,是对语法的利用,也即语法阐释。所谓语法阐释,意指阐释主体对于文本作者进行暂时性的脱离,而以双方共同使用的第三方介质,即语言的规则和意义范畴来对文本进行分析,随后利用语言在使用上的意义特定性与普遍性进行印证式观察,以核实构成文本的词语意义确定指涉,从而对文本的原初意义进行理解。需要指出的是,施莱尔马赫构建的普遍阐释学方法论理念和内涵比释义学阐释学的纯粹文本阐释技巧更为完善和充分,结构上也更加严密,但也并不是完全周密的。可以说,他的观点是基于客观主义的,但在说明文本理解实践中却具有了主观主义的倾向,即认为客观存在的文本原初意义并非绝对客观,因此对于文本的意义把握也就不具备完全的客观真理性。

二　作为主体与历史沟通的理解

施莱尔马赫的继承者狄尔泰将阐释学推向了另一个层面,同前者一样,狄尔泰也将文本原初意义视为文本阐释的客观约束。但狄尔泰对于阐释的认识与施莱尔马赫有所不同,其将阐释行为视为主体自身与历史的沟通，而并非仅限于阐释主体与文本作者的独立个体关联。所以在狄尔泰这里，阐释学的目标是对构成历史的文本进行充分认知和理解，以再现文本所呈现的原初生命经验和原初的生活世界。

狄尔泰认为，"客观精神"是主体所具有的共通性内在动因。文本的句法结构和篇章布局，语言符码的意义范畴、语气语调的变化跨度等，之所以能够被主体认知和识别，源于这些内容都共同存在于一个共在的结构体系，都是其组成部分。"客观精神的王国不仅包括生产方式和各种社会交往形式，而且还包括由社会为它自己创造的各种意图组成的系统，包括习俗、法律、国家、宗教、艺术、科学以及哲学。"[①] 因此从电视文本理解来看，狄尔泰的客观精神是对于受众主体认知和理解其他主体的方式，以及认知和理解客观存在的方式问题的回答，是建立在将受众主体视为具有自我意识、个性特征的意义生命存在之上的，并在此基础上去解释主体是如何去理解他者主体的。狄尔泰是从历史主义的角度来讨论主体理解行为的。作为处于历史进程中的受众主体，其实施的存在方式是始终进行的自身生命经验积累，这种积累本质上就是自身亲历的生命体验，这种生命体验直接形成了理解的诞生。对于受众主体来说，理解就是自身对于生命的体验，这两个层面彼此交织，使得受众构成了对他者主体及其存在经验的理解，也就是说，历史是由受众进行存在并得以构建的，而理解的受众也同样存在，因而双方都是以主体为基础的存在。因此，二者具有了性质上的一致因素，作为文本的历史世界就有了被理解的基本切入点和被认知的角度。所以，狄尔泰的客观精神理论应该说强调了精神科学的科学主义方法论含义，将文本的理解与阐释视为具有同等性质的、精神主体之间的绝对平等的彼此交换，而缺乏对于主体自身经验的历史性关注，因此文本理解是以突破历史界限，并以体验方式回归到文本原初意义上去的。而值得注意的是，由于文本历史语境的特殊性存在，电视文本的生产者和受众都有着不可能完全对等的生命经验，因此按照狄尔泰的观点电视文本与受众的绝对一致性是无法全部实现的。

施莱尔马赫和狄尔泰对于文本意义阐释约束讨论的共同点在于二者都

---

① ［德］威廉·狄尔泰：《历史中的意义》，艾彦、逸飞译，中国城市出版社2001年版，第79页。

认为文本原初意义对阐释主体的阐释进行了规定和限制,使得阐释必须以文本的原意为旨归;而其不同在于施莱尔马赫将文本的实际原初意义作为目标,而狄尔泰则以文本所映像出的人为目的,但无论如何,二者在文本意义阐释的约束性上的基本态度是一致的。

三 文本作者原意对理解的限定

在对施莱尔马赫和狄尔泰的客观主义阐释学进行继承,并对海德格尔和伽达默尔的主观主义阐释学加以批判之后,贝蒂、赫施以及却尔三位阐释学者提出了要在文本意义阐释约束问题上坚持文本作者原意的观点。对于他们来说,文本意义阐释的约束要求必须重视文本作者原意,而不能放任对意义阐释的多元化,这会导致文本意义的客观性丧失,从而走向意义的相对主义虚无之中。

贝蒂坚持阐释学的实践意义,即阐释学应当用于理解作为主体的人的生存经验,是一种普遍性理论,而并不是以理解方式存在的本体论,这就质疑了伽达默尔建立的理解的根本性质,并质疑了理解合理性的标准问题,从而无法确立文本的意义阐释。在贝蒂看来,必须回归文本作者的意图,才能使文本意义理解的正确性得到保障。

赫施也是文本作者意义是文本阐释约束力观点的坚定支持者。其在《解释的有效性》一书中明确表达了自己的客观主义阐释学立场,即必须严格地确保文本作者原意。赫施认为,文本的意义核心在于存在被阐释的多元化认知可能,并且在理解的实践中这些多元化意义都会被解读出来,但在这些凌乱繁复的意义群落中,只有文本作者的原初意义可以统摄一切其他的非核心意义。在赫施看来,文本的终极意义就是文本作者的原初意义,作者是文本意义的本质源泉和内涵的根本提供者,文本意义从而拥有了确定性和可复写性,对文本的意义理解就是要全部再现文本的作者原意。赫施认为,理解文本作者原初意义的途径和方式只有一条,就是紧紧依据文本的字面含义进行分析。倘若脱离了文本自身的理解途径而对文本进行接触,就难以获得文本的本质意义,也不可能去复写文本作者的原初意义。赫施的作者意图中心论为其带来了广泛的非议和批评,但从文本意义阐释约束力这一问题上看,其理论却明确地将问题凸显出来。

在客观主义道路上走得最远的是却尔,他甚至拒绝了赫施关于文本含义和意蕴的区分，而认定文本阐释只有一个确定不移的目标，就是完全再现文本作者的主观意义。却尔的观点是对客观主义阐释学关于意义客观性的绝对化，其拒斥了意义理解的多元性可能。在他看来，关于文本的阐释必须受到作者意图的制约，任何阐释也必须以文本作者的意图为终极追求，服从这一目标是文本阐释的绝对义务。为说明这一论点，却尔将文本的结构、意义维度、语言符码、词句篇章的确立都与作者的意图关联起来，认为文本诸元素都是作者意图的衍生物或相关物，它们只有成为作者意义的表达载体时，才能够被纳入文本意义的范畴中。

四　主观主义文本阐释理解的相对性

对于海德格尔和伽达默尔建立的主观主义阐释学来说，文本意义阐释的约束与语言学理论相互关联，对其的讨论也是从语言的角度开始的。20世纪初，海德格尔在狄尔泰的基础上开始将阐释学从方法论转向本体论，在他的观念中，文本阐释并不是对于某一具体意义的探寻与把握，而是一个客观的现实，是作为此在的主体的存在方式。在海德格尔看来，客观世界并不是与主体相互隔绝的绝对物理性空间，而是与主体一同进行历史意义、个体意义乃至生命意义的构建活动，因此客观世界始终都是带有主观主义色彩的，而非一个绝对客观的物质实存，所以世界与此在共同构成了意义。对于主体来说，自身作为此在是具有历史意义的，其之所以存在是因为自身所生成的理解是具有先在的基础的，其自身也是以先在为前提从而参与世界的意义构建的。阐释也就是在先在的参与下不断向着各个意义维度推进，从而形成主体和意义的存在。因此，海德格尔认为主体所进行的任何阐释都是意义维度的再次扩展，也是新的生存方式的重构。但需要提及的是，这种意义维度的扩展并不是没有任何制约的任意而为，海德格尔注意到了语言的特性，特别是注意到了语言的普遍性因素。在他看来，主体的存在通过理解行为来展示自我，而理解行为必须以语言为介质，因此语言是主体存在的根本形式构成，这就是海德格尔的文本意义阐释的约束核心所在，即主体通过语言参与世界构建，形成意义，而语言是具有普遍性的，所以意义的理解与阐释必然要受到语言的普遍性的制约和影响。

伽达默尔认为，作为主体的人必须借助于语言才可以实现理解和交流的完成。对于主体来说，通过自身生命经验对语言进行不断的熟悉和掌握，就会慢慢地理解周围世界，同时也在这一过程中获得了自身的存在。按照他的观点，语言就是主体进行理解的出发点和归宿点，语言同世界本身是同步的，且具有共性，主体就是在与他者主体的交流沟通中完成了对世界的理解。另外，伽达默尔认为，语言的重要目的之一是实现认同与适应，即主体使用语言是为了获得理解，刻意地对他者主体进行误读和误解都不是理解的本意，也不是语言的目的。所以，伽达默尔也把理解的目的当作一种阐释的约束力看待。正如伽达默尔在《真理与方法》里所言，"一个试图理解某种东西的人，就不能以他自己的偶然的前见解为出发点，始终顽固地忽视文本的真实意义，直到文本的真实意义消除了解释者想当然的意义而成为可持续倾听的为止；试图理解某个文本的人要准备让文本告诉他某种东西，这就是一种受过阐释学训练的意识必须从对文本存在的敏感开始的原因"①。可以看出，伽达默尔在确定文本真实意义存在的同时，也将主体对于文本意义认知的可能确定下来。那么，在电视文本的意义理解接受过程中，对于存在于截然不同的历史和社会背景的受众来说，其进行的个体阐释行为无论出于何时何处，都为电视文本的意义进行了创生性的解读，文本意义也就不断得到拓展式的外扩，这就构建了电视文本中核心的本体意义内涵。同时，这种文本意义多重外扩之间具有内在的关联，这种关联在文本阐释中存在，并且在受众理解行为的推动下不断形成一个独立的意义体系，这个体系既开放又相对封闭，使得电视文本在持续的意义扩缩之中延续着自身的存在。这个体系的变化并不是对电视文本进行割裂，而是让文本在这个连续不断的变化中得以真正实现自身。理解促生变动，变动产生意义，电视文本就是以不断变动的意义体系方式来接受受众的理解，从而实现其本体论意义的。伽达默尔对此进行了明确的表达，"每一次文本意义的释放和生成之间又有着一种内在的生命关联，这种关联对于文学的存在来讲至关重要。文学文本在不断地阐释中联结成了一个独立的意义圈，构成生命关联的每一次再创造活动都有可能使文学发生改变和变形。但这并不是在分裂作品自身，相反它却使作品在不断的变迁和重返过程中融合成为一个意义整体，并以一个整体的方式更新变异

---

① ［德］伽达默尔：《真理与方法》，洪汉鼎译，上海译文出版社 1999 年版，第 269 页。

着，文学正是在这样一个绵延不绝的意义链条中达到了它的完全存在的"①。"艺术作品自身就要求它们的位置，即使它们被误置了，例如被误放到现代收藏馆里，它们自身中那种原本的目的的规定的痕迹也不可能消失，艺术作品乃属于它们的存在本身，因为它们的存在就是表现。"② 因此，在伽达默尔看来，语言会依据不同的历史社会背景对文本进行形式上的变革，但文本却可以保持自身的非依附性，这是语言对于文本意义约束的结果。

伽达默尔依据海德格尔的先在结构，通过对其进一步推进形成了偏见这一概念。偏见的概念是伽达默尔对于阐释行为特性的描述，也即阐释都是历史性的、主观主义的。也就是说，受众主体进行的阐释都必须在特定的历史社会背景、观念价值体系等前提下进行，一切理解行为都是从倾向性开始的，寻求绝对主义下的纯粹客观理解是无法完成的，倘若真的捕捉到了真正客观的文本意义，阐释也就死亡了。因为受众存在的根本方式就是电视文本意义理解，所以理解不可能脱离动态的变化，意义范畴的不断扩缩意味着主体的存在延续，对文本意义可能性的不断寻求是文本理解的必然生存要求，也是文本意义阐释约束力的重要表现层面。

伽达默尔在《真理与方法》中以视域融合的方式更为确定地提出，对文本意义可能性的不断寻求是文本意义阐释约束力的必然结果。阐释主体与文本主体都具有自身的独特视域，当开始对某一事物或是文本进行理解时，双方的视域就会进行融合。对于视域融合来说，理解就是对于文本原初意义的消解，而意义的产生就变成了由文本主体和阐释主体共同参与的意义重构行为，特别是阐释主体，其自身具有的历史性会对文本意义重构起到明显的倾向性作用。应该说虽然这些因素会使文本阐释取消了意义的确定性，但伽达默尔仍然将阐释约束视为理解活动不可回避的问题，这特别体现在其对于理解的偏见、语言的普遍性以及文本自身独立性的肯定当中，这些都确定无疑地表明了伽达默尔对于文本理解约束的认同。

现代阐释学对于古典主义阐释学的反思表现为海德格尔的先在结构和伽达默尔的偏见概念，也即认为文本阐释难以完全复写文本生产者的原初

① ［德］伽达默尔：《真理与方法》，洪汉鼎译，上海译文出版社 1999 年版，第 37 页。
② 同上书，第 203 页。

意义，这是由文本和阐释主体的双重历史性决定的，超越历史的间距而达到文本主体和阐释主体的绝对一致性是无法完成的幼稚想象。解构主义文本理论认为既然消解了逻各斯主义的中心，那么文本的理解就没有正解和误解之分，任何理解都是正常的意义阐发，因而理解就成为随心所欲的、无序的任意意义指向。而伽达默尔认为，阐释主体对于文本的理解必定是受偏见影响的误读和误解，但其并不是任意的文本意义解读，而是通过认真的筛选和抉择，使主体走向本真的存在道路。因此对于电视文本来说，完全接受解构主义提出的文本无中心论，只会使电视文本在受众的任意理解下变成意义四处弥漫的无序结构，电视文本就无法进行合理的理解和阐释，而主体只要认可意义的确定性、语言的普遍性和文本存在的历史性，那么就意味着接受文本意义阐释的多重约束，也意味着无法从绝对的客观主义走向绝对的主观主义，这就说明，电视文本的意义阐释是在确认意义的客观性的基础上实施的主观意识行为。

第二节　电视文本阐释规定的基础性原则

对于电视文本阐释规定的基础性原则来说，意大利学者保罗·埃科的阐释学理念和认识具有代表性，他从多个层面探讨了界定和确立文本意义阐释约束力的因素，明确提出阐释是具有约束性的，而阐释有效性的发生也正是基于此。阐释有效性在埃科看来主要是由阐释的连贯性标准、互文性标准和经济性标准三大原则构建的，这些标准是阐释主体用以判断和评测自身文本阐释合理与否、有效与否的基本工具。

一　文本阐释规定性与阐释有效性

如前所述，文本意义阐释约束的讨论一直以来都存在于阐释学发展历史当中，但这一问题真正被纳入学术视野却是在 20 世纪晚期，其标志性事件是 1990 年在英国剑桥大学举办的"丹纳讲座"中意大利学者保罗·埃科与罗蒂、卡勒等人进行的阐释学世纪辩论。在这场辩论中，双方围绕着由于西方后结构主义（解构主义）思潮对阐释学带来的文本阐释意义的任意性和无序化进行了充分的讨论，主要针对文本意义在阐释中的不确定性、阐释行为的无限可能性、文本意义的危机等问题。在辩论中，埃科集中阐明了自己的阐释学理念，特别是关于如何界定和确立文本意义阐释约束力的层面，他明确提出阐释是具有约束性的，因此就导致了阐释有效性的发生，而阐释有效性在埃科看来主要是由阐释的连贯性标准、互文性标准和经济性标准三大原则构建的，这些标准是阐释主体用以判断和评测自身文本阐释合理与否、有效与否的基本工具。埃科的阐释约束性三大原则可以说是在西方后结构主义的文本去中心化观念盛行下的阐释学反思，对于更好地从理论层面审视文本阐释行为及其过程，把握阐释学发展的客观现实具有典型批判意义。埃科的理论有助于更为客观地观察和审视受众的理解活动，在电视文本理解实践中进一步合理确立文本生产者、受众以及电视文本三者的复杂关系，更好地分析受众理解与阐释发生的多元性与可能性。因此，对于电视文本阐释约束性的讨论，不但是对于文本阐释理论的推进和充实，更是出于观察和分析电视受众阐释行为本身的实践需要。

文本阐释约束性与阐释有效性的标准其实是一个问题的两个层面，这一标准主要指涉阐释的边界问题。阐释有效性的标准并不是恒定的、单一的、先验的，其不同于客观主义自然科学所要求的"正确性"标准，对于文本阐释来说，有效性的标准是动态性、多元的，并具有一定的宽容度，它的作用乃是对阐释有效性进行程度的规范和限定，也即确立文本阐释的最低界限。根据埃科的观点，文本阐释过程中具有多重阐释约束性的体现，即其所谓的连贯性标准、互文性标准与经济性标准等三大标准，在文本阐释过程中超越或者触犯了其中任意一条标准，一方面会使文本意义的阐释无效或者有效性降低，另一方面也有可能使阐释过度，造成意义越界。下面就结合埃科的三大阐释约束性原则，对电视文本意义阐释进行分析，探讨受众阐释行为的约束性以及阐释的有效性。

二　阐释的连贯性原则

文本意义阐释有效性的第一条标准是阐释的连贯性原则。在关于阐释约束力的辩论中，埃科提出了一个重要的理念，即文本是一个连贯性的意义整体，这些意义的完整性是在阐释主体对文本持续性理解行为中被构建出来的。而罗蒂对埃科的这一观点持有不同的意见，他认为文本在埃科的观念中被过于价值化了。在他看来，文本阐释的连贯性乃是阐释主体完成意义阐释的最终环节，其作用仅仅在于阐释主体在理解中将能够引发自身关注的元素与主体自我的兴趣点串联起来，并在此基础之上使文本满足自身的实践需求而已，如他所言，"所谓的连贯性不是什么别的东西，而是这样一个事实：有人在一大堆符号或噪音里面发现了某种有趣的东西，通过对这些符号或噪音进行描述使它与我们感兴趣的其他东西联系起来"①。"如果有连贯性存在的话，也是阐释者头脑中的连贯。"② 对于罗蒂的这一观点，古典主义阐释学理论认为其可能会使得阐释主体对文本进行任意的理解和再造，甚至出现不符合逻辑常识和基本语言规范的意义阐释方式，而这正是西方后结构主义（解构主义）所持有的文本阐释观点。其本质就是将文本的连贯性归结于阐释主体的主观意识之上，而脱离文本的基本客观意义结构和语言形式，走向了文本意义阐释的极端相对主义。按照这样的观点，电视文本在被受众理解时，文本自身就不再是意义的主要载体和展示平台，而成为一种可以完全由无序化语言文本符码构成的杂乱集合，而受众在进行文本意义阐释时，也不再关注文本自身的形式结构和意义结构，甚至文本的具体形态，而是仅仅在理解中努力寻找与自己意义需求相关的、能够激发自我兴趣的元素，然后再以自身的理解方式和原则对其进行重构，并将此重构的结果视为电视文本的意义所在。因此，电视文本就成为不同受众可以任意进行切割和筛选的客观存在，而文本意义也成为主体意识对文本毫无规范的肆意指涉。

在埃科看来，这是一种文本意义阐释的极端相对主义，其发生的关键在于对阐释文本和使用文本进行了差异化区分。用埃科的话来说，罗蒂混淆了"阐释文本和使用文本之间的区别"。但需要指出的是，这种后结构主义文本阐释观念对于电视文本接受和理解来说并非毫无是处，而是有一定的文本阐释实践意义的。对于电视文本来说，理解其意义的主要目的是体察文本生产者和受众的生存意义以及对世界的感受，是主体自我存在的现实表征和形式，所以，受众在理解文本意义时可能会随时将其与自身先前的生命经验进行关联，这种关联具有一定的随机性和无序性，甚至是跳跃性，这样才使电视文本的意义阐释出现伽达默尔所说的"意义的可能

---

① ［意］保罗·埃科等：《诠释与过度诠释》，王宇根译，三联书店1997年版，第12页。
② 同上。

性”，或者成为海德格尔所言的“面向将在的筹划”行为。因此，这种关联虽然具有一定的随机性，但其实是由受众的意识进行组织和构建的，它不同于客观主义下的科学研究，一定要寻求完全的精密性与规范的逻辑性，其本质上是一种受众主体自我经验与电视文本意义经验的相遇。特别值得注意的是，这种连贯性认同受众主体对于文本元素的关联能力，但如何关联，也即如何对这种连贯性进行判定（如何判定受众对于文本元素的关联是否有助于文本意义的合理理解），却没有得到合理的解释。这就出现了一个逻辑上的自我循环，也即当受众阐释出现与文本意义相悖甚至无法理解的情况，是否因为看到了文本的不连贯性；反过来看，是否因为看到了文本的不连贯性才出现了意义相悖或者无法理解的情况。所以，在看待这种文本理解的相对主义观念时，不应当将其彻底否定，对埃科提出的观点要进行适度反思，这样才能对受众的阐释是否过度进行客观评价和分析。

但是埃科还是对于罗蒂在文本连贯性问题上的淡漠进行了有力的回击，并构建了三个各自独立、但又具有内在统一性的概念对此进行说明。这三个概念就是文本阐释中出现的“作者意图”“标准读者”和“文本意图”。埃科利用这三个概念对文本阐释的有效性进行边界限定。他认为避免文本意义阐释过度应当遵循以下程序，即使用“文本应该被阅读的方式”进行阅读，坚持探寻文本的意图，使自身成为标准读者。这是防止意义阐释过度的有效方法，埃科对于文本应该被阅读的方式进行了说明，并提出了探寻文本意图的途径，也即他所说的，“唯一的方法是将其验之于本文的内在连贯性整体。对一个本文某一部分的阐释如果为同一文本的其他部分所证实的话，它就是可以接受的；如不能，则应舍弃”①。

埃科认为，文本阐释的有效性首先就在于这种自生的连贯性。按照他的观点，连贯性具有内在和外在的双重含义，首先是指文本自身先验获得的内部自我逻辑连贯性，其次是指由阐释主体催生出的对某个具体文本多元化意义阐释之间的连贯性，这其中还包括这些多元化意义阐释与其他具体关联文本阐释间的连贯性。从本质上看，造成双重连贯性的根本原因在于组成文本的语言符号和结构以及文本所存在的文化历史因素，文本受到

---

① ［意］保罗·埃科等：《诠释与过度诠释》，王宇根译，三联书店1997年版，第12页。

前两者共同影响。

结合电视文本来说,第一种内在的连贯性是指文本自身在形成过程中拥有的意义"自在性"与"稳定性",这两种特性是指电视文本可以摆脱受众的意识而独立存在,也就是说,受众对电视文本的意义阐释要从文本自身去寻求,而不能求助于文本之外的超存在力量,也即纯粹精神存在,否则会导致文本的意义成为完全主观的、孤立的虚无存在。另外,这同时要求受众不能利用经验印证的方式去在现实存在中寻找意义的对应物,也就是说,受众也要对实证主义的意义观念进行拒斥。"本文不只是一个用以判断阐释合法性的工具,而是阐释在论证自己合法性的过程中,逐渐建立起来的一个客体。"① 另外,奥古斯丁的宗教经典文本《论基督教》中也存在着一种历史久远的、关于文本内在连贯性的观念,奥古斯丁认为,文本的阐释在什么程度上被接受,或者说文本的阐释如何才能体现为有效的阐释,这取决于文本的局部阐释之间的关系。在他看来,倘若文本某一局部阐释可以被其他局部阐释所印证的话,那么这一阐释就可以被认为是有效的;如果其难以被印证,则就需要被忽略。这种观点也从侧面说明文本的意义阐释与文本的内在连贯性密切相关。

第二种是阐释主体催生出的、对某个具体文本多元化意义阐释之间的连贯性,其中还包括这些多元化意义阐释与其他具体关联文阐释间的连贯性,也即具有相互关联的文本意义阐释之间的连贯性。根据这一观点,电视文本的意义解读是开放性的,受众主体对文本意义的阐释可以是多维性和展开式的。因此,一个电视文本的意义阐释是文本意义客观性与受众主体的主观意识,特别是主观意识能动性结合的产物。对于文本的阐释有效性来说,就必须找到这种多元意义阐释之间的连贯性。按照埃科的说法,这种连贯性之所以能够产生,关键在于受众和文本所处的历史文化语境。无论是电视文本生产者还是受众,都需要在特定的历史文化语境中存在,因此,不同受众或者同一受众在不同时空阶段对文本的阐释都要受到这个语境影响。这就导致了不同受众作出的阐释或者同一受众在不同时空阶段作出的阐释都与其所存在的语言环境、文化环境、意识形态环境等话语体系相关联,而这也正是埃科所言的连贯性所在。故此,电视文本意义阐释

---

① [意]保罗·埃科等:《诠释与过度诠释》,王宇根译,三联书店1997年版,第12页。

的有效性就受制于文本的历史文化话语体系，受众的主观意识在文本意义阐发时既与文本内在构成相关，也同文本外部生存环境相关，电视文本的意义阐释成为一种具有变化性的动态特征。埃科在文本阐释有效性与历史文化话语体系关系时使用了一个被广为引用的案例：在对华兹华斯的诗歌文本进行分析时，埃科提出了对于"a poet could not but be gay"一句中的词语"gay"的理解。埃科认为，对于阐释主体来说，这一词语的释义必须考虑到作者本人当时的历史文化语境，特别是该词语的意愿范畴。很明显，在华兹华斯生活的时代，这一词语的意义范畴并未涉及性取向的界限之内，因此，对于诗歌文本的解释就需要充分地回溯作者本人的文本意图，将其译为"快乐或者愉悦的人"。按照埃科的解释，文本所存在的历史文化语境解读必然要通过记载和反映其自身的相关文本进行，因为所有的话语体系都是以各种文本形式存在的，这是构建历史文化语境的基础物质条件，历史文化语境使电视文本阐释的界限具有了明确的框架，如果在文本阐释中没有使文本内在和外在的连贯性获得满足，那么就会出现阐释过度或者阐释缺失的情况，阐释的有效性就会丧失。

埃科的这一观点将阐释主体催生出的对某个具体文本的多元化意义阐释之间的连贯性，以及这些多元化意义阐释与其他具体关联文本阐释间的连贯性一同视为判断受众意义阐释有效性的基本标准，这其实也是所谓的阐释可接受性的基本标准。但除此之外，还要考虑阐释的接受许可问题，而这一问题是与受众存在的当下阐释共同体关联的。根据埃科的理解，电视文本被完全不同的受众进行意义阐释，按照海德格尔的说法，就是存在着不同的文本筹划，因而电视文本的意义总是面向多重可能。但在这些多重可能中，只有一个或者少数几个可能受到特定阐释共同体认可而被视为有效阐释。所以，要想使电视文本的阐释具有有效性，就必须符合阐释内在和外在连贯性，而这一连贯性要求受众理解方式和方法同其当下的阐释共同体保持一致，这个共同体可以是语言，也可以是某一团体甚至是某一社会惯习，只有这样才能获得共性的接纳和认可。因此电视文本的阐释有效性依托于文本的连贯性，同时也受限于受众存在环境中的阐释共同体。

可以说，文本阐释约束的连贯性原则是埃科对于西方后结构主义文本阐释理论的反驳，是为了批判其对文本作出的无序性、任意性甚至混乱性的意义阐释方式。后结构主义文本观念往往通过对文本语言形式的破坏而达到一种意义阐释的目的,但这种破坏行为由于过于重视对传统消解而未能确立有效文本意义阐释标准,从而导致了文本阐释的随意性,埃科正是在这一点上对其进行了批判。在他看来,后结构主义"只破不立"的做法虽然使得文本阐释具有了更为广泛的自主性,但由于缺乏对自主性的约束,无法对阐释有效性进行确定,从而极有可能导致文本阐释的不足或是过度,因此后结构主义文本阐释观念的最大问题就在于难以驾驭文本意义阐释的可能性与倾向性,而这也正是埃科提出的文本的内在、外在连贯性原则的重要动因之一。

三 阐释的互文性原则

文本意义阐释有效性的第二条标准是阐释的互文性原则。埃科引入互文性原则进入文本意义阐释约束性分析是有着深刻的理论背景的。互文性的观念最早可以追溯到欧洲 18 世纪初期的英国文学传统观念之中,英国作家亚历山大·蒲柏在对维吉尔的作品文本进行研究时发现了荷马作品文本的思想踪迹。而互文性理论原本是作为文化和文学批评的专业理论,其理论渊源是结构主义和后结构主义的文本理论,法国文艺理论批评家、女权主义批评家朱丽娅·克里斯蒂娃在其《符号学》一书中首先提出互文性的概念,在她看来,文本不可能像原子一样孤立地存在,任何文本都与他者文本相互关联,并相互影响,文本的存在在于对与之相关联文本的吸收与转化,文本之间形成了意义相互指涉、相互印证、相互排斥的多重关系网络,从而使文本意义体系成为面向曾在、此在和将在的贯通结构,具有广泛的开放性。互文性理论是在结构主义和后结构主义中出现的典型的文本阐释开放性理论,其特别强调文本外在存在结构和体系的作用,并向内化为文本的意义驱动力。互文性理论将文本外在的历史性、社会性、文化性、物质性等多重结构都视为文本的互文文本,从而使文本意义自足的传统文本意义阐释观念,也即古典主义阐释学的文本观念得以被超越,文本成为意义阐释的多维向度,而这种多维向度被埃科视为重要的文本意义阐释的约束力之一。

依据克里斯蒂娃的观点,电视文本应当被看作相互之间进行多元指涉的非实在结构,而不应当被看成着恒定不变意义的实在存在。依据互文性原则,电视文本的意义阐释不但受到文本自身的界定和影响,更为重要的是还要受到其互文文本的约束，因此电视文本阐释的存在是一个社会性的问题，也是一个结构性的问题，必须从整体的文本生存关系中来把握文本的意义范畴。对于电视文本来说，受众在进行文本意义阐释时，必须充分考虑到文本的历史背景、社会意义以及其他所有的与电视文本相关的客观和主观条件，这样才能使自身对于文本的意义捕捉做到充分而全面。上述华兹华斯的诗句"a poet could not but be gay"中，对于 gay 的解释，按照埃科的互文性原则，必须参照整个诗歌文本的生存环境来审查，如果整体社会环境认同了这一词语具有性取向的意义内涵，那么文本阐释就应当依据该内涵进行；倘若并不是这样，那么文本释义就要重新选择合适的文本作为参照系。因此，通过利用互文文本来对电视文本的意义界限进行印证，这主要体现在利用互文文本来限定文本的意义范畴，以避免对电视文本进行过度的意义阐释。从埃科的互文性原则看来，电视文本阐释是文本自身结构与互文文本结构的双重限定的结果，而这也正是文本意义阐释的约束力体现之一。

应该说，埃科的互文性原则与连贯性原则有一定的接近些和重叠性。电视文本的连贯性突出文本的意义全局性和完整性，认为意义是文本各个局部的内在统一和协调，对于文本局部的意义阐释必须与其他局部的阐释相一致，否则就会导致文本意义阐释不足或者阐释过度。因此受众必须在阐释过程中尽可能地随时审查自身阐释的有效性，一旦出现局部阐释与其他局部阐释冲突的情况，必须进行自我评判和修正，以使电视文本阐释能够始终在连贯性的约束下得以"正确地进行"。同时，依据埃科的观点，连贯性原则还要重视电视文本的外在生存环境，也即文本的历史文化语境，而这一点与互文性原则强调的文本存在的互文文本其实有所重叠，两者指的是同一层面的内容。

根据埃科文本阐释约束性的互文性原则，电视受众对于电视文本的互文性特征并不是完全肯定的，受众在重视文本与互文文本的相互共生关系和文本意义的多元可能性的同时，还需要对互文性原则的实际使用持审慎态度，特别是不能一味重视文本开放性和受众自身意图而忽略电视文本生产者原初意义的存在。受众对电视文本阐释约束的互文性原则态度应当是比较温和的，即在拒绝电视文本原意对阐释具有绝对性影响的同时，也应当拒绝后结构主义文本阐释观念的激进性，以避免出现电视文本阐释的意义无序与混乱局面。同时要对电视文本生产者的经验保持警惕审视，在涉及阐释和过度阐释的可能性中，要重视对电视文本生产者原初意图的分析，但不要把这种原初意图，也即电视文本生产者的私人经验或者生活体验与电视文本的意义阐释相关联，电视文本生产者的个性化、具体性的生活经验是难以被受众把握和体验的。但是在电视文本阐释中又不能完全忽视生产者经验的存在，因为在充满着未知性的文本生产与充斥着各种多元可能的文本意义阐释过程中，电视文本生产者的意图可以使两者总是遵循着一定的意义边界运动和发展，而避免任意解读的可能。因此综合来看，埃科的文本意义阐释约束性的互文性原则要求对电视文本阐释持一种比较审慎的态度，即应当一方面小心翼翼地规避客观主义对电视文本生产者意图的绝对化观念，另一方面也应当谨慎稳妥地回绝后结构主义对于电视文本意义阐释的无序化要求。

四　阐释的经济性原则

　　文本意义阐释有效性的第三条标准是阐释的经济性原则。根据埃科的看法，受众主体的阐释思维具有经济性，这种经济性可以在受众阐释活动中影响到电视文本意义阐释的经济性，或者说，电视文本意义受到主体思维思考效率的制约。"在说英语的社群中，当一个人发出'Be careful'这样的惊叫时，其他人会自动地把它理解为存在某些危险。"① 埃科文本阐释的经济性原则是在文本意义选择时体现的，即当阐释主体开始对文本意义进行阐释时，其可以通过反复比较印证，通过筛选将最能够对意义进行简洁明了表述的阐释方式和结果认定为有效解释，而将过于繁复、结构冗长的阐释视为过度阐释，如同马赫所言的，"鲁宾斯坦的数理推理表明，任何词语的特定含义均是由某种语言演化的最优化过程而形成的演化均衡而确定的"②。另外，马赫将经济性原则视为思维的重要方式之一，"思维经济原则是通过经验积累而形成的"③。经济性原则的构成，首先是实践

---

① Rubinstein, A, *Economics of Language*, Cambridge：Cambridge University Press, 2000, p.98.

② 董光璧：《马赫思想研究》，四川教育出版社 1997 年版，第 34 页。

③ 同上。

的结果，它是主体在进行客观物质实践行为中逐步养成的，也即主体会依据实践的目的而选择最优的、最经济的方式来进行物质实践；其次它是主体在进行下意识的、无目的性的，在寻求主观知识体系的过程中形成的。经济性原则并不是个体的产物，而是群体在相当长的历史社会实践过程中不断通过经验印证和推演而形成的公认原则。对于受众来说，在进行电视文本意义阐释时，大多数个体可以依据这一公共原则，利用自身认知和思维的经济性，对文本意义实施最经济的意义阐释，同时也能够把过度阐释筛选过滤掉。但需要注意的是，经济性原则仅仅是为了实现相对的经济，或者说其是一个通过比较关系而产生的原则，而不是一个恒定的、绝对标准化的概念，不能用量化的标准来对文本意义进行机械的测量。因此，埃科的文本意义阐释约束性的经济性原则是一种相对主义的实践，而不是对常规经济性概念的绝对化理解。

第三节　语言交往共同体：电视文本阐释的界限场域

　　电视文本的意义理解和阐释行为必须受到语言符码使用规则和规范条件的制约。具有相同属性的语言交往共同体往往会参照语言规则来确认彼此信息和意义阐释的标准性和可理解性，否则就会导致文本意义无法被有效理解和沟通，因此必须将电视文本阐释行为视为一种受众主体意识活动，而这种活动必须符合语言共同体的语用规则。

一　早期理论对于语言功能的忽略

　　对于电视文本意义阐释的约束性来说，除了前述的连贯性原则、互文性原则以及经济性原则之外，还应当将构成文本形式，并且被用作文本意义阐释工具的语言因素纳入视野，要充分考虑语言作为文本阐释具体实践和载体的作用，以对电视文本意义阐释约束性作更为全面的考察。

　　从文本阐释的具体实践来看，阐释行为的实质在于利用语言符码进行文本意义关照和展示，这种关照和展示是在遵循语言符码使用规则和规范条件下实施的，例如语言的语法规则、语义规则、使用惯例等都成为利用语言符码进行文本意义阐释时必须遵从的规定。对于语言符码使用规则和规范条件来说，其是具有相同属性的语言交往共同体中交往行动的规则和限定，隶属于这一共同体的所有主体必须在实际交往中以约定的语言使用规范作为沟通依据，否则就会造成意义的无法协调和理解。因此可以说，电视文本的意义阐释是受众和文本、受众和受众之间依据语言使用规范进行交流的过程，文本阐释是否具有有效性需要从语言符码的使用规范，也即语言共同体（使用同一语言体系的群体化受众）的语用规则进行分析，必须将电视文本阐释行为视为一种受众主体意识活动，而这种活动必须符合语言共同体的语用规则。

在对文本意义阐释约束性的研究中，埃科的主要观点集中于以下内容，即文本意义的阐释是必须受限的，意义不能够处于放任自流、无所依托的蔓延四散之中，并且意义的扩缩也是有一定范围和疆域的。在他看来，文本意义虽然具有互文性特征，并且可以呈现出无限性的可能，但这并不能推论出文本阐释没有确定标准，阐释应当具有相对客观的对象，而这个对象的存在是有着一定的边界的。"说一个文本潜在地没有结尾并不意味着每一阐释行为都可能得到一个令人满意的结果。"① 埃科的观点始终是针对后结构主义文本意义泛中性化的观念的，他希望能够合理地对文本意义阐释进行限制和限定，从而论证存在着超出主体理解能力之外的阐释不足和阐释过度。

按照古典主义阐释学的理论，如果审视电视文本意义阐释的约束性，那么电视文本的文本约束性、生产者意图中心论的约束性与文本意义自足论的约束性就是具有代表性的三种类别，它们分别指涉电视文本的原初意义、文本生产者的原初意义与文本的语言符码构成。这三类意义的约束性都属于独立性约束力，主要原因在于它们都处于文本自身意义的制约之下，是文本自身意义前提之下的独立性的文本意义阐释参照系。电视文本意义阐释约束性的自身个体化特征被扩大为文本意义阐释约束性的全体性特征，从而导致缺乏对文本原初意义、文本生产者原初意义与文本语言符码构成等因素的客观认识，使得阐释约束性产生了片面性。受其影响，文本自身意义就被忽略或者认知缺失，而且使这一意义的多元化存在方式被驱逐出文本理解之外，阐释开放意义发生可能性受到严重削弱。实际上文

---

① ［意］保罗·埃科等：《诠释与过度诠释》，王宇根译，三联书店1997年版，第28页。

本原初意义、文本生产者原初意义与文本语言符码构成三者应该说只是语言共同体能够认可的阐释有效性的局部，但古典主义阐释学理论却将其视为文本阐释的最终参照标准，这是在文本意义阐释角度上对语用原则的使用失语。

与古典主义阐释学文本意义阐释约束观相悖的是后结构主义、解构主义及实用主义哲学家的文本阐释理论。按照这些理论的看法，电视文本意义阐释是对包括文本意义中心论、文本生产者中心论等确定性文本阐释观念的彻底否定，在这些理论看来，电视文本的阐释是任意的，并且不必遵循任何限定性规则，其本质上是受众对于电视文本意义绝对自由观念的再造和重构。但如前文所述，这些理论在承认电视文本意义开放性、互文性的同时，还是关注到了文本意义在受众阐释时的约束性问题的。例如，后结构主义理论认为，电视文本都处于互文性环境之下，这使文本意义处于互相指涉的境况之下，文本的原初意义就变得无法确定，但受众的阐释却必须依据文本的语言结构和体系，符合语言的逻辑标准，其阐释行为还是要接受文本自身约束的。以德里达为代表的解构主义观点则彻底要求消解一切可能对意义设限的因素和前提，将受众对于电视文本的理解置于完全的自由主义状态之下，使得文本成为受众可以任意处置的目标。即使按照解构主义德里达等人的这种绝对激进观念，对于受众来说，仍然有一点需要遵守，也即这种激进文本意义泛中心化也必须将受众阐释行为建立在文本意义理解基础之上，才可能实施进一步的意义解构。这就出现了文本意义阐释约束性与文本意义泛中心化的矛盾，也即解构的阐释无视任何的文本意义约束，但其文本理解的前提却是以受众主体和文本主体的主体间性为基础的，而主体间性之所以能够存在，是因为主体之间存在着文本意义共通性，或者说普遍性，而这种普遍性可以说是文本意义约束的重要标准。这就导致了解构主义文本意义阐释的自我矛盾性。这与罗蒂的实用主义理论不谋而合，该理论是从民主与平等的意义层面说明阐释不足与阐释过度的。对于罗蒂来说，不同的阐释是以民主方式共在的，无法也不能受到任何规范的约束，如果承认约束存在于阐释过程之中，就会使得阐释的民主性消解，也即如果认可约束，就必然使某些阐释超越其他的阐释而居于前列，获得更大程度的优势，而罗蒂对此是持否定态度的。罗蒂强调，阐释的优势取得应当是不同阐释之间调适和协定的结果，这种调适与协定也基于文本的理解,后者若无法实施,前者就无法达成。但是调试与协定本质上是不同主体之间主体间性现实的外在表现,故而又如同上述后结构主义的矛盾,主体间性必须以意义的共通性与普遍性为依托,因此罗蒂的观点也无法摆脱文本意义阐释的约束性。

　　另外,接受美学理论也对电视文本意义阐释的约束性讨论提供了视角。姚斯和伊瑟尔提出的文本接受理论,突出了受众主体对于电视文本意义阐释的意识能动性,将文本意义接受的终端环节力量释放出来,但两人并没有将这种力量绝对化,而是通过不同的理论框架对其进行设限,以避免将这种主观主义阐释观念完全绝对化。以姚斯为例,按照他建立的"期待视野"理论,通过历史角度,存在着一个独立于受众自身理解视野的超越性视野,这一视野就是期待视野,而受众自身理解视野就被囊括在这种期待视野之内,来自文本的这种超越性视野对受众电视文本阐释行为具有明确的约束性。应该说,姚斯期待视野理论反映出其对于文本阐释约束性的矛盾性心理,即一方面极力主张释放受众的阐释潜力,另一方面却又担心其过度释放而导致电视文本意义解读的混乱。伊瑟尔提出的"文本召唤结构理论"也表达了同样的矛盾性思考,如他所言"从一开始就坦率地承认自身是一种主观主义形式"①。一旦电视文本受到受众的接触并触发理解行为,由此产生的意识评判活动就具有确定的主观性质,"文本的先定性导致未定性,发动了整个理解过程"②。但与此同时,伊瑟尔对这种主观性质进行了限定,"假如本文与读者间的交流是成功的,那么很清楚,读者的能动性将被本文控制在一定范围内"③。很明显,与姚斯一样,伊瑟尔也鼓励在文本意义阐释中突出阐释主体的自我能动性,但同时也希望对此进行限定,所以伊瑟尔认为必须从文本自身来界定自我能动性的边域,这就使文本阐释必须在文本自身的范畴内进行活动,由此就确立了文本阐释的约束性。

　　真正开始从语言角度分析文本意义阐释约束性的是海德格尔与伽达默

---

　　① 〔德〕沃夫尔冈·伊瑟尔:《阅读活动:审美反应理论》,金元浦等译,中国社会科学出版社 1991 年版,第 31 页。

　　② 同上书,第 128 页。

　　③ 同上。

尔。他们对在文本阐释时发生的意义开放性与约束性的并存进行了分析讨论，并将语言的作用与影响提升到了绝对的核心地位，从而使本体论的现代阐释学将文本阐释理解与语言密切联系起来，并且使文本阐释约束性进入了一个更为广阔的理论空间。海德格尔和伽达默尔都充分认识到了语言在文本阐释过程中的极端重要性，并将其视为主体性存在的可能，是文本意义实现的基本介质，也是阐释主体之间得以构建主体间性最重要的沟通交流工具。对于他们来说，语言是形成文本意义阐释的要旨所在，它使文本意义具有被不同阐释主体进行分享的可能。海德格尔和伽达默尔同时认为，文本意义阐释是一种无限性开放，这是由阐释主体之间的异质性决定的，文本意义阐释之所以达成可能，是主体之间对彼此使用的语言符码共同认定和接纳的结果，这正是文本意义阐释约束观的主要内容。

遗憾的是，海德格尔和伽达默尔的理论集中于从文本意义阐释的可能性推演出理解的存在性，而没有对语言在文本阐释中的约束性进行深入探讨；而对于姚斯和伊瑟尔来说，其目的和理论出发点都始于海德格尔的先在结构与伽达默尔的偏见理论，这两种不同理论表现形式有着同样的理论取向，即阐释的主体性凸显仅仅出于理论探讨的需要，而并不是实际阐释行为的需要。如海德格尔的先在结构，仅仅讨论阐释主体在文本阐释活动中的意义发生的可能性区域，而并不是针对实际阐释中出现的意义阐释数量，而实际阐释的意义数量是由语言共同体决定的。这就形成了理论上的意义无限性与实际阐释中的意义有限性之间的矛盾，使得理论无法从抽象分析进入具象阐释实际之中，无法意识到语言共同体在文本意义阐释中的限定性作用。另外，他们也同样仅仅关注到理论层面文本意义阐释的多元无限可能，而忽略了在阐释实践中真正被某一具体的群体接纳的意义阐释是有限的，不可能实现无限性存在，这也是其阐释学理论的缺憾之一。

二　"语言交往共同体"的理论生成

从语言角度构建文本意义阐释的约束性，应该充分考虑到语言的使用对象，也即语言交往共同体的因素。对于文本意义阐释实践来说，在理论层面的意义无限可能性是无法真正实现的，真正能够被接纳的意义阐释，或者说实现文本有效阐释的意义阐释是一个具体的数量族群，而这个族群数量的多寡取决于语言交往共同体对于不同文本阐释的认可与接受。这就表明,在文本意义阐释中,语言交往共同体依据全体认可的语言符码使用规则,对产生的不同文本意义阐释进行检查和判断,最终筛选出符合共同体要求的一个或者若干意义阐释,并将其作为文本的有效阐释。从本质上看,这种通过语言及其使用群体共同判定和审核文本意义阐释有效性的机制,其实是文本阐释的语用约束,这种约束为有效阐释确立了一个明确的边界,以此规避文本阐释出现过度解读以致发生意义混乱和无序,使理解无法在实践中进行,如同阿佩尔所言,"由于把语言交往共同体设定为认知主体(认知本身是一种以指号为中介的作用),这样一种先验哲学就克服了传统知识论的方法论唯我论"①。

对于阿佩尔来说,自古希腊亚里士多德以降,整个西方都以理性主义作为世界存在的基本原则,这种典型的逻各斯主义哲学观念将世界视为被动客体,作为主体的人类与客观世界的关系就是主客体二元分离,是主体对于客体的认知过程。阿佩尔认为,理性主义的问题在于忽略了主体之间的关联性,特别是忽略了主体的交往乃是以语言交往共同体为基础实现的。"诉诸于人的语言交往理性远比所谓的证明更为合理。"② 所以阿佩尔将古典主义阐释学的施莱尔马赫、狄尔泰,包括后来的先验哲学的康德以及现象学的胡塞尔都归入知识论的唯我论范畴,认为他们都忽略了语言在主体认识时的重要作用,也即没有注意到语言对于主体间性存在的重要意义。阿佩尔的语言交往共同体理论试图突破上述知识论中的主客体分离关系,而将主体与客体同语言进行关联,将主体行为从语言交流沟通维度进行审视,这一思想为从语言共同体角度考察文本意义阐释约束性提供了理论资源。在阿佩尔看来,语言交往共同体是先验的,他认为主体间的共识源自主体的交往理性。对于语言交往共同体来说,其形成过程是主体在交往理性中不断阐释的结果。阿佩尔语言交往共同体的概念与康德的先验理性概念是有区别的,康德认为的先验是完全脱离经验的,是在主体客观实践之前就存在的内容和结构,作为主体,其具备的理性认识是先天获得的,是在认识行为发生之前就具有的先验,而阿佩尔这里的语言共同体先

---

① [德]卡尔·奥拓·阿佩尔:《哲学的改造》,孙周兴等译,上海译文出版社 1997 年版,第 136 页。

② 张今杰:《阿佩尔先验语用学的特征及其理论后果》,《中南大学学报》2003 年第 2 期。

验性则是指在主体交往中以解释行为为纽带而构建的，是一种在具体实践中发生的先验，本质上是基于经验基础的先验。

在阿佩尔的基础上，维特根斯坦的语言游戏说开启了语言在文本意义阐释约束性中影响作用的研究。语言游戏说理论使文本意义的语用学层面得以展示，语言游戏规则的说明也使语言交往共同体对于文本意义阐释约束性的影响显现出来。在维特根斯坦看来，"哲学不应以任何方式干涉语言的实际使用，最终只能是对语言的实际使用进行描述。因为它也不可能给语言的实际使用提供任何基础，它没有改变任何东西"[1]。简言之，"哲学只是一种阐释性的活动，它的目的就是搞清楚日常语言在具体语境中的用法"[2]。维特根斯坦的突出贡献在于开始将语言的探讨从理论层面导入日常实践层面，试图从普遍性的具体语言来分析主体的存在性始基。

维特根斯坦对于意义进行了充分的分析，在他看来，现实世界的多样性与丰富性都源自主体的活动，而主体行为发生、存在和实施的唯一途径就是通过语言的方式，对语言的理解和使用就是对于具体文化方式的体验，主体在语言中生活，在语言中行动，在语言中存在。这就从本质上将主体的实践和生存归结于一种语言游戏过程，语言成为主体一切活动的驱动力与载体，也成为构建主体及客观世界的手段和工具。维特根斯坦指出，主体必须进入语言体系才能获得自身的存在和行动条件。但如何才能进入语言体系，开始语言游戏呢？在他看来，同客观世界实行的其他游戏一样，进行游戏就必须遵循游戏的规则，因此主体进入语言游戏的唯一途径就是按照语言规则与规范进行交流和沟通，否则就无法实施。与其他游戏不同的是，维特根斯坦认为语言游戏本质上具有语用学的特质，其存在的平台和载体是使用语言的主体社会生存实践和行为实践，也即只有在主体日常生活中语言游戏才得以发生。另外，语言游戏必须实施于某一特定群体和特定语言环境之中，只有在主体各个成员共同接纳和认可的规则之下语言游戏才能够开始和进行。对于维特根斯坦来说，主体进行交往行为是需要依据群体成员共同接纳的语言规则，并接受其限定和影响，对于他

---

[1]　［德］路德维希·维特根斯坦：《哲学研究》，李步楼译，商务印书馆1996年版，第124页。

[2]　殷杰：《维特根斯坦语言游戏语用学的构造》，《江西社会科学》2005年第2期。

者主体的理解也必须依据语言规则,这就将传统的、通过移情方式对他者主体的理解范式进行了置换。语言交往共同体在主体交往中起到了限定者和裁判员的角色,它一方面对进入的主体保持开放态度,主体只要掌握语言交往共同体的基本语言规范就可以进入语言游戏之中;另一方面它又对已经进入的主体进行约束,要求他们必须在语言规范的制约下进行活动,一旦超越了语言规范所限定的边界,主体在游戏中的行为就无法获得有效的理解,而主体间的交流与沟通就难以为继。所以维特根斯坦认为,语言交往共同体成员必须接纳语言体系所设立的所有规范和规则,按照语言游戏规则的要求进行活动,成员之间才能建立意义的流通和传递,行为才可以被理解,交流才可以发生。

维特根斯坦对于语言交往共同体语言规范与主体行动关系进行了有效的说明。他认为相同的语言交往共同体成员必须依赖相同的语言游戏规则,并且在对规则进行一致性理解的基础上才可以实现交流与互动,从而实现相互理解。"语言游戏规则是约定的结果,它存在于人们的现实生活中,而语言(交往)共同体正是通过语言的交往约定而建立起来的一种所有成员都遵守相同规则的团体。"① 从实践的角度看,处于语言交往共同体中的多元主体,他们的社会存在和实践必须以语言为工具和介质实现,而语言规则就成了社会行为规范,社会以此来保证行动的意义表达确定性和可执行性,同时也保障了主体对于意义理解与解读的可能性。语言游戏的规则具有明显的社会属性,它是社会群体对交往和理解行为的统一协同与和解,一方面具有主体自身利用语言规则进行意义阐发的自主性与个性化,另一方面具有对主体实施理解与阐释的限定性与共同性。因此,按照维特根斯坦的观点,处于语言交往共同体的主体阐释活动就并非完全是个体性独立活动了,同时也是处于主体间性之中的群体性活动,是不同主体依据相同的游戏规则进行活动的过程。

三 语言共同体与电视文本阐释规定性

按照维特根斯坦的理论,对于电视文本意义阐释来说,受众的阐释行为就是一种自身的内部意识活动,而这种意识活动必须在受众所处的语言

---

① 江怡:《维特根斯坦:一种后哲学的文化》,社会科学文献出版社 2002 年版,第 76 页。

交往共同体中，并在共同遵循的语用规则调适下才可以获得有效性确立。受众的这种内在意识活动必须接受一个源自独立性标准的判断和检查，才能确保其按照语用规则进行实施。因此维特根斯坦提出，必须从主体的外部寻找一个客观标准以判断主体内在自我意识是否执行了需要依据的规则。对于受众来说，电视文本阐释是否具有合理性与有效性，就必然要在外部进行检验，这一检验标准只能存在于语言交往共同体之中。这是因为文本意义阐释的有效性必须符合语言的使用规范，也即语言游戏规则，这一规则是语言交往共同体所共同认定的普遍性原则，是所有成员进入行动体系的基本要件，所以按照这样的标准，语言交往共同体是受众进行电视文本阐释的确定性标准。

另外，理解电视文本阐释有效性必须以语言交往共同体为检查和审核参照标准，还可以从理解的个体性与共同性的相互关系上进行论证。在维特根斯坦看来，主体的行为具有一种表述上的悖论性，即"这就是我们的自相矛盾之处，任何行为过程都不可能由一个规则来确定，因为可以使得每一个过程都与这个规则相符"①。按照他的理解，如果电视文本阐释行为需要遵守无限的各种规范和限定，那么受众何以对自身服从并遵守的某项具体规则进行认定；如果对阐释限定性规则的认定完全是个体性决策，那受众如何确定在同一语言交往共同体中其他受众是否也接受和遵循了这一规则。这一问题要从维特根斯坦的解释中寻求答案。按照维特根斯坦的观点，确定受众遵循或者接纳了某项电视文本的阐释是没有意义的，通过对受众历史行为某一刻的观察难以确定其是否具有重复性和再现性。与孤立地看待受众某一次具体的电视文本意义阐释行为不同，将受众置于语言交往共同体中进行分析时，就会产生完全不同的情况。按照维特根斯坦的说法，受众仅仅存在于某一具体语言交往共同体中，只有在认可并接纳了电视文本意义阐释的普遍性规则的前提下，才能认定这种规则对于受众理解阐释行为具有影响力。对此阿佩尔也表达了同样的看法，他认为原子式的孤立个体是无法遵守某一个具体社会规范的，对于语言来说，不可能仅仅成为某一独立个体的交流工具和途径，必须将其纳入一定的社会群

---

① ［英／奥］路德维希·维特根斯坦：《哲学研究》，汤潮、范光棣译，三联书店1992年版，第110页。

落中才可能成为交流的介质，也就是说，规则是具有普遍意义的，是适用于群体的，"以为自己在遵从规则并不是遵从规则，因此不可能私自遵从规则，否则以为自己在遵从规则就同遵从规则成为一回事了"①。这就是说，受众对于电视文本意义阐释的有效性必须在语言交往共同体中讨论，文本阐释的约束性是一个社会性的价值单位，其对于受众阐释行为的制约是在语言规则的前提下实现的，倘若失去了这一普遍标准，文本阐释就是无意义的，也无法考察文本意义的阐释是否缺失或者过度。

---

① ［德］路德维希·维特根斯坦:《哲学研究》，陈嘉映译，上海人民出版社 2003 年版，第25 页。

结　　论

　　从哲学阐释学和文本理论结合的视野进行电视受众分析研究是传播学受众研究尚未得到完全拓展的领域，本书通过这一学术上的尝试，试图将传统的思辨研究方法引入社会科学研究中，以期为受众领域的理论探讨提供更多的研究方法论范式。本书的研究结论如下：

　　首先，从研究方法上看，传统的电视受众接受分析研究往往从以下三个预设出发。其一，认为文本的意义存在客观性，这种客观性不以主体的主观意识和认知为转移，而这种客观性能够采取科学的方法和途径加以验证；其二，经验研究认为研究者有能力获得对受众及其理解行为的客观把握；其三，对于受众的理解行为，通过科学主义的方法能够加以识别和认定。因此经验研究方法往往试图利用客观性、确定性的经验证据对受众行为加以说明，以揭示受众理解行为的基本发生动因和内在规律。但是，经验性研究并不是唯一的策略，其自身的局限性主要表现在：经验研究方法未能充分认识到电视传播和受众理解行为的意义内化性和行为复杂性，将多元的主体行为抽象为纯粹的客体单纯性运动，没有意识到用于观察分析的经验性行为证据存在有限性。另外，经验研究使用的经验证据主要是通过样本性材料，这有助于对局部性和微观的受众理解行为进行探讨，但无法对理解行为的整体性和历史性进行全面考察，同时，通过可控性研究设计获得的经验材料往往并不具有普遍性。再者，经验研究方法力图通过摆脱研究者的主观意识来达到客观性的研究结果，但这在研究实践中是无法实现的，因为每一位研究者自身的价值观念和意识形态等要素都会使其研究立场带有一定倾向性，以纯粹的自然主义方式看待世界是不可能达成的。因此，对电视受众文本理解行为进行阐释学理论层面的讨论，就是为了充分证明，除了进行传统的实证性经验研究之外，适度地在本研究领域引入人文主义传统的思辨研究方法是可行的。基于思辨的研究方法往往可以突破经验研究的局部化特征导致的视野狭窄缺憾，从受众的整体存在层面来探讨电视受众的文本理解行为，从而获得更具历史性的研究视野。

但同时也要注意，从具体研究实践看，电视受众接受分析研究应当注重理论探讨与实践意义相结合的原则，避免过度重视宏大理论而忽略了对具体问题的审视，或是集中于个体的案例探讨而消解了理论预设的影响，必须将二者进行有序的调适与融合。

其次，从研究的具体过程看，必须重视"语言"这一因素在电视文本理解中的作用。应该说，阐释学对语言问题的理论观点为本书的研究提供了重要的思维基础。伽达默尔试图对语言进行哲学层面的解读和阐发，正是由于哲学阐释学的创立，语言得以回归经验。海德格尔与伽达默尔持有同样的观点，认为语言符码是主体得以存在的基本形式，主体的所有历史和社会生活都是以语言的形式存在，并以语言的形式展开。对于主体来说，语言不仅仅使自我得以自由地面对历史与社会，更重要的是凭借语言的使用，主体获得了与历史、社会和他者主体的沟通与交流，得以进入历史与社会境域之中。主体利用语言来谈论，更重要的是利用语言来反映和展示自身。对于主体来说，其自身与实存世界之间的关系并不是外在的主观意识与客观实存的对抗，而是通过语言的沟通和关联形成了相互贯通和统一的联结。因此，对于主体和世界的审视就必须考虑语言因素的作用机制。根据阐释学理论，电视受众的文本接受行为就被高度抽象为阐释主体对于文本的理解意识活动，受众的理解行为往往以一种获得"理解经验"的方式存在，而这种经验的获取是以受众借助于文本语言符码体系进行认知而得以实施的，因此凭借语言符码进行文本理解是受众主体意识活动的基本内涵，受众接受分析将电视文本理解行为视为面对"理解经验"的目标，就无法回避语言符码的地位、功能与影响。

最后，阐释学理论关于阐释主体的主体性研究，特别是其"主体间性"思想，不但重建了受众与电视文本的基础关系，同时也重新确立了研究的伦理问题。依据主体间性思想，在处理文本与受众理解行为的关系时，应当从传统的主客体分离机制转向一种互为存在的结构。也就是说，传统经验研究以客观的描述来分析和审视研究对象，是研究人员探寻和捕获对象经验性材料的过程。在传统认识论的视野下，受众文本理解行为被认定为一种符合客观世界的证据，并具有独立的依存性。因此研究就成为利用不同途径去发现既存的受众理解行为规律的过程，而这些规律被认为是隐藏在受众理解行为现象之中的。研究人员对研究的对象加以客体化，试图对内涵的规律进行再现，因而具有突出的实证主义特征。

　　而依据主体间性理论的观点，研究主体与研究对象的关系是平等主体之间的相互关联，研究主体将研究对象上升为与自身同等地位的主体，从而进行平等的对话与交流。所以，电视受众接受分析研究就成为对受众理解行为意义进行探寻的方式，这就拒斥了传统认识论观念将研究主体和对象主体进行区隔并进行不同等级划分的做法，认为研究主体与研究对象之间是相互影响、相互介入、相互共存的共生机制。研究主体必须进入研究对象内部以获得对其真实的体验与感受，文本接受和理解是双方交流与共同建构的行为。在这种全新的研究思维指引下，电视受众接受分析研究就是一种知识生产和创新，是由研究主体与研究对象结合"共识观念"组成的价值再现，这就要求研究主体必须进入受众理解行为的问题域，并期待研究对象向自身的"展现"。

参考文献

著作类

1. ［英］安东尼·吉登斯：《现代性的后果》，田禾译，译林出版社 2000 年版。

2. ［德］埃德蒙德·古斯塔夫·阿尔布雷希特·胡塞尔：《逻辑研究（第一卷）》，倪梁康译，上海译文出版社 2006 年版。

3. ［德］埃德蒙德·古斯塔夫·阿尔布雷希特·胡塞尔：《逻辑研究（第二卷·第一部分）》，倪梁康译，上海译文出版社 2006 年版。

4. ［德］埃德蒙德·古斯塔夫·阿尔布雷希特·胡塞尔：《逻辑研究（第二卷·第二部分）》，倪梁康译，上海译文出版社 2006 年版。

5. ［德］埃德蒙德·古斯塔夫·阿尔布雷希特·胡塞尔：《纯粹现象学通论》，李幼蒸译，商务印书馆 1997 年版。

6. ［德］埃德蒙德·古斯塔夫·阿尔布雷希特·胡塞尔：《经验与判断》，邓晓芒等译，三联书店 1999 年版。

7. ［德］埃德蒙德·古斯塔夫·阿尔布雷希特·胡塞尔：《哲学作为严格的科学》，倪梁康译，商务印书馆 2007 年版。

8. ［德］埃德蒙德·古斯塔夫·阿尔布雷希特·胡塞尔：《笛卡尔沉思与巴黎讲演》，张宪译，人民出版社 2008 年版。

9. ［德］埃德蒙德·古斯塔夫·阿尔布雷希特·胡塞尔：《欧洲科学的危机与超越论的现象学》，王炳文译，商务印书馆 2009 年版。

10. ［德］埃德蒙德·古斯塔夫·阿尔布雷希特·胡塞尔：《第一哲学》，王炳文译，商务印书馆 2006 年版。

11. ［德］埃德蒙德·古斯塔夫·阿尔布雷希特·胡塞尔：《形式逻辑和

先验逻辑》，李幼蒸译，中国人民大学出版社 2012 年版。

12. ［德］埃德蒙德·古斯塔夫·阿尔布雷希特·胡塞尔：《现象学的方法》，倪梁康译，上海译文出版社 2005 年版。

13. ［德］埃德蒙德·古斯塔夫·阿尔布雷希特·胡塞尔：《内时间意识现象学》，倪梁康译，商务印书馆 2009 年版。

14. ［德］埃德蒙德·古斯塔夫·阿尔布雷希特·胡塞尔：《现象学的构成研究》，李幼蒸译，中国人民大学出版社 2013 年版。

15. ［德］埃德蒙德·古斯塔夫·阿尔布雷希特·胡塞尔：《胡塞尔选集》，倪梁康选编，三联书店 1997 年版。

16. ［德］埃德蒙德·古斯塔夫·阿尔布雷希特·胡塞尔：《现象学的观念（五篇讲座稿)》，倪梁康译，人民出版社 2007 年版。

17. ［德］埃德蒙德·古斯塔夫·阿尔布雷希特·胡塞尔：《文章与讲演》，［美］奈农、［德］塞普编，倪梁康译，人民出版社 2009 年版。

18. ［意］艾柯等：《诠释与过度诠释》，王宇根译，三联书店 1997 年版。

19. ［英］埃尔德里奇：《获取信息：新闻、真相和权力》，张威译，新华出版社 2005 年版。

20. 北京大学哲学系外国哲学史教研室编：《西方哲学原著选读》，商务印书馆 1981 年版。

21. ［英］伯特兰·罗素：《西方哲学史》，何兆武译，商务印书馆 1963 年版。

22. ［英］伯特兰·罗素：《西方的智慧》，崔人元译，上海人民出版社 1992 年版。

23. ［英］贝克莱：《哲学对话三篇》，关文运译，商务印书馆 1957 年版。

24. ［美］贝尔：《资本主义文化矛盾》，严蓓雯译，三联书店 1989 年版。

25. ［美］贝尔：《意识形态的终结》，江苏人民出版社 2001 年版。

26. ［法］波德里亚：《消费社会》，刘成富译，南京大学出版社 2000 年版。

27. ［美］保罗·德曼：《解构之图》，李自修译，中国社会科学出版社 1998 年版。

28. ［英］巴雷特：《媒介研究的进路》，汪凯等译，新华出版社 2004 年版。

29. ［法］贝西埃等：《诗学史》，史忠义译，百花文艺出版社 2002 年版。

30. ［德］本雅明：《发达资本主义时代的抒情诗人》，王才勇译，三联书店 1989 年版。

31. ［美］布斯：《小说修辞学》，付礼军译，北京大学出版社 1987 年版。

32. 陈崇山：《中国传播效果透视》，沈阳出版社 1989 年版。

33. 陈龙：《在媒介与大众之间：电视文化论》，学林出版社 2001 年版。

34. ［美］丹尼斯·麦奎尔：《受众分析》，刘燕南等译，中国人民大学出版社 2006 年版。

35. ［法］德里达：《马克思的幽灵》，何一译，中国人民大学出版社 1999 年版。

36. ［法］德里达：《书作与差异》，三联书店 2001 年版。

37. ［英］迪金森：《受众研究读本》，单波译，华夏出版社 2006 年版。

38. ［英］戴维·莫利：《认同的空间：全球媒介电子世界景观与文化边界》，司艳译，南京大学出版社 2001 年版。

39. ［英］戴维·莫利：《电视、受众与文化研究》，张永波译，新华出版社 2009 年版。

40. ［英］戴维·莫利：《传媒、现代性和科技："新"的地理学》，郭大为译，中国传媒大学出版社 2010 年版。

41. ［法］福柯：《知识考古学》，谢强等译，三联书店 1998 年版。

42. ［荷］福克马等编：《走向后现代主义》，王宁等译，北京大学出版社 1991 年版。

43. 北京大学哲学系等：《古希腊罗马哲学》，商务印书馆 1962 年版。

44. ［德］黑格尔，《哲学史讲演录》，贺麟等译，商务印书馆 1959 年版。

45. ［德］黑格尔：《逻辑学》，王汉清译，商务印书馆 1974 年版。

46. ［英］霍布斯：《利维坦》，朱敏章译，商务印书馆 1996 年版。

47. ［美］胡克：《对卡尔马克思的理解》，徐崇温译，重庆出版社 1989 年版。

48. 洪汉鼎、傅永军：《中国诠释学·第 2 辑》，山东人民出版社 2004 年版。

49. 洪汉鼎、傅永军：《中国诠释学·第 3 辑》，山东人民出版社 2006 年版。

50. 洪汉鼎、傅永军：《中国诠释学·第 4 辑》，山东人民出版社 2007年版。

51. 洪汉鼎、傅永军：《中国诠释学·第 5 辑》，山东人民出版社 2008年版。

52. 洪汉鼎、傅永军：《中国诠释学·第 6 辑》，山东人民出版社 2009年版。

53. 胡芝莹：《霍尔》，台北生智文化事业有限公司 2001 版。

54. ［德］汉斯－格奥尔格·伽达默尔：《科学时代的理性》，薛华等译，北京国际文化出版公司 1988 年版。

55. ［德］汉斯－格奥尔格·伽达默尔：《真理与方法》，洪汉鼎译，上海译文出版社 1999 年版。

56. ［德］汉斯－格奥尔格·伽达默尔：《哲学解释学》，夏镇平等译，上海译文出版社 2004 年版。

57. ［德］汉斯－格奥尔格·伽达默尔：《解释学美学实践哲学伽达默尔与杜特对谈录》，金惠敏译，商务印书馆 2005 年版。

58. ［日］今道友信：《存在主义美学》，崔相录等译，辽宁人民出版社 1987 年版。

59. 金惠敏：《后现代与辩证解释学》，中国社会科学出版社 2002 年版。

60. 金惠敏：《积极受众论》，中国社会出版社 2010 年版。

61. 江怡：《维特根斯坦——一种后哲学的文化》，社会科学文献出版社 2002 年版。

62. 全增嘏：《西方哲学史（上）》，上海人民出版社 1983 版。

63. ［英］卡尔·波普：《历史决定论的贫困》，何林等译，华夏出版社 1987 年版。

64. ［美］卡伦·罗斯：《媒介与受众：新观点》，北京大学出版社 2006年版。

65. ［美］赫伯特·马尔库塞：《爱欲与文明》，黄勇等译，上海译文出版社 1987 年版。

66. ［德］麦克斯·霍克海默：《批判理论》，重庆出版社 1989 年版。

67. 苗力田：《古希腊哲学》，中国人民大学出版社 1989 年版。

68. ［德］马丁·海德格尔：《现象学之基本问题》，丁耘译，上海译文出版社 2008 年版。

69. [德] 马丁·海德格尔:《海德格尔选集》,孙周兴选编,上海三联出版社 1996 年版。

70. [德] 马丁·海德格尔:《时间概念史导论》,欧东明译,商务印书馆 2009 年版。

71. [法] 莫里斯·梅洛-庞蒂:《知觉现象学》,姜志辉译,商务印书馆 2001 年版。

72. 刘燕南:《国际传播受众研究》,中国传媒大学出版社 2011 年版。

73. 罗钢、刘象愚:《后殖民文化主义文化理论》,中国社会科学出版社 1999 年版。

74. [法] 罗朗·巴特:《符号学原理》,王东亮等译,三联书店 1988 年版。

75. [法] 利奥塔尔:《后现代状态——关于知识的报告》,车槿山译,三联书店 1997 年版。

76. [英] 雷蒙·威廉姆斯:《先锋派的政治》,商务印书馆 2002 年版。

77. [英] 雷蒙德·威廉斯:《电视:科技与文化形式》,陈越译,台湾远流出版事业股份有限公司 1994 年版。

78. [美] 罗伯特·艾伦:《重组话语频道:电视与当代批判理论》,牟岭译,中国社会科学出版社 2000 年版。

79. 李泽厚:《中国现代思想史论》,东方出版社 1987 年版。

80. 李欧梵:《上海摩登》,北京大学出版社 2005 年年版。

81. 李欧梵:《现代性的追求——李欧梵文化评论精选集》,三联书店 2000 年版。

82. [英] 洛克:《人类理解论》,关文运译,商务印书馆 1983 年版。

83. [英] 拉雷恩:《意识形态与文化身份——现代性和第三世界的在场》,戴从容译,上海教育出版社 2005 年版。

84. 吕祥:《希腊哲学史的知识问题及其困境》,湖南教育出版社 1992 年版。

85. 李咏吟:《解释与真理》,上海译文出版社 2004 年版。

86. 李幼蒸:《理论符号学导论》,中国社会科学出版社 1993 年版。

87. 李幼蒸:《结构与意义——人文科学跨学科认识论研究》,中国社会科学出版社 1996 年版。

88. 陆扬、王毅:《大众文化与传媒》,三联书店 2000 年版。

89. 陆扬、王毅:《大众文化研究》,三联书店 2001 年版。

90. 陆扬、王毅:《文化研究导论》,复旦大学出版社 2006 年版。

91. 〔美〕理查德·罗蒂:《后哲学文化》,上海译文出版社 1992 年版。

92. 〔美〕尼古拉斯·米尔佐夫:《视觉文化导论》,倪伟译,江苏人民出版社 2006 年版。

93. 倪梁康:《胡塞尔现象学概念通释(修订本)》,三联书店 2007 年版。

94. 倪梁康:《理念人:激情与焦虑》,北京大学出版社 2007 年版。

95. 倪梁康:《现象学的始基——胡塞尔〈逻辑研究〉释要(内外编)》,中国人民大学出版社 2009 年版。

96. 倪梁康:《现象学及其效应——胡塞尔与当代德国哲学》,三联书店 1994 年版。

97. 倪梁康:《胡塞尔现象学概念通释》,三联书店 2007 年版。

98. 倪梁康:《自识与反思——近现代西方哲学的基本问题》,商务印书馆 2002 年版。

99. 倪梁康:《意识的向度:以胡塞尔为轴心的现象学问题研究》,北京大学出版社 2007 年版。

100. 倪梁康选编:《面对实事本身——现象学经典文选》,东方出版社 2006 年版。

101. 欧阳宏生:《电视批评论》,中国广播电视出版社 2000 年版。

102. 欧阳宏生:《电视文化学》,四川大学出版社 2006 年版。

103. 欧阳宏生:《电视批评:理论·方法·实践》,四川大学出版社 2007 年版。

104. 〔英〕弗兰西斯·培根:《新工具》,商务印书馆 1936 年版。

105. 潘知常、林玮:《大众传媒与大众文化》,上海人民出版社 2002 年版。

106. 潘知常、林玮:《传媒批判理论》,新华出版社 2002 年版。

107. 陶东风:《文化研究:西方与中国》,北京师范大学出版社 2002 年版。

108. 陶东风:《文化研究精粹读本》,中国人民大学出版社 2006 年版。

109. 北京大学哲学系外国哲学史教研室:《十六—十八世纪西欧各国哲学》,商务印书馆 1975 年版。

110. [英]索尼娅·利文斯通:《理解电视——受众解读的心理学》,龙耕译,新华出版社 2006 年版。

111. [法]让-保罗·萨特:《辩证理性批判》,林骧华译,安徽文艺出版社 1998 年版。

112. [法]让-保罗·萨特:《自我的超越性》,杜小真译,商务印书馆 2001 年版。

113. [法]让-保罗·萨特:《存在与虚无》,陈宣良等译,上海三联书店 2007 年版。

114. [英]利萨·泰勒、[英]安德鲁·威利斯:《媒介研究:文本、机构与受众》,吴靖译,北京大学出版社 2005 年版。

115. 王逢振:《电视与权力》,天津社会科学院出版社 2000 年版。

116. [德]文德尔班:《哲学史教程》,罗达仁译,商务印书馆 1979 年版。

117. [美]威尔·杜兰:《西方哲学史话》,书目文献出版社 1989 年版。

118. [德]马克思·韦伯:《新教伦理与资本主义精神》,于晓等译,陕西师范大学出版社 2002 年版。

119. 汪民安等:《后现代性的哲学话语——从福柯到赛义德》,浙江人民出版社 2000 年版。

120. 汪晖、陈燕谷:《文化与公共性》,三联书店 1998 年版。

121. [美]韦勒克、[美]沃伦:《文学理论》,刘象愚等译,三联书店 1984 年版。

122. 汪晖:《死火重温》,人民文学出版社 2000 年版。

123. [美]沃林:《文化批评的观念——法兰克福学派、存在主义和后结构主义》,商务印书馆 2000 年版。

124. [美]沃纳·赛佛林等:《传播理论:起源、方法与应用》,郭镇之等译,华夏出版社 2000 年版。

125. [英]休谟:《人类理解研究》,关文运译,商务印书馆 1957 年版。

126. [古希腊]亚里士多德:《形而上学》,吴寿彭译,商务印书馆 1996 年版。

127. 杨适:《哲学的童年:西方哲学发展线索研究》,中国社会科学出版社 1987 年版。

128. [英] 约翰·塔洛克:《电视受众研究:文化理论与方法》,严忠志译,商务印书馆 2004 年版。

129. [美] 约翰·菲斯克:《电视文化》,祁阿红译,商务印书馆 2005 年版。

130. [美] 约翰·菲斯克:《解读大众文化》,杨全强译,南京大学出版社 2001 年版。

131. [美] 约翰·菲斯克:《理解大众文化》,宋伟杰等译,中央编译出版社 2006 年版。

132. [美] 约翰·菲斯克:《关键概念:传播与文化研究词典》,李彬译,新华出版社 2004 年版。

133. [美] 约翰·菲斯克:《传播研究导论:过程与符号》,许静译,北京大学出版社 2008 年版。

134. [德] 伊曼努尔·康德:《纯粹理性批判》,邓晓芒译,人民出版社 2004 年版。

135. [德] 伊曼努尔·康德:《历史理性批判文集》,何兆武译,商务印书馆 1997 年版。

136. 张廷国:《重建经验世界——胡塞尔晚期思想研究》,华中科技大学出版社 2003 年版。

137. 张廷国:《重建经验世界》,华中科技大学出版社 2003 年版。

138. 张祥龙:《从现象学到孔夫子(增订版)》,商务印书馆 2011 年版。

139. 张祥龙:《朝向事情本身——现象学导论七讲》,团结出版社 2003 年版。

140. 张祥龙:《现象学思潮在中国——20 世纪西方哲学东渐史》,首都师范大学出版社 2002 年版。

141. 张祥龙:《当代西方哲学笔记》,北京大学出版社 2005 年版。

142. 张祥龙:《现象学导论七讲——从原著阐发原意》,中国人民大学出版社 2011 年版。

143. 张祥龙:《从现象学到孔夫子》,商务印书馆 2011 年版。

144. 张廷国:《重建经验世界》,华中科技大学出版社 2003 年版。

145. 臧海群、张晨阳：《受众学说：多维学术视野的关照与启迪》，复旦
　　　大学出版社 2007 版。

　　论文类

1. 阿佩尔：《解释——理解争论的历史回顾》，王龙译，《哲学译丛》
　　1987 年第 6 期。

2. B. G. 张：《海德格尔的解释学与德里达的解构学》，江振华译，《哲学
　　译丛》1990 年第 3 期。

3. 蔡骐、谢莹：《英国文化研究学派与受众研究》，《新闻大学》2004 年
　　第 2 期。

4. 邓安庆：《评伽达默尔艺术真理中的相对性》，《湖北大学学报》（哲学
　　社会科学版）1988 年第 6 期。

5. 邓晓芒：《关于美和艺术的本质的现象学思考》，《哲学研究》1986 年
　　第 8 期。

6. E. 贝勒：《解构学与解释学——德里达和伽达默尔论本文与诠释》，李
　　庆全译，《哲学译丛》1989 年第 2 期。

7. 哈贝马斯：《评伽达默尔的〈真理与方法〉一书》，郭官义译，《哲学
　　译丛》1986 年第 3 期。

8. Jr. E. 布洛克：《激进解释学批判》，孔明安译，《国外社会科学》1992
　　年第 7 期。

9. E. 帕尔默：《解释学》，孟庆时译，《哲学译丛》1985 年第 3 期。

10. 方向红：《意识的平面性与存在的深度——与马里翁一起反思胡塞尔
　　 和海德格尔的现象学》，《南京社会科学》2006 年第 2 期。

11. 侯斌英：《文化研究视野下受众研究的嬗变》，《新疆大学学报》2006
　　 年第 5 期。

12. 郭郁：《论康德和胡塞尔对超越轮哲学的建构》，《甘肃社会科学》
　　 2013 年第 6 期。

13. 付德军：《理解生命——狄尔泰生命解释学探微》，博士学位论文，复
　　 旦大学，2010 年。

14. 龚群：《哲学诠释学的方法论问题——哈贝马斯与伽达默尔之争》，
　　 《哲学动态》2001 年第 2 期。

15. 金元浦：《解释学文艺美学的意义观》，《浙江学刊》1998 年第 6 期。

16. 李鲁宁：《以作品存在为核心的美学——伽达默尔艺术理论的基本框架》，《求是学刊》2001 年第 5 期。

17. 陆道夫：《互文性的电视和主体性的观众》，《经济与社会发展》2004 年第 2 期。

18. 陆道夫：《费斯克媒介文化研究的方法论反思》，《河南社会科学》2011 年第 2 期。

19. 李金铨：《视点与沟通：中国传媒研究和西方主流学术的对话》，《读书》2003 年第 11 期。

20. 倪梁康：《现象学背景中的意向性问题》，《学术月刊》2006 年第 6 期。

21. 欧东明：《意向性关联结构在胡塞尔和早年海德格尔思想中的作用》，《四川大学学报》（哲学社会科学版）2011 年第 6 期。

22. 舒红跃：《从"意识的意向性"到"身体的意向性"》，《哲学研究》2007 年第 7 期。

23. 孙周兴：《我们如何得体地描述生活世界——早期海德格尔与意向性问题》，《学术月刊》2006 年第 6 期。

24. T. 德·布尔：《从本质现象学到解释学现象学》，安延明译，《哲学译丛》1991 年第 5 期。

25. 王文东：《理解的共识何以可能》，《湖北社会科学》2009 年第 4 期。

26. 王坚：《海德格尔对保罗书信的现象学阐释——加拉太书阐释作为导论》，《现代哲学》2013 年第 6 期。

27. 尹兆坤：《范畴直观与形式显示——胡塞尔与海德格尔前期现象学方法的异同》，《现代哲学》2013 年第 3 期。

28. 杨生平：《索绪尔的语言学与德里达的哲学变革》，《哲学研究》2006 年第 11 期。

29. 雅克·德里达：《延异》，汪民安译，《外国文学》2000 年第 1 期。

30. 朱松峰：《"反思"对"形式指引"——胡塞尔与海德格尔之方法的比较》，《武汉大学学报》2009 年第 6 期。

31. 朱刚：《海德格尔对黑格尔"精神与时间"之关系的解构》，《安徽大学学报》2009 年第 5 期。

32. 赵卫国:《海德格尔视野中现代性的时间根源》,《安徽大学学报》2008 年第 3 期。

33. 朱海滨:《海德格尔形式显示的现象学方法》,《同济大学学报》2013 年第 5 期。

34. 朱清华:《海德格尔早期对 logos 的存在论诠释》,《江淮论坛》2009 年第 6 期。

35. 张汝伦:《论海德格尔哲学的起点》,《复旦学报》(社会科学版) 2005 年第 2 期。

36. 张秀华:《时间视域与历史视域的融合——海德格尔对马克思哲学的回应》,《江海学刊》2012 年第 3 期。

37. 张祥龙:《从"不可说"到"诗意之说"——海德格尔与孔子论诗的纯思想性》,《河北学刊》2006 年第 3 期。

36. 张祥龙:《海德格尔的形式显示方法和〈存在与时间〉》,《中国高校社会科学》2014 年第 1 期。

外文文献

1. Bernet, Rudolf, Kern, Iso, Marbach, Eduard: Edmund Husserl: Darstellung seines Denkens. Felix Meiner Verlag GmbH, Hamburg, 1996.

2. Brentano, Franz: Psychology from an Empirical Standpoint. Ed. Oskar Kraus, trans. Antos C. Rancurello, D. Terrell and Linda L. McAlister, London and NewYork, 1995.

3. Figal, Gunter: Martin Heidegger zur Einfiihrung, Hamburg, 1992.

4. Gander, Hans – Helmuth: Selbstverstandnis und Lebenswelt. Grundzuge einer phanomenologischen Hermeneutik im Ausgang von Husserl und Heidegger. Vittorio Klostermann, Frankfort am Main, 2001.

5. Guignon, Charles B. ed.: The Cambridge Companion to Heidegger, Cambridge University Press, 1995.

6. Heidegger, M.: Die Grundprobleme der Phdnomenologie, Gesamtausgabe? Band 24, hrsg. von Friedrich – Wilhelm von Herrmann, Frankfurt am Main: Vittorio Klostermann, 1975.

7. Heidegger, M.: Pathmarks, ed. William McNeill, Cambridge University

Press, 1998.

8. Heidegger, M.: Prolegomena zur Geschichte des Zeitbegriffs, Gesamtausgabe, Band 20, hrsg. von P. Jaeger, Frankfurt am Main: Vittorio Klostermann, 1979.

9. Heidegger, M.: Wegmarken, Gesamtausgabe, Band 9, hrsg. von Friedrich – Wilhelm von Herrmann, Frankfurt am Main: Vittorio Klostermann, 1976.

10. Heidegger, M.: Zur Bestimmung der Philosophies Gesamtausgabe, Band 56 – 57, hrsg. von Bernd Heimbiichel, Frankfurt am Main: Vittorio Klostermann, 1987.

11. Heidegger, M.: Sein und Zeit, Gesamtausgabe, Band 2, hrsg. Von Friedrich – Wilhelm von Herrmann, Frankfurt am Main: Vittorio Klostermann, 1977.

12. Jennifer Anna, Gosetti - Ferencei. Heidegger, Hölderlin, and the Subject of Poetic Language: Toward a New Poetics of Dasein. New York: Fordham University Press, 2004.

13. Kisiel, Th.: The genesis of Heideggers , Being and Time. Berkeley, Los Angeles, London 1993.

14. Martin Heidegger. The Phenomenology of Religious Life. Bloomington: Indiana University Press, 2010.

21. Smith, Barry and Smith, David Woodruff ed.: The Cambridge Companion to Husserl, Cambridge University Press, 1995.

22. Steven Galt Crowell. Husserl, Heidegger, and the Space of Meaning. Evanston: Northwestern University Press, 2001.

23. Theodore Kisiel. The Genesis of Heidegger's Being and Time. Berkeley: University of California Press, 1995.

24. William D. Blattner. Heidegger's Temporal Idealism. Cambridge: Cambridge University Press, 1999.

25. Martin Heidegger. Logic As the Question Concerning the Essence of Language . New York: State University of New York Press, 2009.

后　记

　　本书是在我博士学位论文基础之上修改完成的，书稿付梓之际，要特别感谢我博士导师欧阳宏生先生一直以来悉心的教导和充满热忱的关爱。从我进入师门第一天至毕业，先生在学业上的严格督促、在做人方面的无私教诲、在生活上的细致关怀都是我人生中难以忘怀的经历。在我撰写论文的过程中，先生倾注了大量的心血和汗水，论文选题的探讨、研究思路的制定、基本结构的确立、研究资料的收集以及文章的润色各个方面，我都得到了他的睿智启发和精心引导，最终得以顺利完成。先生广博的学识、深厚的学术积累、严谨的治学精神和一丝不苟的工作作风使我终生受益。师恩难忘，无以为报，只有在此真诚地表达深深的谢意。

　　博士副导师朱天教授也在我的博士学习和生活中给予了很多无私的教诲和帮助，在三年中彼此关于学术和人生问题的恳谈令我获益匪浅，在这里也要表达由衷的谢意。

　　在本书的修改过程中，我的两位硕士研究生冯麒书、武琳参与了书稿的校对工作，在这里也对她们的辛勤付出表示感谢。

　　人生总是以不同的方式行进着，每个人都在探寻着生命的意义，那些思想历史中的先哲们无私地为我们提供了精神生活的场域和对象，并引导着我们去辨识自己，我们作为后来者，对于他们的感激无法言说，唯有在此处表示深深的敬意。

2016 年 12 月